suhrkamp taschenbuch
wissenschaft 2281

AF627473

Seit der frühen Neuzeit und verstärkt seit der Aufklärung sollte das göttliche Privileg vom unbedingten Besitz der Wahrheit demokratisiert werden. Die Enthüllung der Wahrheit war auch ein herrschaftskritisches Motiv. Hans Blumenberg verfolgt in diesem späten Nachlaßtext die Figur der nackten Wahrheit durch die Philosophiegeschichte, allerdings mit einer verstärkten Aufmerksamkeit für die Kosten jenes Enthüllungsgestus. Nietzsche, der Verteidiger der Rhetorik, und Freud, der die Entwicklung seiner Theorie ohne Rücksicht auf das Wohl einzelner Patienten verfolgt habe, sind für Blumenberg dabei die zentralen Antipoden.

Hans Blumenberg (1920-1996) war zuletzt Professor für Philosophie an der Universität Münster. Sein Werk erscheint im Suhrkamp Verlag.

Rüdiger Zill ist Wissenschaftlicher Referent am Einstein Forum in Potsdam.

Hans Blumenberg
Die nackte Wahrheit

Herausgegeben
von Rüdiger Zill

Suhrkamp

Bibliografische Information der Deutschen Nationalbibliothek
Die Deutsche Nationalbibliothek verzeichnet diese Publikation
in der Deutschen Nationalbibliografie; detaillierte bibliografische Daten
sind im Internet über http://dnb.d-nb.de abrufbar.

3. Auflage 2020

Erste Auflage 2019
suhrkamp taschenbuch wissenschaft 2281
© Suhrkamp Verlag Berlin 2019
Alle Rechte vorbehalten, insbesondere das der Übersetzung,
des öffentlichen Vortrags sowie der Übertragung
durch Rundfunk und Fernsehen, auch einzelner Teile.
Kein Teil des Werkes darf in irgendeiner Form
(durch Fotografie, Mikrofilm oder andere Verfahren)
ohne schriftliche Genehmigung des Verlages reproduziert
oder unter Verwendung elektronischer Systeme
verarbeitet, vervielfältigt oder verbreitet werden.
Umschlag nach Entwürfen
von Willy Fleckhaus und Rolf Staudt
Druck: Druckhaus Nomos, Sinzheim
Printed in Germany
ISBN 978-3-518-29881-7

Inhalt

I
Nietzsche

Entblößung ist keine feststehende, eher die am meisten geschichtliche Form der Feststellung – oder besser, der Darstellung – von wahren Sachverhalten.

Einer der geschichtlichen Prozesse, von denen dabei Aufschlüsse erwartet werden können, ist der der Überbietung physischer durch psychische Entblößung; auch der Fremdentblößung durch Selbstentblößung. Um sich das klar zu machen, muß man auf die Bescheinigungen von Kühnheit achten, mit denen einschlägige Akte und deren Beschreibung auftreten.

Für Nietzsche war noch die französische Moralistik so etwas wie die Bestimmungsmacht für die Rücksichtslosigkeit psychischer Entschleierung. Wo er den Namen La Rochefoucauld als eines *Meister[s] der Seelenprüfung* nennt, scheint er den Eindruck einer äußersten Zumutung von Durchblick bis in den psychischen Hintergrund ohne jede Gène zu haben. Angesichts dessen kommen ihm die Zweifel: Bedenken, ob psychologische Beobachtung dieses Grades wirklich zu den Erleichterungsmitteln des Daseins, ja auch nur zum *reichsten* und *harmlosesten Stoff der Unterhaltung* gehören kann.[1] Abzuwägen ist dagegen das Recht des Widerwillens gegen die Zergliederung menschlicher Handlungen, das Recht auf *eine Art Schamhaftigkeit in Hinsicht auf die Nacktheit der Seele.*[2] Sie fordert Respekt, sofern man nicht in verächtlicher Abwendung von allem guten Glauben an den Menschen, verkörpert durch Rousseau als den Gegenspieler der Moralistik, der Erzeugung eines mehr oder weniger gesunden Mißtrauens in die menschliche Natur im allgemeinen und im besonderen den Vorzug geben zu müssen glaubt.

Der psychologische Irrtum, der in der Bewunderung der Helden Plutarchs vorherrschen mag, habe zwar nicht die Wahrheit, aber vielleicht den Nutzen für die Wohlfahrt der menschlichen Gesellschaft auf seiner Seite. Der Zuschauer der psychologischen Szene – mit ihren Mißachtungen eines bis ins Heuchlerische reichenden Selbstschutzes – ist nicht ganz unähnlich dem Zuschauer

1 [Nietzsche,] WW VIII 55[; KSA 2, 57.]
2 [Ebd., 56; KSA 2, 58.]

des Kunstwerks, dem die schöne Lüge jedes Recht gegen die reinste Wahrheit haben zu können nachgesagt wird. Solche Leute wie jene französischen Meister der Seelenprüfung, die in der Tugend nichts anderes sehen als das von den Leidenschaften vorgeschobene Trugbild, in dessen Namen man ungestraft tun zu können meint, was man ohnehin will, feiern ein Schützenfest, bei dem nur ins Schwarze getroffen wird – *aber in's Schwarze der menschlichen Natur.*[3]

Auf alles dieses folgt ein trotziges *Trotzdem.* Der Menschheit wird damit auferlegt, die Peinlichkeiten der psychologischen Sektion an sich zu erdulden wie an anderen ansehen zu müssen, aber Nietzsche hat sich doch zuvor die Rechtsposition jenes Zuschauers genau genug angesehen, um seinen Leser den Vorbehalt nicht vergessen zu lassen, es sei die menschliche Natur, in deren Zentrum getroffen und seziert würde, um nur endlich mit der Axt an die Wurzel ihrer metaphysischen Bedürfnisse zu kommen: … *endlich verwünscht vielleicht ein Zuschauer, der nicht vom Geiste der Wissenschaft sondern der Menschenfreundlichkeit geleitet wird, eine Kunst, welche den Sinn der Verkleinerung und Verdächtigung in die Seelen der Menschen zu pflanzen scheint.*[4]

Die Gefährlichkeit des Weges, der mit der moralistischen und dann der psychologischen Hintergrundbefragung des Menschen beschritten wird, ist von Nietzsche in einem einzigen Satz beschrieben worden, der bei jeder Art von anthropologisch einschlägiger Philosophie wieder zu Rate gezogen werden sollte: *So macht man der Reihe nach den Menschen für seine Wirkungen, dann für seine Handlungen, dann für seine Motive und endlich für sein Wesen verantwortlich.*[5]

Will man sich die Zwiespältigkeit in Nietzsches Einstellung zur psychologischen Rücksichtslosigkeit der Entblößung, mehr als ein Jahrhundert später, vergegenwärtigen, tut ein Blick auf Sigmund Freud das Seinige. Man darf dabei vergessen, daß Freud Nietzsche gelesen, aber diese Lektüre in Besorgnis um die Unvorgedachtheit des Eigenen eingestellt hatte – wo und nach wieviel, bleibt ungewiß. Darum geht es nicht, sondern um den Vergleich der Legitimationen.

Für Nietzsche ist es schwierig genug, den psychologischen Zu-

3 [Ebd., 57; KSA 2, 58.]

4 [Nietzsche,] WW VIII 57[; KSA 2, 59.]

5 [Nietzsche,] WW VIII 61[; KSA 2, 62.]

griff mit dem Interesse der Wahrheit oder dem an der Wahrheit zu begründen. Ihm muß der Verdacht genügen, die Verschonung vor dem Rigorismus der Erkenntnis habe etwas mit der Verwahrung gegen den Abbau einer Metaphysik zu tun, die insgesamt nur die Funktion einer Abschirmung der Sonderstellung des Menschen in der Welt und unter dem Patronat seines Gottes hatte. Anders mochte man nicht an das Sanctuarium dieser Metaphysik herankommen als durch schonungslose Verkleinerung, durch Entrousseauisierung des Menschen. Mit diesem Mißtrauen, mit diesem Verdacht ließ sich nicht viel an Menschenunfreundlichkeit rechtfertigen.

Ganz anders bei Freud, der den großen Schutzschild der Therapie vor die Neugierde seiner Theorie hält. Freilich nicht ohne häufige Durchlässigkeiten für den skeptischen Blick dessen, der dem geborenen Theoretiker bei seinen Langzeitexpeditionen ins Innere den therapeutischen Eros nicht recht zubilligen mag. Aber diese Schutzvorrichtung war immerhin so leistungssicher, daß Aussagen von einer Zumutungsintensität abgedeckt wurden, die bei Nietzsche gar nichts Vergleichbares hat und haben kann, ihn in den milden Schein der Harmlosigkeit entrückt. Die therapeutische Funktion war das Vehikel einer theoretischen Entblößung des Menschen ohnegleichen, machte ihn hilflos gegen die Kränkung jedes Selbstbehauptungswillens seines Ranges in der Welt und gegen die Zerstörung der etwa damit gekoppelten Metaphysik.

Man wird drei Hauptgebiete unterscheiden können, auf denen die metaphorische Grundannahme der Einkleidung, Verhüllung und Verkleidung zu der Möglichkeit der entsprechend destruktiven Verhaltensweise hinleitet, solche Behinderungen des Zugangs, Einblicks und Zugriffs wegzuschaffen und das jeweils Verbleibende als Entblößung, Unverstellung, Aufrichtigkeit, schließlich Wahrheit auszugeben. Wahrheit ist dann immer das Negat dessen, was sie zuvor entzogen und verhindert hatte.

Diese drei Gebiete sind: die Kritik an der Rhetorik als einer Einführungsform, deren die Wahrheit bedarf, oder einer Verhüllungsform, deren sich die Unwahrheit bedient; die Aufklärung als Abbau aller Arten von Vorurteilen im weitesten Sinne, die sich der Geist geschaffen hatte, um zu der Annehmlichkeit einer günstigen Ansicht von der Stellung des Menschen in der Welt und unter der Obhut wohlgesinnter Götter zu gelangen, oder die durch Suggestion von Personen und Institutionen eingeführt und durchgesetzt werden konnten, um Macht über die Gemüter zu erlangen; die Moralistik und Psychologie als Enttarnung der reellen Motive menschlicher Handlungen und Zustände, Durchdringung vordergründiger Wohlanständigkeit und bürgerlicher Reputation.

Was die Leistung der Aufklärung angeht, hat Nietzsche – den man einen Aufklärer wird nennen dürfen – die historische Epoche dieses Namens in ihrem Erfolg und ihren Methoden zurückhaltend beurteilt. Die Aufklärung sei der Bedeutung der Religionen nicht gerecht geworden; daran sei nicht zu zweifeln. Aber ebenso habe die romantische Umkehrung der Religionskritik die Sache nicht getroffen, wenn sie den Religionen *das allertiefste Verständnis der Welt* zuschrieb, in welchem sich eine Erkenntnis verborgen hätte, die *die Wissenschaft nur des dogmatischen Gewandes zu entkleiden habe, um dann in unmythischer Form die »Wahrheit« zu besitzen.*[6] Kurz gesagt: die Religion als Allegorie der wissenschaftlichen Wahrheit, herkommend aus einer uralten Weisheit. Daß zu dieser alle moderne Wissenschaft nur wieder zurückkehren müsse und auch könne, sofern sie sich der Norm der Wahrheit füge, eingekleidet in die der Menge der Menschen zugängliche Verständnisform, das sei allerdings nicht die Art von Rücksicht, die in der Kritik an der Aufklärung geltend gemacht werden dürfe. Unzutreffend sei eben, daß es in der Geschichte nicht eine Frage des Besitzes der Wahrheit, sondern eine Sache ihrer Mitteilung und ihrer Annehmlichkeit gewesen wäre, was allein die Unterschiede zwischen der neueren Wissenschaft und der älteren Weisheit in ihren Vorurteilsformen bewirkt habe.

Als Vertreter dieser Auffassung sieht Nietzsche vor allem Schopenhauer, der darin nichts anderes als ein allzu folgsamer Schüler seiner Lehrer gewesen sei, *welche allesammt der Romantik huldigten und dem Geiste der Aufklärung abgeschworen hatten.*[7] Die philosophische Deutung der Religion als Einkleidungsform einer urtümlichen und tieferen Weisheit über die Welt sei nicht einmal die genuine Selbstdeutung der Religion, sondern deren Selbstverteidigung aus einer Zeit, in welcher sie schon an sich selbst gezweifelt hätte und es nichts als *ein Theologenkunststück*[8] gewesen sei, sie zur Allegorie einer sonst unverständlichen Wahrheit zu machen.

6 [Nietzsche,] WW VIII 111[; KSA 2, 109.]

7 [Ebd., 112; KSA 2, 109.]

8 [Ebd.]

Eine Entblößung des verborgenen Sinnes von seinen zeitbedingten Einkleidungen, um zu derselben Wahrheit wie der durch Wissenschaft zugänglichen zu gelangen, kann es also nicht geben. Zwischen Religion und wirklicher Wissenschaft gibt es keine Kontinuität der Beziehung, weder Freundschaft noch Feindschaft: *sie leben auf verschiedenen Sternen*. Der gegenteilige Eindruck, den bestimmte Philosophien erweckt hätten, die *einen religiösen Kometenschweif in die Dunkelheit ihrer letzten Aussichten hinaus erglänzen* ließen, mache alles verdächtig, was von ihnen als Wissenschaft ausgegeben werde: *es ist diess Alles vermuthlich ebenfalls Religion, wenngleich unter dem Aufputz der Wissenschaft*.[9] Hier ist die Umkehrung des Anspruchs der Aufklärung zu erkennen gefordert, den natürlich oder künstlich gewachsenen Vorurteilen zu Leibe zu gehen, um an deren Stelle und auf deren freigelegtem Platz neue Erkenntnisse zu errichten; die nach der Aufklärung entstandenen Philosophien erzeugten künstliche Surrogate jener historischen Gebilde, indem sie statt einer ästhetischen eine theoretische Rhetorik betrieben.

Was der Sache nach immer noch oder wieder Mythos sei, stelle sich in der Ausdrucksweise der Wissenschaft dar und rechtfertige so jene Mythen, die zu dieser Sprache noch keinen Zugang gehabt hatten. Was unter dem Theorem der Säkularisierung als Umwandlung der Religion in Wissenschaft erscheint oder erscheinen soll, ist also für Nietzsche seinem Antrieb nach ein rhetorisches Manöver, das sich eben nur des modischen Aufputzes der Wissenschaft bedient, um immer noch dasselbe wie zuvor an sein Publikum heranzubringen.

Dies mag eine obsolete Thematik sein. Was nicht hinfällig an ihr geworden ist, wäre die Einsicht, daß es eine wissenschaftliche Rhetorik, daß es Wissenschaft als Rhetorik – und nicht nur die erst jüngst aufgeblühte Rhetorik als Wissenschaft – gibt. Sie benutzt das Repertoire der Nacktheit der Wahrheit, wie es sich für Wissenschaft gehören soll, um den Aufputz übersehen zu lassen, in dem sich die alten Metamorphosen der Götter neuerdings darbieten. Es gibt keinen nackten Proteus.

Der Typus des dekuvrierenden Psychologen, den Nietzsche vor Augen hat, ist noch immer der der Moralistik des La Rochefoucauld. Es ist eine Psychologie, die – wie empirisch sie sich immer

9 [Nietzsche,] WW VIII 113[; KSA 2, 109.]

geben mag: als Kunst der Menschenkenntnis – deduktiv aus einem Vernunftbegriff entwickelt ist: dem der Selbsterhaltung. Seine gedachte Grenzaussage wäre: Selbst ein Gott kann nur gut sein, wenn es gut für ihn ist. Wem das als frivole Verhöhnung erscheint, der muß zur Kenntnis nehmen, daß genau dies der Sinn des theologischen Attributs der vollkommenen Selbstgenügsamkeit und Unbedürftigkeit Gottes ist. Die Moralistik hatte nichts anderes getan, als dies, was über das absolute Wesen offen und zu seiner Ehre gesagt werden konnte, als den wahren Hintergedanken bei allem menschlichen Verhalten bloßzustellen. Es ist ein und derselbe Vernunftbegriff, der dort und hier die Deduktionen reguliert; nur die Bewertung der abgeleiteten Prädikate ist dort und hier unterschiedlich. Was Nietzsche als das Motto aller Reflexionen des Moralisten aufnimmt – der Satz La Rochefoucaulds: *Nos vertus ne sont le plus souvent que des vices déguisés* –, stammt, mit einer winzigen Änderung, von Augustin; man wäre bereit, ihn als Säkularisat einer christlichen Demutsgebärde hinzunehmen. Die kleine Differenz stört jedoch bei dieser Zuordnung, denn bei Augustin war dies kein demütiges Selbstbekenntnis gewesen, sondern der rhetorische Ausdruck des Abscheus vor den Heiden. Von denen hatte der Kirchenvater gesagt, ihre Tugenden seien verkleidete Laster. Wahrheit sollte einmal als der natürliche Zustand der Welt gedacht werden. Sie wurde erkannt und war erkannt worden, bevor sie wurde; also war sie erkennbar. Das hieß *ontologische* Wahrheit. Sie wurde erkannt und konnte weiter erkannt werden, denn sie war erkennbar; das hieß *logische* Wahrheit. Jedoch kann das kaum der Wahrheitsbegriff einer Epoche sein, die mit List und Tücke, Gerät und Methode, Arbeit und Lebensopfer begonnen hatte, der Natur einiges an Erkenntnis zu entreißen, mit der allmählich aufdämmernden Einsicht, daß jede dieser Erkenntnisse das Bedürfnis nach weiteren Erkenntnissen nach sich zog. Wahrheit war nicht mehr die natürlichste Sache von der Welt, sondern geradezu deren Gegenteil: die reine Unnatürlichkeit. Was für die Natur im allgemeinen gilt, gilt auch für den Menschen. Er ist der hinterhältigste Repräsentant dessen, was es mit dem Ganzen auf sich hat. Nicht mehr nur von ihm kommt die List, eine verschlossene und träge Natur bis in ihre Hintergründe aufzubrechen, sondern die List kommt von dem her, was sich ihm vorenthält. Sogar er selbst sich selbst. Daß Bewußtsein nur eine Oberfläche – eine schillernde noch dazu – ist, verdanken wir zu wissen nicht erst Freud; wenn dies zu wissen etwas Dankenswertes sein sollte.

Die Spannweite der Aussagen Nietzsches über die entblößte, ihres Schmucks beraubte Wahrheit erscheint zunächst groß, reduziert sich dann aber auf einen Tenor, der schon die Erwartungen des Jahrhunderts der Aufklärung auf die bloße Wahrheit als Zweifel oder als Selbstbewußtsein der Stärke begleitet hatte: den Begriff der *Erträglichkeit*. Läßt sich die Wahrheit ertragen? Oder ist sie gar dazu da, uns – nach einem erst von Max Weber ausgesprochenen Postulat – erfahren zu lassen, *was wir aushalten können*? Bei Nietzsche ist die Thematik überwiegend ästhetisch gefaßt: Die Wahrheit ist häßlich – weshalb sollten wir sie ertragen, wenn es die Kunst gibt? Diese allerdings ist durch die ihr dadurch zugewiesene Funktion, der Häßlichkeit der Wahrheit zugunsten des Genießbaren entfliehen zu lassen, zugleich schon auf den negativen Wahrheitswert der Lüge verwiesen.

In einer kleinen Aufzeichnung über die Ethik Schopenhauers und den ihr gemachten Vorwurf des Mangels imperativer Form schreibt Nietzsche: *Das ›allgemeine Wohl‹ ist nicht die Sphäre der Wahrheit; denn die Wahrheit verlangt gesagt zu werden, auch wenn sie hässlich und unethisch ist.*[10] Daß sie es überhaupt sein kann, daß die hervortretende Wahrheit nicht das Wohlgefallen und die ethische Zustimmung finden könnte, ist schon hier eine fraglose Voraussetzung. Ist das nur angelernter Pessimismus oder hat es mit Erfahrungen des jungen Philologen zu tun, der in diesem Jahr 1868 an seiner Dissertation arbeitet? Es hat, wie ich meine, mit der Enttäuschung des zunächst begeisterten Philologen zu tun, der in einem Brief vom Frühjahr 1867 beanstandet, daß es seiner Disziplin an der *erhebenden Gesammtanschauung des Althertums* fehle, und der ganz unbefangen den Anspruch auf Genuß an dem erkennen läßt, was Resultat einer längst als Arbeit erkannten Bemühung sein soll: *Wann, frage ich, haben wir doch einmal jenen reinen Genuß unsrer Alterthumsstudien, von dem wir leider oft genug reden. ... überhaupt [ist] unsere ganze Art zu arbeiten entsetzlich.*[11] Die 100 Bücher, die vor ihm auf dem Tisch ständen, erscheinen ihm als Repräsentanten eines Faches, dessen Vertreter ebenjenen Genuß verhindern, den

10 [Nietzsche,] WW I 405 ([Ueber Ethik] Frühjahr 1868)[; BAW 5, 177.]

11 [Friedrich Nietzsche] an [Carl von] Gersdorff, 6. April 1867[. In: KSA Briefe 2, 209 f.]

ihnen ihr durchaus als ästhetisch aufgefaßter und metaphorisch vorgestellter Gegenstand gewähren müßte, aber nicht gewährt, weil sie sich *zu nahe vor das Bild stellen und einen Oelfleck untersuchen anstatt die großen und kühnen Züge des ganzen Gemäldes zu bewundern und – was mehr ist – zu genießen.*[12] Dies also die Erwartung, mit der Nietzsche an seinen Lebensplan eines wissenschaftlichen Berufes herantritt.

Diesem frühen Satz entspricht eine etwa zwei Jahrzehnte spätere Aufzeichnung, die man einmal dem Entwurf von 1887 eines »Willens zur Macht« zugeordnet hatte. Inzwischen ist, was Anlaß zu Schopenhauers Pessimismus gegeben hatte, das Erprobungsfeld des Menschen als des Stärkeren geworden. Als solcher erweist er sich zumal in der Kunst: *Die furchtbaren und fragwürdigen Dinge darstellen ist selbst schon ein Instinkt der Macht und Herrlichkeit am Künstler: er fürchtet sie nicht ...* Den Einwand mit dem neuen Realismus der Goncourts und Zolas wendet Nietzsche zur Bestätigung seiner These: *Die Dinge sind hässlich, die sie zeigen: aber dass sie dieselben zeigen, ist aus L u s t a n d i e s e m H ä s s l i c h e n ...*[13] Mochte man für den jungen Nietzsche noch daran zweifeln, sein Unwille richte sich gegen die alte Verbindung der Transzendentalien des Wahren, Guten und Schönen, so ist die Unerträglichkeit der Wahrheit in der Spätzeit zum Kriterium dafür geworden, daß die Philosophie solchem nicht ausweiche und sich an die Kunst als Beweis dafür halte, wie man mit dem Befund der Häßlichkeit der Wahrheit fertig werde: *An einem Philosophen ist es eine Nichtswürdigkeit zu sagen ›das Gute und das Schöne sind Eins‹; fügt er gar noch hinzu ›auch das Wahre‹, so soll man ihn prügeln. Die Wahrheit ist hässlich. Wir haben die K u n s t, damit w i r n i c h t a n d e r W a h r h e i t z u G r u n d e g e h n.*[14]

Ein Weg ist zu Ende gegangen, nicht nur der Nietzsches: Der vormalige Schmuck der Wahrheit, der *ornatus vere dicendi*, hat sich unter dem Titel »Die Kunst« verselbständigt und beweist diese Autonomie gerade und am schärfsten dadurch, daß er sich zur Gegenoption der Wahrheit hypostasiert. Das bedeutet nun, daß die Wahrheit trotz ihrer Häßlichkeit nicht mehr zugedeckt zu werden braucht. Etwas anderes ist geschehen: eine Änderung der Optik,

12 [Ebd., 209 f.]
13 [Nietzsche,] WW XIX 228 f.[; KSA 13, 241.]
14 [Nietzsche,] WW XIX 229[; KSA 13, 500.]

ein Blickwechsel. Die Wahrheit wird übersehen, weil die Aufmerksamkeit von etwas in Anspruch genommen ist, was sich als nicht nur abendfüllend erwiesen hat: dem Gesamtkunstwerk. Zwar ist sein genießender Zuschauer noch nicht der Übermensch, aber daß er unter Mißachtung der Realität der genußfreudige Zuschauer dieser Kunst sein kann, ist der stärkste, wenn nicht einzige Beweis dafür, daß er auch der Übermensch sein könnte.

Insofern stammen alle ästhetischen Theorien, die im Kunstwerk so etwas wie das Vorerlebnis eines endgültigen Menschheitszustandes erkennen lassen wollen, von Nietzsche ab. Auch wenn sie die nackte Wahrheit eines Tages als schön geworden unterstellen wollen, um ihre Pflicht zum Realismus nicht zu vernachlässigen.

Die Kunst, die das Leben trotz der Häßlichkeit der Wahrheit zu bejahen Anlaß gibt, ist als autonome Kunst die letzte metaphysische Realität am Ende der Metaphysik. Sie ist nicht mehr die Verschleierung des Unerträglichen. Darin nimmt sie etwas vorweg, was es noch nicht gibt. Aber das, was es gibt, muß es doch auch geben können als Bedingung der Erreichbarkeit eines anderen. Nietzsches Kulturtheorie macht seine Kulturkritik tragbar. Man übertreibt nicht zu sagen, das eine sei schon im Hinblick auf das andere konzipiert. Mannigfaltige Formen der Verschleierung sind die Grundlage aller Kultur, eben einer Kultur, die auf eine *vorläufige* Form des Menschen bezogen ist, noch nicht fähig zu letzter Härte.

Die Welt der Artefakte läßt die blanke Not, die hinter ihrer Erfindung ursprünglich steckt, nicht in Erscheinung treten und macht daraus ein *Spielen mit dem Ernste.*[15] Die Auffassung der Kultur als einer Schutzvorrichtung des Menschen vor sich selbst ist der neuzeitlichen Staatstheorie und ihrem Vernunftbegriff der Selbsterhaltung nachgebildet. Darin liegt auch der Ursprung des Gedankens der *Sublimierung*: Verfeinerung ist nur die Vermeidung der Metapher der Verkleidung. Bei Nietzsche heißt es: *Jede Art von Cultur beginnt damit, dass eine Menge von Dingen verschleiert werden.*[16]

Diese Schutzvorrichtung des Menschen vor sich selbst ist ihrer-

15 Vorarbeiten zu einer Schrift über den Philosophen III. Aus dem Sommer 1873. [Nietzsche,] WW VI 91 [Ueber Wahrheit und Lüge im aussermoralischen Sinne; KSA 1, 886.]

16 [Nietzsche,] WW VI 19[; KSA 7, 435.]

seits schutzbedürftig. Ihre Bedrohung, ihre Feindin ist die Wahrheit, vor allem natürlich die Wahrheit über sie selbst. Diese Wahrheit wird von der Erkenntnis, von der Wissenschaft produziert. Und die härteste aller Fragen, die hier entsteht, ist die, ob es erlaubt sei, *der Wahrheit die Menschheit zu opfern.* Ohne Unwahrheit gibt es weder Gesellschaft noch Kultur, und deren Schutz liegt im *Begriff der verbotenen Wahrheit.*[17] Für diese verwendet Nietzsche erneut – nämlich zur Verdeutlichung dessen, daß es sich um einen Schutz des Schutzes handelt – die Metapher der Verkleidung: Verboten ist die Wahrheit, die das antastet, was jenen Schutz der Kultur sanktioniert, das also, was *gerade die eudämonistische Lüge verhüllt und maskirt.*[18] Die kulturelle Verhüllung bedarf der Verhüllung; als nackte Verhüllung wäre sie der Enthüllung preisgegeben. Eine Kultur, einmal so gesehen, ist ein Zwiebelschalensystem.

Nietzsches Dilemma ist, daß alles, was er hier sagt, immer zugleich das trifft, was er sagt: Es ist seine eigene Gleichgültigkeit gegen den Bestand der Welt, in der er lebt, zugunsten einer unbekannten Welt, in der er nicht mehr zu leben braucht.

Wahrheitsstreben hat einen destruktiven Zug, ist vergleichbar dem, was bei Freud sehr viel später Todestrieb heißen wird: *Wahrheit tödtet – ja tödtet sich selbst (insofern sie erkennt, dass ihr Fundament der Irrthum ist).*[19] Erkenntnis zerstört die Voraussetzungen, unter denen sie selbst betrieben werden kann; insofern ist sie immer reflexiv. Der Konflikt zwischen Selbsterhaltung und Wahrheitsstreben ist ausdrücklich als tragisch bezeichnet. Schon in der »Geburt der Tragödie« hatte Nietzsche die eine der Voraussetzungen von Selbsterhaltung, die Handlungsfähigkeit, vor Augen, wenn er sagt: *Die Erkenntnis tödtet das Handeln, zum Handeln gehört das Umschleiertsein durch Illusion ...*[20]

Sie ›macht‹ dies durchaus noch auf der Linie eines als dionysisch benannten Pessimismus: Erkenntnis bedeutet, die Unbetroffenheit und Unwandelbarkeit der Dinge durch die Handlung zu erfassen, die Lächerlichkeit oder Schmach der Zumutung, an der Welt etwas tun zu sollen. Da liegt die Ähnlichkeit des dionysischen Menschen

17 [Nietzsche,] WW VI 93[; KSA 7, 623.]
18 [Nietzsche,] WW VI 93[; KSA 7, 623.]
19 [Nietzsche,] WW VI 93[; KSA 7, 623.]
20 [Nietzsche,] WW III 56 (Geburt der Tragödie § 7)[; KSA 1, 57.]

mit Hamlet: *beide haben einmal einen wahren Blick in das Wesen der Dinge gethan, sie haben erkannt, und es ekelt sie zu handeln ...*[21] Der Kern der Tragödie ist, daß die tiefste Einsicht, die sie enthält, ihrer Wirkung nach selbst tragisch ist: die rücksichtsloseste Aussage gegenüber dem Menschen, die es gibt und geben kann, ist die in der Tragödie als Zitat des Bakchylides ausgesprochene Erkenntnis, es wäre für den Menschen besser, nicht geboren zu sein. Daß dies ausgesprochen werden kann, eröffnet erst den tragischen Konflikt einer Enthüllung: Verleitung zur Seinsresignation, zum Lebensverzicht. Auch zum Verzicht, so etwas zu denken, was hier noch nicht gedacht wird: den Übermenschen. Er wird die Antwort auf das Kernstück der Tragödie sein; nicht nur der Typus, der jene Wahrheit über den Menschen *aushält*, sondern der, dem sie *gleichgültig* ist – und wieder zuerst durch die Kunst.

Damit ist das Schema vorgegeben, das sich für Erkenntnis im strikten und neuzeitlichen Sinne nur wiederholt: für die Wissenschaft. Vielleicht die wichtigste Voraussetzung für Nietzsches Bewertung der wissenschaftlichen Erkenntnis ist sein im Hintergrund gehaltenes Axiom, daß wir verachten, was wir durchschauen. Die Enthüllung führt nicht in die Tiefe der Dinge, sondern nur an eine andere Oberfläche, die für das Letzte genommen wird, weil sie zugleich den Weg zu Weiterem versperrt. Die nackte Wahrheit enttäuscht. Weil sie nackt ist, hat sie keine Ausrede und keinen Vorbehalt mehr an dem, was sie noch verbergen könnte. Die wissenschaftliche Erklärung, ans Ziel gekommen, bestimmt sich immer wieder durch diese metaphorische Situation: *Wir verachten alles, was sich erklären lässt. Irgend eine Dummheit hat sich überraschen lassen und stand nackend da vor ihrem Erklärer.*[22] Eine Artemis – wie wird sie ihren Jäger Aktaion strafen?

Eng damit hängt ein weiterer Aspekt zusammen: die Nichtigkeit des Wahrheitsbesitzes. Sie steht vor allem unter dem Stichwort der Langeweile. Wieder in der Metaphorik der Entblößungen: *Durchschauen durch das vergängliche Netz und den letzten Schleier – das wäre die grosse Müdigkeit und aller Schaffenden Ende.*[23] Der Antagonismus zwischen Wahrheit und Kunst besteht in

21 [Ebd.]

22 [Nietzsche,] WW XIV 7 (Einzelbemerkungen aus den Jahren 1882-1884)[; KSA 10, 415.]

23 Ebd., XIV 15[; KSA 10, 402.]

der Vermeintlichkeit der Befriedigung der theoretischen Wünsche, die aufs Durchschauen gerichtet waren. Zur Verachtung tritt die Ermattung.

Es gibt keine Liebe zur Wahrheit. Was in ihr gemeint und erwartet war, erweist sich nur als so etwas wie der behindernde Ersatz für ein phantastisches Verhältnis zur Welt, also sowohl für die Metapher als auch für die Kunst: *Kalt auf die Dinge sehen, so dass sie nackt und ohne Flaum und Farbe daliegen – das nennt sich ›Liebe zur Wahrheit‹, und ist nur die Ohnmacht zu lügen.*[24]

Der Student Nietzsche geht zuerst mit ruchlosen Gedanken über die Wissenschaft um, an deren Pflanzstätte er sich aufhält. 1867 notiert er sich Sätze von dieser Art: *Die Wissenschaft hat etwas Todtes.*[25] Die Griechen, ein von ihm für gesund erklärtes Volk, hätten Wissenschaft *nur in geringem Grade* gekannt. Auch müsse *der Volksführer* wissen, daß die Masse mit diesem Element nicht zu sehr gedrängt werden dürfe. Er nennt das, Bedürfnisse durch Anschauungen zu zersetzen, statt die Bedürfnisse so umzubilden, daß die Suche nach ihrer Befriedigung der Menge überlassen bleiben kann. Solche Umbildungen seien ohnehin nur mit Maß möglich; beim Branntweintrinker vielleicht die, seinen Sinn auf Bier und Politik zu lenken. Von allen Umbildungen, also auch der religiösen Bedürfnisse in sittliche, der politischen in wohltätige, gilt der Hauptsatz: *Aber langsam*. Dies alles zielt eher auf rhetorische als auf wissenschaftliche Leistungen. Für die Wissenschaft sei aber immerhin nützlich, ihr *ihren ›überaus herrlichen‹ Mantel etwas vom Leibe zu ziehn.*[26] Ein erster vorsichtiger Gebrauch der Entblößungsmetapher. Auch auf ihn darf die im Zusammenhang stehende Vorschrift der Langsamkeit bezogen werden.

Ein erstaunlich konsistenter Zug an Nietzsches Fortbildung der Metapher ist, daß er die Aufmerksamkeit von der durch Entblößung bewirkten Nacktheit ablenkt auf die Hüllen, die dabei gefallen sind. Um zu begreifen, was eine Welt ohne Wissenschaft, eine Welt *vor* der Theorie ist und sein kann, muß man sie ohne den Schatten des Sokrates denken. Es ist eine Welt mit dem Recht auf Verkleidung, mythologisch gesprochen: auf Metamorphose. Insofern sind die Griechen das Gegenstück zu allen Arten von Reali-

24 Ebd., XIV 12[; KSA 10, 82.]

25 [Nietzsche,] WW I 283[; BAW 3, 321.]

26 [Ebd., 282; BAW 3, 320.]

sten, die in aller Verhüllung nur die Provokation zur Entblößung, in allem Äußeren nur den Leitfaden zum Inneren, in allem Vordergründigen nur die Anweisung zum Hintergrund sehen. Und darin erkennen wir uns zweifellos wieder. Für die Griechen vor Sokrates war, folgt man Nietzsche, die ganze Natur gleichsam nur Verkleidung, Maskerade, eben Metamorphose des immer Menschengestaltigen, gleichgültig ob Menschlichen oder Göttlichen, gewesen. Wenn aber der Mensch selbst der Kern der Verhüllung ist, in der er sich unendlich vielfältig darstellt und verausgabt, entfällt das Motiv, in dem Satz, alles sei Metamorphose, noch eine Herausforderung zur allseits beliebt gewordenen Entlarvung zu sehen. *Die Griechen haben in ihrer Mythologie die ganze Natur in Griechen aufgelöst ... Der Gegensatz von Wahrheit und Erscheinung war tief in ihnen. Alles Metamorphosen.*[27] Es ist der Einfluß des Sokrates, der sich *gleich einem in der Abendsonne immer grösser werdenden Schatten* über die Nachwelt und in alle Zukunft hinaus ausgebreitet hat und *gegen* den die Kunst neu geschaffen werden muß, *Kunst im bereits metaphysischen, weitesten und tiefsten Sinne.*[28]

Um die geschichtliche Urheberschaft des Sokrates für den Untergang der Tragödie auch als datierbare Gleichzeitigkeit festzuhalten, muß der Ursprung der Theorie dem Thales von Milet, der dafür noch kurz zuvor herausgehoben worden war, genommen und dem ebenso schriftlosen Lehrer des Plato und damit Vorvater des Platonismus zugeschrieben werden. Sokrates ist der *Typus des theoretischen Menschen* und damit der einer *vor ihm unerhörten Daseinsform.*[29] Die tödliche Rivalität der Theorie mit der Tragödie, allgemeiner: der Wissenschaft mit der Kunst, liegt tief begründet in der Gleichartigkeit dessen, was sie gewähren: *ein unendliches Genügen am Vorhandenen.* Für Verfahren und Erlebnis bei beiden Antagonisten dient die Metaphorik der Entblößung, um im Ähnlichen die Differenz zu beschwören: *Wenn nämlich der Künstler bei jeder Enthüllung der Wahrheit immer nur mit verzückten Blicken an dem hängen bleibt, was auch jetzt, nach der Enthüllung, noch Hülle bleibt, geniesst und befriedigt sich der theoretische Mensch an der abgeworfenen Hülle und hat sein höchstes Lustziel in dem*

27 [Nietzsche,] WW IV 253 A[nm]. 1 (Vorlesung »Die vorplatonischen Philosophen«, 1872)[; KSA 7, 456.]

28 [Nietzsche,] WW III 100 (Die Geburt der Tragödie § 15)[; KSA 1, 97.]

29 [Ebd., 101; KSA 1, 97.]

Prozess einer immer glücklichen, durch eigene Kraft gelingenden Enthüllung.[30] Der theoretische Mensch, der Nachsokratiker, enthüllt nicht um der Blöße, sondern um der Hülle willen. Sie ist das Präparat der Wirklichkeit, das ihm bleibt, wenn er diese vergißt: *Es gäbe keine Wissenschaft, wenn ihr nur um jene e i n e nackte Göttin und um nichts Anderes zu thun wäre.*[31]

Abstrakt ist das seit langem so ausgesprochen, daß erst der Verzicht auf die Substanz Wissenschaft möglich macht; und das hieß schon immer: Verzicht auf den Anspruch, an Gottes Blick auf die Welt teilzuhaben. Dieser Blick allein ist es, für den die *nuda veritas* etwas Unüberschreitbares bedeutet. Der Theoretiker wie der Künstler hat es nie mit dem Letzten einer Entblößung zu tun; das ist ihnen gemeinsam. Was sie unterscheidet, ist der Verzicht, der Asketismus des Theoretikers, den Nietzsche im Tragödien-Traktat mit denen vergleicht, die *ein Loch gerade durch die Erde graben wollten: von denen ein Jeder einsieht, dass er, bei grösster und lebenslänglicher Anstrengung, nur ein ganz kleines Stück der ungeheuren Tiefe zu durchgraben im Stande sei, welches vor seinen Augen durch die Arbeit des Nächsten wieder überschüttet wird, so dass ein Dritter wohl daran zu thun scheint, wenn er auf eigne Faust eine neue Stelle für seine Bohrversuche wählt.*[32]

Die Metaphorik der Entblößung und das Gleichnis der Erddurchbohrung lassen sich einander genau zuordnen. Die Entblößung hat immer ein nächstes Ganzes vor sich, mag es auch seinerseits wieder die Hülle eines nächsten Ganzen sein; während jene Bohrungen im Verhältnis zu ihrem abstrakten Programm der Totalbohrung ein bloßes Nichts bleiben.

Es nimmt sich aus, als hätte Nietzsche Hegels Jenenser Dissertation von 1801 »De Orbitis Planetarum« gelesen. Man müsse zwar anerkennen, schreibt Hegel dort, daß die mathematisch verfahrende Astronomie Newton am meisten verdankt, doch müßten wir auch *das physikalische Gewand, mit dem er die mathematischen Berechnungen bekleidet hat, von diesen wieder wegnehmen und müssen es der Philosophie überlassen, zu untersuchen, was an ihm Wahres sei.* Eine so metaphorisierende Übersetzung rechtfertigt freilich der lateinische Text der Dissertation nicht; er spricht von der *physica*

30 Ebd., III 101 f.[; KSA 1, 97.]

31 Ebd., 102.

32 Ebd., III 102.

species, qua mathematicas rationes induit; diese aber sei davon abzutrennen, und es sei von der Philosophie zu untersuchen, *quid ei veri insit.*[33] Was man bei einem Gewand doch wohl darauf beziehen muß, was nach Abtrennung der Hülle als in dieser enthalten übrig geblieben, nicht darauf, was an dem Gewand selbst an Wahrem geblieben sei.[34]

Die Gegenstellung der Wissenschaft zum asketischen Ideal – repräsentiert in ihrer Teilnahme an der Religionskritik als der Bestreitung der Voraussetzungen christlicher Askese – ist nur scheinbar; in Wirklichkeit stehen Wissenschaft und Askese auf demselben Boden: dem der *Ueberschätzung der Wahrheit*. Dies macht sie zu Bundesgenossen, so daß der Widerspruch der Wissenschaft nicht das Ideal selbst trifft, sondern nur dessen *Aussenwerke, Einkleidung, Maskenspiel.*[35] Es gibt daher auch, in umgekehrter Richtung, nur den Widerspruch gegen beides.

So sehr es der historischen Erfahrung widerstrebt – die Wissenschaft, die jahrhundertelang die Last der Religionskritik getragen hatte, muß nun genau wie das, was sie kritisiert hatte, getroffen werden. Denn ihre Kritik war nur auf das Symptom gerichtet gewesen. Die Gemeinsamkeit letzter Voraussetzungen verhinderte, an den Kern der Sache heranzugehen. Dann aber wird ein Platz frei gemacht für eine Instanz, die dem Stoß ins Innere der Weltverzichte seine Energie und sein Recht verschaffen könnte. Fast zwangsläufig ist das Resultat: Da es die Wissenschaft nicht mehr sein kann, die den Weltglauben verteidigt, muß es die Kunst werden, weil es sonst nichts anderes werden kann: *die Kunst, in der gerade die L ü g e sich heiligt, der W i l l e z u r T ä u s c h u n g das gute Gewissen zur Seite hat, ist dem asketischen Ideale viel grundsätzlicher entgegengestellt als die Wissenschaft …*[36] Plato habe das gewußt, als er sich gegen Homer stellte; das zeichnet ihn aus als den größten Kunstfeind, den Europa bisher hervorgebracht habe.

33 [G.W.F.] Hegel, Sämtliche Werke. Hrsg. v. G. Lasson. [Leipzig 1928,] I 378 f. [Gesammelte Werke V, 246.]

34 Das Historische Wörterbuch der Philosophie I 592 zitiert den deutschen Text, als sei es das Original. [Vgl. Ch. Seidel, Art. »Astronomie II«. In: Historisches Wörterbuch der Philosophie. Hrsg. v. Joachim Ritter, Bd. 1 (A-C). Darmstadt 1971, Sp. 590-593.]

35 [Nietzsche,] WW XV 438 (Zur Genealogie der Moral III 25)[; KSA 5, 402.]

36 [Nietzsche,] WW XV 439[; KSA 5, 402.]

Dies ist eine der wichtigsten, die überraschendste Wendung, die der europäischen Aufklärung überhaupt noch gegeben werden konnte: Fortan wird sie nicht mehr von der Wissenschaft getragen, sondern von der Kunst, und dies vor allem oder gar nur, weil sie es ist, die das gute Gewissen verschaffen kann, an dessen Mangel zu einem guten Teil die historische Aufklärung gescheitert war.

Die Differenz illustriert sich an der Metapher: Die Wissenschaft hatte sich bei ihrer Kritik an Einkleidung und Maske eben in der Verhüllung verfangen – etwa aus Unerfahrenheit mit solcher Travestie? Folgt man dieser Zusatzannahme, dann ist es die uralte Fähigkeit zur List, die die Kunst zurückgewinnt. Sie verbindet den Willen zur Täuschung mit dem guten Gewissen, das man braucht, um sich dieser Gegnerschaft gewachsen zu zeigen. Wieder ist Nietzsche, im Unter- oder Hintergrund, verschworen mit dem Urfeind des christlichen Realismus, dem gnostischen Doketismus, der den Gott und seinen Gegenspieler, den Heilsbringer und den Verführer, letztlich mit denselben Mitteln arbeiten läßt, einander zu überspielen. Damit ist auch für die Geläufigkeit im Gebrauch der Metaphorik der Einkleidung und des Maskenspiels der letzte Bezugsgrund berührt. Nietzsches Sicherheit im Aufspüren dessen, was dem Christentum wirklich zuwider wäre, ist seine Vertrautheit mit dem, was dessen Realismus – entstanden aus der Negation seiner Häresien – aufgebaut hatte.

Wie der Doketismus aller Spielarten sich die Einschleichung des *Soter* in den Kosmos vorgestellt hatte, so stellt Nietzsche sich das Eindringen des Gegentypus in die Welt der Weltverneinung vor unter der Metapher der Verkleidung – der Verkleidung in die vertrauten Figuren ebenjener Weltabwendung: *Die Contemplation ist in vermummter Gestalt, in einem zweideutigen Ansehn, mit einem bösen Herzen und oft mit einem geängstigten Kopfe zuerst auf der Erde erschienen: daran ist kein Zweifel … der philosophische Geist hat sich zunächst immer in die früher festgestellten Typen des contemplativen Menschen verkleiden und verpuppen müssen, als Priester, Zauberer, Wahrsager, überhaupt als religiöser Mensch, um in irgend einem Maasse auch nur möglich zu sein: das asketische Ideal hat lange Zeit dem Philosophen als Erscheinungsform, als Existenz-Voraussetzung gedient …*[37]

37 [Nietzsche,] WW XV 392 f. (Zur Genealogie der Moral III 10)[; KSA 5, 359.]

Damit rückt die ganze Geschichte der Philosophie in den überraschendsten Verdacht, Vorspiegelung und Vorspielung dessen zu sein, was ihre Intention, am Ende herauszutreten, unerkannt und unerkennbar bleiben ließ: *insofern nämlich die längste Zeit Philosophie auf Erden g a r n i c h t m ö g l i c h gewesen wäre ohne eine asketische Hülle und Einkleidung, ohne ein asketisches Selbst-Missverständnis.*[38]

Im Hintergrund ist als implizite Metapher der doketistische Christus erkennbar, der vergessen haben mußte, daß er Gottes Sohn war, um *glaubwürdig* das menschliche Geschick erleiden zu können. Nicht anders die Philosophie; sie wiederholt nicht die Geschichte der Priesterbetruge vor aller Aufklärung, sondern arbeitet emsig daran zu glauben, was sie darstellen soll, um sich eines Tages gegen das wenden zu können, was sie eben *nur* dargestellt hatte. Die Philosophie ist die verborgene, sich verbergende Wahrheit, die sich gegen die Geschichte, im Fleische wandelnd, schützen muß. So war der nächtlich unter den Sternen wandelnde und derart die Theorie der Sterne begründende Protophilosoph Thales von Milet, der in die Zisterne stürzte, ein verkleideter Heilsbringer der Philosophie, der sich nur im Schutz der Nacht unbedacht zu erkennen gab, weil er sich ungesehen glaubte. Da verhöhnte ihn die thrakische Magd. Ein Fall von Unvorsichtigkeit, fast tödlich schon am Anfang der philosophischen Geschichte.

Die Nähe der Kunst zur alten List des Doketismus – oder auch nur der rhetorischen Einkleidung der vertretenen Sache – gibt dem Eindringen in das Verständnis der Kunst nur das eine seiner Muster vor, das ihre Potenz im Widerstreit gegen den Asketismus von Religion wie Wissenschaft erklärt. Der andere Aspekt ist, daß ebendiese Täuschung ihren trügerischen Einschlag verliert, sobald sich zeigt, daß es gar nichts anderes gibt als das, was zunächst als Lüge erschien. Die Wahrheit *ist* erlogen. Wäre sie es nicht, gäbe es nichts – außer dem Nichtigen, versteht sich.

Das zweite Buch der »Fröhlichen Wissenschaft« beginnt mit einem Stück, das nach der Überschrift »An die Realisten« gerichtet ist. Sie meinten, vor ihnen allein *stehe die Wirklichkeit entschleiert*, und sie wären vielleicht der beste Teil davon. Er redet sie an – im ironischen Plural – als die *geliebten Bilder von Sais*, selbst ihrer Ent-

38 [Ebd.]

schleierung sicher: Er verspottet ihre uralte Illusion von ›Wirklichkeit‹, die doch von aller menschlichen Zutat gar nicht mehr zu befreien sei. Auch und gerade die Natur: *Da jener Berg! Da jene Wolke! Was ist denn daran ›wirklich‹?*[39] Es gibt keine Wirklichkeit für uns, und keine Ernüchterung, die sie sich erzwingen könnte. Das liegt nicht an einem erkenntnistheoretischen Mangel des Organs, sondern es ist das Sediment der Geschichte.

Was diese Wahrheitslage bestimmt, ist, daß die Namen zu dem geworden sind, was für uns ist. Uns liegt an den Namen daher *unsäglich mehr* als daran, was die Dinge sind. *Der Ruf, Name und Anschein, die Geltung, das übliche Maass und Gewicht eines Dinges – im Ursprunge zu allermeist ein Irrthum und eine Willkürlichkeit, den Dingen übergeworfen wie ein Kleid und seinem Wesen und selbst seiner Haut ganz fremd – ist durch den Glauben daran und sein Fortwachsen von Geschlecht zu Geschlecht dem Dinge allmählich gleichsam an- und eingewachsen und zu seinem Leibe selber geworden; der Schein von Anbeginn wird zuletzt fast immer zum Wesen und w i r k t als Wesen.*[40]

Der Doketismus hat seine ursprüngliche Funktion, die List des Heilbringers, immer schon vergessen und ist zur Geschichte selbst geworden. Gegen sie kann der Realismus ihrer Spätlinge nicht aufkommen. Von der Geschichte gibt es keine Ernüchterung. Sie ist das Gesamtkunstwerk, vor das sich ›der Künstler‹ gestellt sieht und dessen umfangender Suggestion er selbst längst erlegen ist.

Die Verschärfung der Metapher zum Einwachsen der Kleider in den Leib, diesem unheimlichen Stoffwechsel zwischen dem Organischen und seinen Hüllen, erklärt in letzter Instanz – aus der Geschichte heraus: als Genese –, weshalb es Nacktheit nicht gibt und die Metaphorik der nackten Wahrheit nur in immer weitere Täuschungen verwickelt.

Diese Gleichsetzung des Schemas von Doketismus und Geschichte hat auch einen anthropologischen Aspekt: das Sich-verstellen-können des Menschen, sogar als seine ›Kunst‹, als Schauspielerei. Das Problem des Schauspielers habe ihn am längsten beunruhigt, schreibt Nietzsche im letzten Buch der »Fröhlichen Wissenschaft«, daran die *Falschheit mit gutem Gewissen*, darüber hinaus: die *Lust an der Verstellung als Macht*, das *innere Verlangen in eine Rolle und Maske. In einen S c h e i n hinein*. Auch seine Er-

39 [Nietzsche,] WW XII 91 (Die Fröhliche Wissenschaft II § 57)[; KSA 3, 421.]
40 [Nietzsche,] WW XII 92 (Die Fröhliche Wissenschaft II § 58)[; KSA 3, 422.]

klärung ist der zeitgenössischen Anthropologie eingepaßt, denn dieses Phänomen des Schauspielers sieht er aus einem *Ueberschuss an Anpassungs-Fähigkeiten aller Art* hervorgehen, die ihrer nächsten Funktion des *engsten Nutzens* entbunden seien. So sei allmählich eine Befähigung freigeworden, *den Mantel nach jedem Winde zu hängen und dadurch fast zum Mantel werdend*, die Meisterschaft einer einverleibten und eingefleischten Kunst auszuüben.[41] Auch hier, und hier exemplarisch, wandert der Schein ins Sein hinein, setzt sich auf die Vakanz des Substantiellen. Eines der schönsten Paradoxe Nietzsches, nicht mehr nur als Moralistik, sondern als anthropologische ›Metaphysik‹: das Wesen der Überanpassung, im Hängen des Mantels nach jedem Wind, hört auf, dieser etwas Hängende zu sein, um selbst das Gehängte zu werden.

Die Entschleierung des Bildes von Sais ist für Nietzsche die Metapher für den zum Wahnsinn gewordenen Eros der nackten Wahrheit. In diesem Wahnsinn kommt eher Geschmacklosigkeit als Unmoral zum Vorschein. Jedenfalls liegt die Zukunft nicht in dieser Gewaltsamkeit, weil jede Zukunft mehr als *die* Geschichte hat, die wir schon haben, und sie nicht abwerfen kann: *Und was unsre Zukunft betrifft: man wird uns schwerlich wieder auf den Pfaden jener ägyptischen Jünglinge finden, welche Nachts Tempel unsicher machen, Bildsäulen umarmen und durchaus Alles, was mit guten Gründen versteckt gehalten wird, entschleiern, aufdecken, in helles Licht stellen wollen. Nein, dieser schlechte Geschmack, dieser Wille zur Wahrheit, zur ›Wahrheit um jeden Preis‹, dieser Jünglings-Wahnsinn in der Liebe zur Wahrheit – ist uns verleidet: dazu sind wir zu erfahren, zu ernst, zu lustig, zu gebrannt, zu tief ... Wir glauben nicht mehr daran, dass Wahrheit noch Wahrheit bleibt, wenn man ihr die Schleier abzieht ...*[42]

Derselbe Text dieses »Epilog« steht schon in der Vorrede zur Neuauflage der »Fröhlichen Wissenschaft« von 1886, einschließlich des erneuten Ausrufs der Bewunderung für die Griechen. Sie seien oberflächlich gewesen – *aus Tiefe!* Und es findet sich dort schon der wiederum für Nietzsche an der Ausfächerung der Metapher spezifische Gedanke der Scham: *Heute gilt es uns als eine Sache der*

41 [Nietzsche,] WW XII 296f. (Die Fröhliche Wissenschaft V (1886) § 361)[; KSA 3, 608.]

42 [Nietzsche,] WW XVII 299 (Nietzsche contra Wagner. Aktenstücke eines Psychologen. Epilog. 1888)[; KSA 6, 438.]

Schicklichkeit, dass man nicht Alles nackt sehn, nicht bei Allem dabei sein, nicht Alles verstehn und ›wissen‹ wolle.[43] Dazu, ausdrücklich als *Wink für Philosophen* bezeichnet, die Geschichte von dem kleinen Mädchen, das seine Mutter fragt, ob es wahr sei, daß Gott überall zugegen sei, und auf die bejahende Antwort entgegnet, sie finde das unanständig: *Man sollte die S c h a m besser in Ehren halten, mit der sich die Natur hinter Räthsel und bunte Ungewissheiten versteckt hat.*

Mit diesem Element ist bei Nietzsche immer verbunden, daß die Scham eine weibliche Auszeichnung sei. Das erlaubt die Herstellung der Beziehung zur alten Allegorie von der Wahrheit als weiblichem Akt: *Vielleicht ist die Wahrheit ein Weib, das Gründe hat, ihre Gründe nicht sehn zu lassen? Vielleicht ist ihr Name, griechisch zu reden, Baubo?*[44] Im griechischen Mythos ist Baubo die Frau des ersten Menschenpaares, also die Eva des Mythos, zu der die über den Raub der Tochter untröstliche Demeter kommt.

Nicht weniger aufschlußreich ist die Feststellung, daß diese Aussage über die Wahrheit nur eine Spezifikation der allgemeineren Formel *Vita femina* aus dem vierten Buch der »Fröhlichen Wissenschaft« – vier Jahre vor dem sogleich heranzuziehenden fünften geschrieben – wäre, wo es um Verschleierungen letzter Schönheiten und die seltene Gunst des Blicks auf sie geht. Nicht nur muß der Wolkenschleier vor solchen Gipfeln weichen, es muß auch die Seele des Betrachters *selber den Schleier von ihren Höhen weggezogen* haben. Deshalb die Seltenheit der Konjunktion, deshalb auch die Intensität ihrer Wirkung: – *was sich aber uns enthüllt, d a s e n t h ü l l t s i c h u n s E i n M a l!* Schließlich mag diese Seltenheit der begünstigten Augenblicke nichts anderes als *der stärkste Zauber* des Lebens selbst sein: Es liegt ein golddurchwirkter Schleier von schönen *Möglichkeiten über ihm, verheissend, widerstrebend, schamhaft, spöttisch, mitleidig, verführerisch. Ja, das Leben ist ein Weib!*[45] Die Wahrheit wäre nur eines der Mittel dieser Koketterie der *Vita femina* mit den jederzeit Lebensflüchtigen, sie zu bannen, ohne sich ihnen je preiszugeben. Dann wäre auch verständlich, daß ›Wissenschaft‹ eine Intensitätsform dieses Bestehens auf Enthüllung ist, die sich mit dem Zauber des Lebens letztlich nicht verträgt. Nietzsche hatte da ein präzises Bild von dem, was ›rechte Frauen‹ empfänden

43 [Nietzsche,] WW XII 8 [und auch] WW XXI 162[; KSA 3, 352.]

44 [Nietzsche,] WW XXI 162 f.[; KSA 3, 352.]

45 [Nietzsche,] WW XII 252 (Die Fröhliche Wissenschaft IV, § 339)[; KSA 3, 569.]

und nicht anders goutieren könnten. Ihnen allen ginge *Wissenschaft wider die Scham.* Es sei ihnen dabei zumute, *als ob man damit ihnen unter die Haut, – schlimmer noch! unter Kleid und Putz gucken wolle.*[46]

Die mittelalterliche Diskriminierung der theoretischen Neugierde – als der verwegenen Einblickssuche in den göttlichen Wahrheitsvorbehalt – hat bei Nietzsche eine neue sexualisierte Metaphorik gefunden, die der *Vita femina.* Das Leben verlöre seine Macht über uns, ließe es sich als ›Wahrheit‹ durch Wissenschaft stellen. Die Wissenschaft zerstört, im Maße ihres Erfolgs und Fortschritts, den Reiz dessen, was für sie Geheimnis zu sein aufhört und ihr nur durch seine Verweigerung die Größe ihrer Anstrengungen abgenötigt hatte. Wissenschaft steht im Kontext der europäischen Kultur und ihrer Anthropologie.

Der Europäer, meint Nietzsche, könne *jener Maskerade durchaus nicht entbehren, die Kleidung heisst.*[47] Der nackte Mensch bedeute im allgemeinen bei den Europäern, und nicht einmal nur den Europäerinnen, einen schändlichen Anblick. Der Grund sei aber nicht, daß Bosheit und Niederträchtigkeit, *das schlimme wilde Tier in uns*, vermummt werden müsse; umgekehrt ist Nietzsches Gedanke, daß *wir gerade als z a h m e T i e r e ein schändlicher Anblick sind und die Moral-Verkleidung brauchen.* Da geht die anthropologische Aussage über die Unerträglichkeit der Nacktheit – vorgestellt am Gedankenexperiment einer fröhlichen Tischgesellschaft, die sich durch die Tücke eines Zauberers plötzlich ausgekleidet sähe und dabei sowohl ihren Frohsinn als auch ihren Appetit verlöre – unvermerkt in die Metapher über: Nicht nur Kleidung im reellen Sinne, sondern die Moral als Form des Verhaltens, als Reglement, als Institution, verhüllt eine Nacktheit, die gerade nicht in der wilden Ursprünglichkeit und Bosheit einer tierischen Natur besteht, sondern in der Entstellung ursprünglicher Tierhaftigkeit durch Zähmung, durch Domestikation, durch Entblößung von den Mitteln des Kampfes ums Dasein.

Wir genieren uns, nicht die zu sein, die wir sein könnten. Wir verhüllen diesen Sachverhalt durch eine förmliche Verkleidung, die den Eindruck erzeugt, sie gebe uns genau das Aussehen, das wir uns für uns erträumt hätten. Die Bekleidung macht aus der

46 [Nietzsche, WW XV 98 (Jenseits von Gut und Böse, § 127); KSA 5, 95.]
47 [Nietzsche,] WW XII 275 (Fröhliche Wissenschaft V, 1886, § 352)[; KSA 3, 588.]

Erscheinung der Degeneration und Dekadenz den Ausdruck des Kulturaufstiegs, der Selbstformung, der Wunscherfüllung. Wir seien nicht böse genug, um uns sehen lassen zu können, als ob wir sicher wären, von selbst schön zu sein: *Der Europäer verkleidet sich in d i e M o r a l , weil er ein krankes, kränkliches, krüppelhaftes Thier geworden ist, das gute Gründe hat ›zahm‹ zu sein*, weil er das Herdentier ist, Angst und Langeweile ihn erfüllen, während er, hätte er die Furchtbarkeit des Raubtiers, jene *moralische Verkleidung*[48] nicht nötig hätte. Moral ist Aufputz des Mängelwesens, um es mit einem Stichwort der moderneren Anthropologie, ein halbes Jahrhundert nach Nietzsche aufgenommen, zu sagen.

In der Vorrede zur zweiten Auflage der »Fröhlichen Wissenschaft« von 1886 hat Nietzsche diesem Grundgedanken des gleichfalls 1886 neu hinzugefügten fünften Buches »Wir Furchtlosen« eine nachholende Verallgemeinerung gegeben. Sei es nicht die Degeneration des Leibes gewesen, die sich Ethik mit einer negativen Fassung des Glücksbegriffs, Endzustände ästhetischer oder religiöser Art, Abseitsstellungen und Transzendenzen, ausgedacht habe, um damit etwas zu bewirken, was man später ›Kompensation‹ nennen sollte? *Die unbewusste Verkleidung physiologischer Bedürfnisse unter die Mäntel des Objektiven, Ideellen, Rein-Geistigen geht bis zum Erschrecken weit – und oft genug habe ich mich gefragt, ob nicht, im Grossen gerechnet, Philosophie bisher überhaupt nur eine Auslegung des Leibes und ein M i s s v e r s t ä n d n i s d e s L e i b e s gewesen ist.*[49]

Nietzsche ist sich nie ganz schlüssig geworden, wie sein letztinstanzliches Urteil ausfallen sollte: Als *Moral*, sogar als Philosophie, ist der schöne Schein die Kunstfertigkeit des gezähmten Haustiers, die Schändlichkeit seines Abfalls vom Urstand der Tierischkeit nicht sehen zu lassen, sich selbst nicht sichtbar zu machen; als *Kunst* ist der Schein des Schönen die Fertigkeit, von der nackten Wahrheit abzusehen und sich im Genuß das Leben und die Welt bejahbar zu halten. Die Lüge legitimert sich als Kunst, und damit letztlich durch ihre Totalität und Dichtigkeit. Die Kunst der Lüge kann dagegen jämmerliche Vorläufigkeit sein und bleiben, und das betrifft Nietzsches Zwiespältigkeit gegenüber der Rhetorik.

In einer Aufzeichnung über Cicero von Anfang 1874 ist das

48 [Ebd., 275f.]

49 [Nietzsche,] WW XII 4[; KSA 5, 348.]

Verhältnis von Kunst und Rhetorik einerseits als das einer fundamentalen Differenz beschrieben, andererseits als Zugehörigkeit der Rhetorik zur Ausbildung von Kunst: *Jede Kunst hat eine Stufe der Rhetorik.*[50] Sie hat diese Stufe, insofern sie auf den Affekt und auf das große Publikum rechnet. Cicero zeige, daß der ästhetische Mangel auf einem moralischen beruht; wobei nicht erkennbar wird, ob die Unverträglichkeit seiner theoretischen Skepsis – und zwar vom harten platonisch-akademischen Schultyp – mit seiner stoischen Ethik gemeint ist, deren Rigorismus als der einzige Zweck erscheint, der die Mittel heiligt. Für diesen Fall bedeutet Rhetorik, daß man in ihr das eine wie das andere zurückstellen und verstecken muß: die Skepsis wie den moralischen Rigorismus. Daher ist Cicero der Erfinder eines verhüllenden Stils, eines rhetorischen Ornamentalismus: *Cicero der decorative Mensch eines Weltreichs ... Seine politischen Thaten sind Decoration. Er verwendet alles, Wissenschaften und Künste, nach ihrer decorativen Kraft. Erfinder des ›Pathos an sich‹, der schönen Leidenschaft. Die Cultur als verhüllende Decoration.*[51]

Unklar bleibt bei Nietzsches Blick auf Cicero, *was* dessen rhetorische Dekoration eigentlich verhüllt. Nicht dieselbe Frage ist, was verhüllen zu müssen sie selbst sich klar werden kann. Eine Antwort geht auf das Verhältnis von Subjektivität und Objektivität; Unehrlichkeit sei am häufigsten in der sich als objektiv verstehenden Kunst: *Es ist sehr selten, dass einer als Künstler wirklich seine Subjectivität herausstellt: die meisten verstecken sie durch eine angenommene Manier und Stil.*[52] Für die Rhetorik kann das nicht ohne weiteres gelten. Ihren auf Wirkung bedachten Willen, der alles andere als Mittel zu diesem Zweck unterwirft und heiligt, verbirgt sie nicht: *Die Rhetorik ist deshalb ehrlicher, weil sie das Täuschen als Ziel anerkennt.*[53]

Aber erliegt Nietzsche da nicht der Doppeldeutigkeit des Namens ›Rhetorik‹? Als *Lehre* von der Beredsamkeit muß sie darin ehrlich sein, das Ziel der Täuschung auch dann einzugestehen, wenn sie sich dessen gewiß ist, nur der Verbreitung der Wahrheit zu dienen, weil sie sich dessen nicht gewiß ist, daß die Akzeptanz

50 [Nietzsche,] WW VII 385[; KSA 7, 757.]

51 [Nietzsche,] WW VII 386[; KSA 7, 758.]

52 [Ebd., 385.]

53 [Ebd.,] 385.

der Wahrheit ihrer Qualität entspricht. Als *Ausübung* jener gelehrten und erlernbaren Kunst kann die Rhetorik nicht ehrlich sein, die Täuschung als ihr Ziel anzuerkennen, weil sie, was ihr Ziel ist, durch diese Anerkennung zugleich unerreichbar machen müßte. Deshalb gilt für sie, was für die Kunst gerade Einwand gewesen war: *Sie will gar nicht die Subjectivität ausdrücken, sondern einem gewissen Ideal von Subject, dem mächtigen Staatsmann u.s.w., wie ihn sich das Volk denkt, entsprechen.*[54]

Der andere große Rhetoriker der Philosophie ist – oder besser: wird – Schopenhauer. Wie Nietzsche es sieht, ist er einer, der sich durch einen zu frühen Geniestreich festgelegt hat und dann fürchtet, sich durch Weiteres widersprechen zu müssen. Er sieht, daß der Wille nicht leistet, was er leisten soll, weil er nicht *weiß*, was er will, und daher die Welt als *Vorstellung* unmöglich hervorgebracht haben kann. Ein bloßer Wille ins Dasein sei ein Wille ins Blaue, nicht mehr als ein leeres Wort.

Da setzt der Bedarf an Rhetorik ein: als Selbstverteidigung gegen das bessere Wissen von der Nichtigkeit der ersten Erfindung. Es ist schwer zu sehen, warum Nietzsche das Recht auf Täuschung und Selbsttäuschung nicht auch Schopenhauer zubilligt, das er in Ermangelung der Wahrheit doch für die einzige Form hält, das Leben zu verteidigen. Da geht ihm die Enthüllung vor, an der sich leicht ablesen läßt, daß sein Begriff von ›Wahrheit‹ überwiegend die bloße Bedeutung von ›Wahrhaftigkeit‹ hat. Er wird damit reduziert auf jene Wurzel der neuzeitlichen Wahrheitsthematik, die Descartes mit seinem indirekten Beweis für die Möglichkeit der Wahrheit auf dem Umweg über die Wahrhaftigkeit *(veracitas)* Gottes bloßgelegt hatte. Schopenhauer gehöre zu denen, die nicht *um jeden Preis erkennen, sondern um jeden Preis ihr Lied singen* wollen.[55]

Nur: Was hätte er erkennen können und folglich sollen? Die Wahrheit des dogmatischen Skeptikers – der doch auch aus der platonischen Akademie kam und nur ihre absolute Transzendenz der Wahrheit zu Ende dachte –, daß wir die Wahrheit nicht haben und nicht haben können? Aber das rechnet Nietzsche, wie schon die antiken Gegner der akademischen Skepsis, dazu, auch eine Wahrheit haben zu wollen. Die moderne Situation ist grundlegend anders: *Das neue an unserer jetzigen Stellung zur Philosophie ist eine*

54 [Ebd.,] 385f.
55 [Nietzsche,] WW XI 7 (Aus der Zeit der Morgenröte, 1880/81)[; KSA 9, 92.]

Ueberzeugung, die noch kein Zeitalter hatte: dass wir die Wahrheit nicht haben.[56] Was aber kann dann der Vorwurf an Schopenhauer heißen, seine *Leidenschaft für die Erkenntnis war nicht gross genug, um ihrethalben leiden zu wollen: er verschanzte sich*?[57] Was ist es aber dann, was die Rhetorik zu verkleiden hat?

Man kann die Schwierigkeiten, die sich einer Interpretation Nietzsches entgegenstellen, nur als durch den Aspekt bedingte auflösen. Einmal geht es darum, auf Rhetorik als Phänomen zu stoßen, ihre Funktion in bezug auf das, was sie verbirgt oder verbergen könnte, analytisch zu erkennen. Das ist etwa im Verhältnis zu Schopenhauer so. Zum anderen geht es darum, sich selbst den Gebrauch von Rhetorik zu sanktionieren: ihn freizuhalten von den Vorwürfen, die man als Kritiker überall dort angebracht hat, wo Rhetorik schon verwendet worden ist – allemal als Indiz einer Schwäche. Will man sie selbst gebrauchen, stellt man die Fragen nach der Subjektivität, die sich hinter ihr versteckt, nicht. Dann gilt nur die Frage nach der Wirkung dessen, was man durch sie induzieren will: *Ach, es ist unmöglich, mit der Sprache der Wahrheit zu w i r k e n: Rhetorik ist nöthig; das heisst die Gewohnheit, nur bei gewissen Worten und Motiven b e w e g t zu werden, regiert und verlangt die Verkleidung der Wahrheit.*[58]

Schließlich gibt Nietzsche auch noch eine Antwort auf die Frage, woher die Textilien kommen mögen, mit denen die Wahrheit sich verkleidet. Er bezieht diese ganze Metaphorik noch auf das Niveau des folgenreichsten Gleichnisses in der Geschichte der Philosophie: auf das Höhlengleichnis Platos. Nur daß in dieser Höhle keine Schatten mehr, sondern Gespenster, verkleidet in die Gespinste aus den Wünschen der Menschen, begegnen. Wünsche, das heißt hier: wie die Wahrheit beschaffen sein müsse, damit man sie annehmen könne. Dazu gehört eine Art Anthropomorphismus der Wahrheit. Denn für Nietzsche steht fest, daß wir mit Gedankendingen nicht anders verkehren können als mit Menschen. Aus dieser Neigung muß die Furcht hervorgehen, die jeweilige Erkenntnis könne in der Dienstbarkeit jener Wünsche aufgehen: das Ich, *euer ganzes liebens- und hassenswürdiges Ich!* – als ein Es, das Es der Objekte, der Welt. Gedankendinge, angetan mit aller Wünschbarkeit:

56 Ebd., XI 3[; KSA 9, 92.]
57 Ebd., XI 6[; KSA 9, 295.]
58 [Nietzsche, WW XI 17; KSA 9, 160 f.]

Fürchtet ihr nicht in der Höhle jeder Erkenntniss euer eignes Gespenst wieder zu finden, als das Gespinnst, in welches die Wahrheit sich vor euch verkleidet hat?[59]

59 [Nietzsche,] WW X 329 (Morgenröthe. Gedanken über die moralischen Vorurteile. 1880/81, V § 539)[; KSA 3, 308.]

II
Freud

In einer Zeit, die ›Entlarvung‹ zur professionellen Liebhaberei einer breit angelegten Intelligenzschicht gemacht hat, so daß kaum jemand sich den Vermutungen über seine Hintergründe und Untergründe entziehen kann, wenn er nur sich rührt, vollzieht sich auch für die metaphorologische Analyse eine Verlagerung der Aufmerksamkeit. Sie tendiert auf die Genese dessen, was sich so hartnäckig verlarvt, daß seine Entlarvung zu vermeintlichen oder wirklichen – jedenfalls die Täter befriedigenden – Erfolgen, wenn nicht gar Triumphen, führen kann. Wie klar es immer schon gewesen sein mag, daß der Metapher von der *Enthüllung* der Wahrheit die andere von ihrer *Verhüllung* entsprechen müsse, so ließ sich doch auch ganz gut mit der Ungewißheit zurechtkommen, ob jener Prozeß der Verhüllung einer eingehenden Aufmerksamkeit bedürfe, ja, ob nicht die Verhüllung nur die sekundäre Bekleidung von etwas sei, was sich in seiner primären Unmittelbarkeit nur schwer ertragen lasse, zumindest nicht den leichtesten Zugang zur Bereitwilligkeit der Menschen fände.

Das klassische Urbild aller Verhüllung war die Rhetorik; auch in ihrer Sonderform der göttlichen Offenbarung als einer Darbietung dessen, was menschliches Begreifen ohnehin übersteigt und wegen seiner Zumutungen an dieses von den Menschen verweigert würde, sofern es sich ihnen nicht in einer dem Fassungsvermögen und der Bereitschaft besonders angenäherten Sprache darstelle. Aber in diesen Grundvorstellungen ist die Verhüllung ein *Dienst* an der Wahrheit, ist Steigerung ihrer Akzeptanz. Was sich als Hartnäckigkeit der Verhüllungen hätte beurteilen und mit Verdruß hinnehmen lassen, erschien im Lichte der Annahme, der Mensch sei nicht recht für die Wahrheit gemacht oder jedenfalls irgendwann für diese verdorben worden, als Nachsicht mit den Schwierigkeiten, die er mit ihr haben würde.

Wahrscheinlich ist es nicht übertrieben zu sagen, unsere gegenwärtige Gewichtsverteilung zwischen Verhüllung und Enthüllung sei entscheidend bestimmt worden durch die Arbeit Sigmund Freuds. Dazu ist gar nicht nötig, seinen theoretischen Positionen oder solchen, die sich von ihm ableiten oder gar gegen ihn formiert haben, beizutreten. Die Grundannahmen seiner Theoreme sind zu tief eingedrungen in das Selbstverständnis dieses Jahrhunderts, in den Fundus seines Mißtrauens, als daß man die Herkunft oder die Verstärkung des generellen Verdachts, Verhüllung sei fast alles Gegebene, der Psychoanalyse noch eigens zuzuschreiben brauchte, ihr überhaupt noch nachweisen könnte. Denn sie läßt sich als das Verfahren bestimmen, es mit den durchtriebensten Mechanismen der Verhüllung des Eigenen vor dem Selbst – und daraufhin ganz selbstverständlich auch vor allen anderen – mit adäquater Kunstfertigkeit der Enthüllung aufzunehmen.

Als Sigmund Freud 1930 den Goethe-Preis der Stadt Frankfurt erhielt, schrieb ihm der Sekretär des Kuratoriums dieses Preises, Alfons Paquet, am 26. Juli, um ihn von der Auszeichnung in Kenntnis zu setzen. Zugleich wolle er ihn daran erinnern, wie er sein Verhältnis zu Goethe dargestellt habe. Nahe lag, ihn auf den frühen Eindruck des Stückes »Die Natur« hinzuweisen, das zur Jugendzeit Freuds in allen Ausgaben der Werke Goethes gestanden hatte, inzwischen aber anderer Urheberschaft zugeschrieben worden war. Für Freuds biographisches Selbstverständnis seiner Goethe-Beziehung war das ganz gleichgültig, und der neue Anlaß durfte durchaus auf den frühesten Anstoß zu seinen wissenschaftlichen Interessen durch *einen Vortrag von Goethes Aufsatz*[1] bezogen werden. Paquets Formel für jene biographische Selbstanknüpfung an Goethe ist ungemindert in die Verleihungsurkunde des Preises eingegangen, wo es heißt, daß *die frühesten Arbeiten der Freudschen Seelenforschung auf einen Vortrag von Goethes »Die Natur« zurückgehen ...*[2] Nun ist der geringere Irrtum dieses Satzes die Vermeintlichkeit der Autorschaft Goethes; schwerer wiegt die dem Anlaß leichthin geopferte Tatsache, daß Freud nur den allgemeinen Entschluß zur Naturforschung, zum Studium der Naturwissenschaft statt des der Jurisprudenz, jener Goethe-Rezitation zugeschrieben hatte, keineswegs aber die viel späteren ›frühesten Arbeiten‹ der zeitgeistgemäß so schön benannten ›Seelenforschung‹.

Dem Sekretär des Goethe-Preis-Kuratoriums genügte freilich

1 [Alfons Paquet an Sigmund Freud, 26. Juli 1930. In: Freud, WW XIV 546, Anm. 1.]

2 Wolfgang Schivelbusch, Intellektuellendämmerung. Zur Lage der Frankfurter Intelligenz in den zwanziger Jahren. Frankfurt [a.M.] 1982, 92.

der Rückgriff auf die graue Vorzeit der Goethe-Beziehung noch nicht. Es mußte und es konnte auch eine Beziehung zum ›Faustischen‹ hergestellt werden, nicht ohne als Zugeständnis an die mächtige Front der Gegnerschaft dieser Preisverleihung auch einen unbesiegelten Pakt mit dem ›Mephistophelischen‹ wenigstens denken zu lassen. Es sei, so schrieb Alfons Paquet, *im Letzten auch der durch Ihre Forschungsweise geförderte, gleichsam mephistophelische Zug zum schonungslosen Zerreißen aller Schleier der unzertrennliche Begleiter der faustischen Unersättlichkeit und Ehrfurcht vor den im Unbewußten schlummernden bildnerisch-schöpferischen Gewalten.*[3]

Auch dieses bombastische Kernstück des Briefes ist, unter bloßer Auswechslung der Anrede durch den Namen, in die Preisurkunde eingegangen. Allerdings mit der für Freud immer ärgerlichen Ersetzung des ›Unbewußten‹ durch das ›Unterbewußtsein‹ – offenbar wollte man auch hierin Distanz zeigen zur Eigensprache Freuds. Damit war freilich dem gegnerischen Flügel des Preisgremiums immer noch nicht Genüge getan, in dem sich die Prominenz der Goethe-Philologie, voran als Repräsentant Weimars der Direktor des Goethe-Museums, Hans Wahl, zusammengefunden hatte. So bekam die Freud zugedachte und der Tochter Anna überreichte Urkunde einen Schlußsatz von infamer Hinterhältigkeit, worin stand, man wolle mit der Ehrung auf die *Auswertung der Freudschen Vorstellungswelt* hinweisen – wobei ›Auswertung‹ in einem so wörtlichen Sinne expliziert wird, daß der Wert erst in etwas anderem als diesem erblickt werden mußte: Hinzuweisen sei nämlich auf die auszuwertende Vorstellungswelt *als auf einen Durchgang zu einer von überlebten Vorstellungen gereinigten und neugefestigten Welt der Werte.*[4] Hier war der Erwartungsstatus der Zeitgenossen so selbstverständlich apostrophiert, daß die Mißachtung überhört worden sein mochte, die darin lag, alles Gegenwärtige nur auf das übergroß Kommende unbestimmter Werte zu beziehen. Insofern ist die Urkunde ein Dokument der Selbstmediatisierung der beginnenden dreißiger Jahre. Hierfür kann allerdings Paquet nicht verantwortlich gemacht werden, denn seine Vorformulierung des Schlusses der Urkunde weicht auffallend vom endgültigen Text ab. Er hatte freilich auch dem Bedürfnis nach Distanz und Unbestimmtheit

3 [Paquet an Freud, 26. Juli 1930. In: Freud,] WW XIV 546.
4 [Schivelbusch, Intellektuellendämmerung, 92.]

Tribut gezollt, indem er vorschlug zu schreiben, die Ehrung habe *mit einzelnen seit Freud zur Erörterung gebrachten medizinisch-wissenschaftlichen Feststellungen nichts zu tun*; sie erfolge vielmehr *um auf das Weiterwirken einer der lebendigsten Seiten des Goetheschen Wesens auch in den brennenden Fragen unserer von Gegensätzen bewegten Zeit hinzuweisen.*[5] Dies wäre zwar auch Goethe-Kitsch gewesen, aber hätte für Freud systemimmanent korrekter ›Widerstand‹ sein können.

Seine Einstellung zu öffentlichen Anerkennungen seiner Arbeit war ambivalent. Einerseits hat er nicht leicht verkraftet, daß der Nobelpreis an ihm vorbei und dazu noch an seinen Gegenspieler Wagner-Jauregg gegangen war; andererseits war ihm Zustimmung tief verdächtig, weil alle Formen von Widerstand gegen seine Doktrin in dieser vorgesehen und daher Beiträge zu deren Bekräftigung waren. Dennoch mag es nicht nur Übertreibung der Höflichkeit gewesen sein, wenn Freud auf die in Paquets brieflicher Mitteilung von der Preisverleihung enthaltene Charakteristik des eigenen Werkes antwortet, er habe *nie zuvor die geheimen persönlichen Absichten derselben mit solcher Klarheit erkannt gefunden.*[6] Er würde den Briefschreiber gern gefragt haben, woher er solches wisse. Freud seinerseits konnte nicht wissen, daß Paquet noch ein Jahr zuvor entschieden gegen die Verleihung des Preises an ihn plädiert hatte. In einem Brief an den Frankfurter Bürgermeister Landmann, den Vorsitzenden des Preiskuratoriums, hatte Paquet am 26. Juni 1929 geschrieben, er habe *die stärksten inneren Widerstände*[7] gegen Freud als Preisträger. Dieser gehöre *weniger dem Olymp als dem Orkus an.*[8] Ob das nachdrückliche Eintreten Alfred Döblins im Kuratorium für Freud genügte, den Sekretär umzustimmen, oder ob dazu der Einfluß des Verlegers der »Frankfurter Zeitung« Heinrich Simon imstande war, scheint die Archivlage nicht klären zu lassen. Paquet fand den Weg, den Schriftsteller Freud zu goutieren, wiederum über das Stichwort ›Orkus‹: *Als dichterisch erscheint mir, daß er es gewagt hat, den Orkus zu öffnen und den Lemuren Gestalten und Namen zu geben. Ich möchte ihn von der Seite her betrachtet sehen, daß er Unbekanntes mit Namen benannt hat. Dieses Namengeben, scheint*

5 [Ebd.]
6 [Sigmund Freud an Alfons Paquet, 5. August 1930. In: Freud, WW XIV 546.]
7 [Schivelbusch, Intellektuellendämmerung, 77.]
8 Schivelbusch, [ebd.,] 85.

mir, hat die Menschheit, die Sprache bereichert.[9] Diese bedeutende Einsicht ist in die Verleihungsurkunde leider nicht eingegangen, wo sie schöner gewesen wäre als der Schwulst der Faust-Mephisto-Bezüglichkeiten. Auch die Namensbedürftigkeit des Unheimlich-Unbekannten gehört in den weiteren Zusammenhang der hier thematischen Metaphorik und könnte als Beschreibung der Unerträglichkeit des Unbenannten hierin seine Stelle haben.

In der Dankrede für den Preis, die er selbst nicht vortragen konnte, ließ Freud sich auf die ihm angebotene Metaphorisierung seines Werkes als Faustischer Zerreißung aller Schleier nicht ein. Er mochte wissen, wie viele Schleier immer noch zu zerreißen waren. Über Goethes Hilfeleistung beim Zugang zum Psychischen markierte er die Begrenztheit am Phänomen der Entstellung der Träume – an der hinterhältigsten List der Verschleierung also, durch die das Selbst sich sich selbst entzieht. Die Beziehung zu Goethe hält Freud gedämpfter auf einem Niveau unterhalb der großen Gebärden des Faustischen. Dazu gehört wiederum eine metaphorische Gemeinsamkeit: die Anwendung von Vorstellungen der Chemie auf das Liebesleben in den »Wahlverwandtschaften« dort, im Verfahrensgedanken des Analytischen hier: *eine Beziehung, von der der Name selbst der Psychoanalyse zeugt.*[10]

Was bei Goethe zu lernen sei, erscheine im übrigen eher gleichfalls als Kunst der Verhüllung, denn als Vorform späterer Entschleierungen. Als Dichter sei er nicht nur der große Bekenner gewesen; trotz der Fülle seiner autobiographischen Aufzeichnungen – oder gerade in dieser und mittels dieser – sei er auch *ein sorgsamer Verhüller*[11] gewesen. Freud läßt das am Ende seiner Rede stehen und damit offen, wie weit er sich auch oder gerade darin Goethe nahe wußte. Wissen mußte, wie wir zu wissen glauben, da wir ihn in der Sorgfalt der Verhüllungen seiner Person und ihrer Geschichte hinter den großen Konfessoren der Weltliteratur nicht zurückstehen sehen.

Dem Namengeber der höchsten Auszeichnung, die Freud zuteil wurde, wäre also versagt geblieben, den Schritt zu tun vom Genuß des Traumes, der dem Dichter freisteht und ansteht, zur

9 [Ebd.]

10 [S. Freud, »Goethe-Preis 1930, Ansprache im Frankfurter Goethe-Haus.« In: Freud,] WW XIV 549.

11 [Freud, WW XIV 550.]

Ernüchterung gegenüber den Entstellungen, die der Traum an tieferen Gedanken im Untergrund des Ich vollzieht. Freuds Betonung dieser Differenz zu Goethe in der Rede von 1930 zu beachten, bewahrt davor, der »Traumdeutung« nach Ablauf eines Drittels des Jahrhunderts ihrer Existenz und Wirkung auch bei ihrem Autor schwindende Bewertung beigelegt zu sehen. Wie der manifeste Trauminhalt zustande kommt, ist immer noch das Modell für die große Rhetorik, mit der sich die ›Wahrheit‹ des Psychischen sowohl präsentiert wie entzieht.

Nach den Spielregeln der christlichen Tradition konnte Gott nur in Menschengestalt und in der Sprache der Menschen diesen etwas mitteilen, was sie nach seiner Absicht unbedingt wissen mußten, um ihre Bestimmung nicht zu verfehlen: weniger eine Wahrheit, als vielmehr eine Bedingung, die sie zu erfüllen hatten. Der manifeste Trauminhalt ist das Resultat einer Entstellung, mit deren Hilfe das Unbewußte eine Sperre unterläuft, sich unerkannt an einer Zensur vorbei ins Bewußtsein begibt, das auf diese Weise etwas Heilsames erfährt oder erfahren könnte, sobald es den Schlüssel zur Umkehrung der Entstellung besitzt. Die Frage, ob denn eine solche Wahrheit den Aufwand wert ist, den ihre Erlangung kostet, verliert jede Berechtigung in einer Tradition, in der Wahrheit jeden Preis rechtfertigt und an die Wahrheit die Prämie der Freiheit gekoppelt ist.

Einwände verlieren sich leicht daran, daß hier schlichtweg der älteste Befehl der europäischen Tradition des Denkens mit neuer Radikalität, wenn nicht sogar überhaupt erstmals befolgt wird: Erkenne dich selbst! Die Gegenfrage wirkt vor dieser übermächtigen Instanz schwächlich: Tut es gut, sich selbst zu erkennen? In der Metaphorik von Verhüllung und Enthüllung hat der von Freud ungeliebte erste seiner Biographen, Fritz Wittels, abtrünniger Schüler und später reumütiger Heimkehrer zur Schule, diese Problematik aufgeworfen: *Verlange niemand, der unbeschwert dahinlebt, das verschleierte Bild seiner Träume zu schauen!*[12]

Zu diesem Zeitpunkt, ein Vierteljahrhundert nach dem Erscheinen der »Traumdeutung«, war der gesellschaftliche Aufschwung der Psychoanalyse und ihrer Praktiken bereits da. Der Biograph als therapeutischer Praktiker weiß, was an unberechenbaren Folgen

12 Fritz Wittels, Sigmund Freud. Leipzig 1924, 57.

aus der *Traumdeutung als Gesellschaftsspiel* herausgekommen ist und herauskommen konnte. Als eine halbierte Analyse, eine aus dem Lebenszusammenhang gerissene Maßnahme, sei sie *gefährlich wie eine Operation, die vom Chirurgen in der Mitte abgebrochen wird.*[13] Das sei aus der Serie von Selbstmorden zu erlernen, die Analytiker der Schule begangen hätten. Wittels zählt sie auf: Sie hätten ihr eigenes Unbewußtes in den Träumen der anderen wie in einem Zerrspiegel erblickt.

Dabei hat Wittels durchaus eine hohe, sogar übertriebene Meinung von der Leistungsfähigkeit der Traumdeutung zur Herstellung von Moralität als Verantwortlichkeit für das, was im Unbewußten unverantwortlich geschieht: wie die Kriege, die von unbewußten Mördern gemacht würden. Wird man gerade sie bewegen können, ihre Träume deuten zu lassen? Oder wird gerade bei ihnen die Kunst der Verhüllung noch besser funktionieren als ohne dieses Stück der Konterbande?

Nur mit dieser Moralisierung der Traumdeutung glaubt Freuds Biograph rechtfertigen zu können, was bei Freud doch im ganzen ein theoretisches Programm ist und seine Rechtfertigung erfährt durch den absoluten Primat der Wahrheit. Diesem widerspricht, daß die Bestimmung einer Vorrichtung aufgebrochen wird, die verhüllt, um auf sich beruhen zu lassen: *Man träumt nicht, um gedeutet zu werden, sondern man träumt, um nicht gedeutet zu werden.*[14] Es könnte der Selbsterhaltungswert dieser Vorrichtung gegen den Primat der Wahrheit stehen, indem für den Träumer selbst zu gefährlich wäre, über sich so genau Bescheid zu wissen, wie die Durchbrechung der Zensur ihn belehrt und zugleich des Schutzes vor der eigenen Natur beraubt.

Wenn der Traum geheime Wunscherfüllung ist, ist er es in der Verborgenheit vor dem, der gewünscht hatte, und ohne die Notwendigkeit, daß der, der wünscht, von der Erfüllung erfährt. Er erfüllt sich einen Wunsch ohne das Risiko dieser Erfüllung, wie der Schlafwandler, der besser nicht über seine Exkursion die Wahrheit erfährt. Aber gerade wegen dieser Logik im Zusammenhang von Erfüllung und Verhüllung muß der Biograph den Meister kritisieren: *In einem Punkte ist Freud in die Irre gegangen. Er lehrte, daß*

13 [Ebd.]
14 Ebd., 67.

jeder Traum eine Wunscherfüllung sei.[15] Dagegen steht eine andere These, die erst recht zweifeln läßt, ob diese Wahrheit dem Individuum bekommt: *Fast jeder Traum ist ein Vexierbild mit der Frage: wo ist der Tod?*[16]

Über den Tod hatte Freud mitten im Ersten Weltkrieg einen kurzen Text »Vergänglichkeit« geschrieben. Der Krieg wird gesehen als die Katastrophe der Sublimierung, auf deren dünnem Boden die europäische Kultur gestanden hatte. Nicht nur die Schönheit der Landschaften, durch die er zog, sei zerstört worden, nicht nur die Kunstwerke, die er berührte; zerbrochen habe er auch den *Stolz auf die Errungenschaften unserer Kultur*, den Respekt vor Denkern und Künstlern sowie die Hoffnungen auf Überwindung der nationalen und ethnischen Gegensätze. Betroffen sei auch und vor allem *die erhabene Unparteilichkeit unserer Wissenschaft*,[17] die – gemeint sind sowohl die Stellungnahmen der Wissenschaftler für ihre jeweiligen Parteien als auch die Dienstfunktion der Wissenschaft selbst – durch den Krieg beschmutzt worden seien.

Allgemeiner noch ist die Aussage – nicht zufällig in der ersten Person Plural und nicht nur versehentlich in der Doppelung der Metapher des Nackten und Bloßen –, jener gegenwärtige Krieg

15 Ebd., 71.

16 Der ungeliebte, weil ungewünschte Biograph Fritz Wittels hat zu seiner 1923 zuerst erschienenen, schon 1924 in englischer Übersetzung herausgekommenen Freud-Darstellung 1933 eine Nachbesserung veröffentlicht: »Revision of a Biography« (in: The Psychoanalytic Review XX, 1933, 361-374). Nach seinem Buch und trotzdessen habe Freud ihn in seine Schule zurückgeholt und ihm Gelegenheit gegeben, sich davon zu überzeugen, wieweit seine Meinungen über Person und Lehre zutrafen oder nicht. Entscheidend ist aber die Retraktation des Autors über die Zulässigkeit seiner Methode: Psychoanalyse auf eine Person ohne deren Einwilligung angewendet zu haben. Darin liegt mittelbar die Anerkennung, der psychoanalytische Biograph müsse autorisiert sein: *It is, however, an unwarrantable act to strip bare the living or even departed contemporaries whose relatives are still alive, by unveiling their unconscious without permission to do so.* (363) Soweit also die Biographie auch Diagnose gewesen war – am kompaktesten in dem Freud überschriebenen *Jehovah-Komplex* seiner Selbststeigerung –, ist sie unzulässig; damit aber wohl jede Darstellung eines Zeitgenossen durch einen Analytiker ohne Lizenz des Betroffenen? Gilt das auch für die von diesem selbst der Öffentlichkeit zugänglich gemachten Materialien, also für Freuds in die »Traumdeutung« eingegangene Selbstanalyse? Die Frage ist, wie auf Selbstentblößung reagiert werden darf: Darf man auf die selbstgewollt Nackten hinsehen?

17 [S. Freud, Vergänglichkeit. In: Freud,] WW X [357-361, hier] 360 f. (1916).

stellte unser Triebleben in seiner Nacktheit bloß, entfesselte die bösen Geister in uns, die wir durch die Jahrhunderte währende Erziehung von seiten unserer Edelsten dauernd gebändigt glaubten …[18] Das Erstaunliche an diesem Text ist, daß er die Vorwürfe der Zeitgenossen an die Psychoanalyse – das Triebleben des Menschen bloßzustellen und sein Bild zu beschmutzen – umwendet und auf etwas richtet, was alle gemeinsam gerade dabei sind anzustellen.

Alle machen nach diesen im ganzen zurückhaltenden, aber unterschwellig polemischen Worten Freuds ein Experiment auf die Wahrheit dessen, was die Psychoanalyse ohne dieses Massenexperiment schon zwei Jahrzehnte lang gewußt und getan hatte. Auch in solchen Augenblicken bleibt Freud der Theoretiker, der eine Verifikation seiner These konstatiert; ein kühl beteiligter Zuschauer, der Therapie vor allem betreibt, weil sie das Mittel zur Bestätigung seiner Grundauffassungen ist.

Daß der Text »Vergänglichkeit« eine Umkehrung der gegen die Psychoanalyse gerichteten Vorwürfe enthält, läßt sich aus den ganz nahe benachbarten »Vorlesungen zur Einführung in die Psychoanalyse« belegen; aus deren zweitem Semesterteil, den Freud im Kriegswinter 1916/17 vortrug. Als aktuellen Fall von Widerstand gegen die Psychoanalyse trotz ihrer Erfolge berichtet er von einem Frontarzt im Polen, der die Aufmerksamkeit seiner Kollegen durch gelegentliche Erfolge mit der Psychoanalyse erregte und demzufolge aufgefordert wird, aus seinen Kenntnissen dieser Theorie mitzuteilen. Das geht gut, bis er zum Ödipuskomplex kommt. Ein Vorgesetzter erhebt sich und verbietet die Fortsetzung der Vorträge. Der erfolgreiche Analytiker muß sich an einen anderen Frontteil versetzen lassen. Freud dazu: *Ich glaube aber, es steht schlecht, wenn der deutsche Sieg einer solchen ›Organisation‹ der Wissenschaft bedarf, und die deutsche Wissenschaft wird diese Organisation nicht gut vertragen.*[19]

Dieser Vorfall ist der Einstieg für Freud, seinen akademischen Hörern der medizinischen Fakultät den Ödipuskomplex zu erläutern. Er verweist sie auf ein mögliches Erlebnis, von dem er hofft, daß viele von ihnen es schon gehabt hätten: die Wirkung der Tragödie des Sophokles an sich [selbst] zu erfahren, in der eine längst

18 [Ebd.]
19 [S. Freud, Vorlesungen zur Einführung in die Psychoanalyse. Frankfurt a.M. 1977,] 260 (Vorlesung XXI)[; Freud, WW XI 342.]

vergangene Untat durch den Untäter selbst *allmählich enthüllt wird*. Das Verfahren solcher allmählichen Enthüllung habe *eine gewisse Ähnlichkeit mit dem Fortgang einer Psychoanalyse*. Freud weist vor allem auf die Rolle des Traumes in der Enthüllungsgeschichte der Tragödie hin; aber auch und im Zusammenhang mit dem von ihm vorgetragenen Frontarztfall auf die verwunderliche Tatsache, daß die Tragödie nicht gleichfalls auf die empörte Ablehnung ihrer Zuschauer gestoßen sei.

Freud wehrt die Vermutung ab, das könne an der frommen Moral des Sophokles liegen. Für die Wirkung des Stückes sei sie gleichgültig. Der Zuschauer reagiere auf den geheimen Sinn und Inhalt des Mythos derart, *als hätte er durch Selbstanalyse den Ödipuskomplex in sich erkannt und den Götterwillen sowie das Orakel als erhöhende Verkleidungen seines eigenen Unbewußten entlarvt*. Der Zuschauer oder Zuhörer empört sich nicht über die Vorgänge in der Tragödie, weil er sich selbst bei der vagen Erinnerung betrifft, schuldig zu sein – zwar nicht der reellen Tötung des Vaters und der reellen Vereinigung mit der Mutter, wohl aber des Wunsches danach: *Auch wenn der Mensch seine bösen Regungen ins Unbewußte verdrängt hat und sich dann sagen möchte, daß er für sie nicht verantwortlich ist, wird er doch gezwungen, diese Verantwortlichkeit als ein Schuldgefühl von ihm unbekannter Begründung zu verspüren*.[20]

Was die Tragödie vorstellen läßt, ist die Prototypik einer Selbstanalyse, die keinem außer dem Begründer der Psychoanalyse gelungen ist und gestattet werden darf. Sie enthält nämlich auch und immer die Drohung des tragischen Ausgangs, den der Dichter sehen läßt. Der Schrecken der Enthüllung muß zur Allmählichkeit des analytisch-therapeutischen Vorgangs dosiert werden. Auch das Kunstwerk der Tragödie ist dosierter Schrecken, obwohl es den Schrecken undosiert vorführt. Die Erträglichmachung der nackten Wahrheit ist entweder ihre Umwandlung in Kunst oder ihre medikamentöse Darreichung über Langzeitanalysen hinweg, die sich schon deswegen der vielgeforderten Verkürzung entziehen.

Diese Metaphorik ist nicht von konstanter Signifikanz. Der kulturelle Wert der Nacktheit ist variabel, und an ihm hängt die Intensität der Metapher, zumal der Enthüllung und Entblößung als Herstellung von Nacktheit. Aus den Jahren der Selbstanalyse ist in

20 [Ebd.,] 261[; Freud, WW XI 343 f.]

den Berichten an den Freund Wilhelm Fließ einschlägig, was Freud am 3. Oktober 1897 schreibt: *Seit vier Tagen hat sich meine Selbstanalyse, die ich für unentbehrlich halte zur Aufklärung des ganzen Problems, in Träumen fortgesetzt und mir wertvollste Aufschlüsse und Anhaltspunkte ergeben. An einzelnen Stellen habe ich die Empfindung, am Ende zu sein* … Eines der Resultate ist die Erschließung einer Szene, an die Freud offenkundig keine Erinnerung hat, die er aber für notwendig hält. Folglich interpoliert er sie für die einzige Gelegenheit, die sich dafür ergab. Im Alter zwischen zwei und zweieinhalb Jahren sei seine *Libido gegen matrem erwacht*; und zwar sei der Anlaß eine Reise mit ihr von Leipzig nach Wien gewesen, bei der *ein gemeinsames Übernachten und Gelegenheit, sie nudam zu sehen, vorgefallen sein muß.*[21]

Wie das ›sein muß‹ erkennen läßt, ist das Erlebnis eine Konstruktion, die im Typus alles das vorwegnimmt, was den Ödipuskomplex zum Zentrum nicht nur, sondern zum *experimentum crucis* von Theorie und Praxis der Schule machen wird. Die fachmännische Einstreuung lateinischer Vokabeln ist für den späten Leser von eher komischer Wirkung, da sie das, was verborgen oder wenigstens distanziert werden soll, mit einer penetranten Auffälligkeit belegt: was mit den beiden Fremdeinschiebungen gemeint ist, darf nicht zusammenkommen. Der beanspruchte Realismus der Szene ist unzweifelhaft und der sonst gewählte Ausweg, in die Frühzeit projizierte Phantasien anzunehmen, durch die Ermittlung der Gelegenheit ausgeschlossen.[22]

21 [S. Freud,] Briefe an Wilhelm Fließ [1887-1904. Frankfurt a.M. 1986, Nr. 141, 288.]

22 Der Freud-Biograph der Wahl, Ernest Jones, hatte 1957 Anlaß, einem anderen Biographen seines Helden Vorhaltungen wegen Ungenauigkeit in dieser Sache zu machen. Er schrieb an Ludwig Marcuse, der 1956 seine Freud-Darstellung hatte erscheinen lassen, die gemeinsame Hauptfigur habe eben nicht im Alter von zwei bis zweieinhalb Jahren die Mutter nackt gesehen, *but precisely when he was three and a half* (Harold von Hofe (Hrsg.), Briefe von und an Ludwig Marcuse. Zürich 1975, 145). Marcuse versprach, bei einer Neuauflage *die Fehler aus[zu]merzen* (a. a. O., 148). Nicht im geringsten wird bei diesem Schlagabtausch erkennbar, weshalb es auf diese Korrektur ankommt; man benimmt sich wie unter Historikern, wo ein Fehler eben ein Fehler ist, seine Korrektur ein Fortschritt. Tatsächlich wäre der Marcusesche Freud noch zu jung gewesen, um *matrem nudam* mit den systemgebotenen Folgen zu sehen, und Jones verhielt sich systemkonform, die faktische Feststellbarkeit zugunsten der Theorie

Damit verglichen ist der ›Nacktheitstraum‹ der »Traumdeutung« harmlos. Seine Bedeutung liegt darin, daß er unter den *typischen Träumen* auftaucht; also unter denen, deren Bildmaterial die Qualität des Symbolischen und damit Gattungseigenen annehmen wird. Diese Träume bedürfen der Einlagerung in den individuellen Lebenskontext nicht; sie lassen sich isoliert und wie nach einem Glossarium deuten. Es sollte das Schicksal der Traumdeutung werden, mit der zunehmenden Zahl der Traumdeuter immer mehr auf solche Konstanten angewiesen zu sein, deren Anwendung nicht den Meister ersten Ranges erforderte. Damit aber wurde die Analyse auch und unausweichlich dem Selbstgebrauch eines breiteren Publikums preisgegeben, das diesen Umgang mit festem Material nach Schema zu bewältigen vermochte.

Schon in der zehnten Vorlesung zur Einführung in die Psychoanalyse vom Winter 1915/16 ist der Umfang dessen, was im Traum symbolische Darstellung findet, als *nicht groß* bestimmt: der Leib als ganzes, Eltern, Kinder, Geschwister, Geburt und Tod, Nacktheit. Für diese ist die Symbolik schlicht antithetisch; sie besteht in Kleidern und Uniformen. Der latente Traumgedanke ›Nacktheit‹ verbirgt sich vor der Zensur unter der billigsten Maske seines Gegenteils, der Bekleidung; sogar dieser in ihrer unpersönlichsten Gestalt, der Uniform.[23]

Die Symbolfunktion der Kleidung für die Nacktheit läßt sich bei Freud auf eine frühe literarische Erfahrung zurückführen: seine Vorliebe für Carlyles »Sartor Resartus«.[24] Er zählt es in einem Ju-

zu nutzen. Denn der Ödipuskomplex, dem die Szene zu integrieren ist, gehört schematisch in die Altersphase zwischen drei und fünf Jahren. Freud hatte – wie in der Selbstanalyse – der Beleg seines Systems zu *sein*, auch wenn er dessen therapeutische Projektion nicht in derselben Eindrucksmächtigkeit darzustellen vermochte. Zum eigenen Erstaunen muß man sagen, daß diese Differenz ihm keineswegs unerwartet gewesen wäre.

23 [Freud,] Vorlesung X; 123, 127[; Freud, WW XI 154, 160].

24 Etwa »Der geflickte Flickschneider«, erschienen 1833/34, zuerst 1882 ins Deutsche übersetzt (Freud war aber des Englischen nach Besuchen bei der dortigen Verwandtschaft durchaus mächtig, was auch für die Wahl des Emigrationsortes London von Bedeutung war). Thomas Carlyle (1795-1881), der sich als »Statthalter Goethes in England« sah und der wichtigste Multiplikator des Interesses an der deutschen Klassik und Philosophie des Idealismus in seinem Land wurde, hat in diesem jeanpaulisierenden Roman eine skurrile Selbstdarstellung mit einem Philosophem der Bekleidung verbunden, das Freud auf seine Funktion zur Verkleidung vor der Traumzensur durchmusterte.

gendbrief unter die Bücher, die das Schicksal der papierenen Vergänglichkeit so wenig verdienen, daß sie *ganz wohl in Erz gegraben sein könnten, wenn der Zentner nicht allzu teuer ist.* Carlyle mache sich in der Manier Jean Pauls lustig über *uns grüblerische Deutsche*, repräsentiert durch den deutschen Professor Diogenes Teufelsdröckh, der als Professor der Science of Things in General Verfasser eines Buches mit dem Titel »Philosophy of Clothes« ist, von dem Carlyle fingiert, ein Exemplar mit der Bitte um Übersetzung ins Englische erhalten zu haben. Die Komik des Buches verberge tiefe Weisheit, und *die bunten Fetzen von Narrheit decken offene Wunder der Menschheit und des Helden der Erzählung.* Die Philosophie der Kleidung gehe von der Voraussetzung aus, daß *die Kleider eine Darstellung des Scheinbaren und Körperlichen überhaupt seien, hinter denen sich das Geistige aus Scham verbirgt.*[25]

Bevor die Kleidung zum Symbol der Nacktheit wird, ist sie das metaphorische Mittel des latenten Gedankens, sich in die manifeste Gestalt des Traumes zu kleiden. Der Trauminhalt ist für den Zensor gemacht, der aus dem Tagesbewußtsein in die nächtliche Traumfabrik hineinreicht und hineinfungiert. Für ihn ist nicht die Wahrheit des latenten Gedankens, sondern die Entstellung der Wahrheit durch den manifesten Traum bestimmt. Denn ihm soll gerade entgehen, was er nicht wissen darf und nicht passieren ließe, weil er es nicht ans Tageslicht kommen lassen will. Der Traum ist der Narr, der die Wahrheit sagt, ohne daß sie als diese erkannt wird – bis die Traumdeutung eingreift. Der Zensor des Traumlebens ist von der Beschränktheit aller Zensoren, der Analytiker dagegen von der Pfiffigkeit des Publikums in Diktaturen, das zwischen den Zeilen zu lesen vermag und die Signale listiger Schreiber und Redakteure aufnimmt, die der Zensur, volksfern wie sie ist, unverständlich bleiben – wie jedenfalls dann behauptet wird, wenn die Entmachtung der Zensur gelungen ist.

Absurdität ist das Äußerste der Mittel des Traums, und sie wird daher zum Indiz für einen latenten Inhalt, der besonders brisant und riskant ist und um so sicherer dem Zugriff des Zensors entzogen bleiben muß: *So ist der Traum oft am tiefsinnigsten, wo er am tollsten erscheint. Zu allen Zeiten pflegten die, welche etwas zu sagen hatten und es nicht gefahrlos sagen konnten, gerne die Narrenkappe*

25 [Sigmund Freud an Eduard Silberstein, 13. August 1874; zit. n.] Ronald W. Clark, Sigmund Freud. Frankfurt [a.M.] 1981, 49 f.

aufzusetzen.[26] Verhüllung ist Verkleidung; eine List, durch die die Wahrheit dorthin transportiert werden soll, wo sie sich jenseits der Zensur enthüllt, trotz der Verkleidung und Narrenkappe endlich erkannt werden kann. Vielleicht all dies, um die Bestimmung der europäischen Philosophie zu erfüllen, zur Selbsterkenntnis zu führen. Die verborgene Teleologie dieses Mechanismus ist unverkennbar.

Nun ist der Kleidungsbedarf des latenten Traumgedankens mit der Umwandlung in den manifesten Trauminhalt noch nicht vollends gedeckt. Dieser manifeste Inhalt muß nochmals eine Strecke der drohenden Unterdrückung und Verformung durchlaufen, bevor er in der Obhut des Analytikers den sicheren Hafen der Deutung erreicht: die Gefahrenzone der Erinnerung des Träumers an seinen Traum bis zum Augenblick der Preisgabe am Endpunkt aller Schicksale. Was beim Traum Zensur genannt wurde, wird bei der Reportation milder Redaktion genannt. Im Prinzip wiederholt sich das Verhältnis zwischen Latenz und Manifestanz als ein weiteres Stück der Bearbeitung des Traums nach der Regel, es gebe nichts Willkürliches im psychischen Leben.

Die Methode des Analytikers, auf die signifikanten, die kritischen, die symptomatischen Stellen der Redaktionsarbeit zu kommen, besteht in der Zumutung an den Traumerzähler, seinen Bericht zu wiederholen. Das geschieht selten im identischen Wortlaut. So werden die Stellen, an denen der Ausdruck verändert ist, dem Analytiker *als die schwachen Stellen der Traumverkleidung kenntlich gemacht* und dienen ihm zum Ansatz der Deutung *wie Hagen das gestickte Zeichen an Siegfrieds Gewand.* Die Metapher der Traumverkleidung wird nicht nur wiederholt, sondern ein kleines Stück weitergeführt, was für jede Metaphorologie das Aufschlußreiche ist: *Aus der Mühe, mit der die Traumlösung verteidigt wird, darf ich auch auf die Sorgfalt schließen, die dem Traum sein Gewand gewebt hat.*[27]

Will man diese methodische List des Analytikers, von der Anstrengung der Traumverkleidung auf die Sensitivität des durch sie verborgenen Inhalts zu schließen, wiederum metaphorisch ausdrücken, so bekommt man das im späteren Katalog der Symbole

26 [S. Freud, Die] Traumdeutung. [Frankfurt a.M. 1979], 363[; Freud WW II/III, 446.]

27 [Freud, Die] Traumdeutung, 420[; Freud WW II/III, 519 f.]

verzeichnete Verhältnis von Bekleidung und Nacktheit: Von der Funktionsweise der Bekleidung ist auf das Schutzbedürfnis der Nacktheit zu schließen – wie im Fall der Uniform das Moment der äußersten Individualität des nackten Leibes zum Verschwinden zu bringen ist unter der extremen Einheitlichkeit der Verhüllung.

Der Widerstand, den Freud zu den wichtigsten Guthaben seiner theoretischen Leistung und ihres Wahrheitswertes rechnet, ist der Funktion nach identisch mit den Instanzen, die ihre Zensur über den latenten Traumgedanken, ebenso wie die Redaktion an der Erinnerung des Träumers bis zum Traumbericht, ausüben. Die Geschichte jenes Frontarztes, der seinen Kollegen über die Psychoanalyse Vorträge hält und zwangsläufig auf den Ödipuskomplex kommt, zeigt, wie die Intensität des Widerstandes wiederum das sicherste Kriterium für die Gewichtsverteilungen in der psychoanalytischen Theorie selbst ist: das Zentrum [ist] die Sexualität, deren Kern wiederum der Ödipuskomplex.

Freud glaubte, der geballten Prüderie der Gesellschaft seiner Zeit angesichts der von ihm entblößten Wahrheit gegenüberzustehen. Das Erstaunliche ist nun, daß er alsbald seinerseits der Prüderie und der Vermeidung der wirklichen Blöße der Wahrheit beschuldigt werden sollte. Die Wirkungen von Enthüllungen verselbständigen sich nicht nur objektiv: als Wiederholungen der einmal angewendeten Methode auf immer neue und auch verborgenere Sachverhalte. Sie hypostasieren sich auch subjektiv: im wilden Bedürfnis der Epigonen, den Meister und einander zu überbieten. Etwas, was man nur als Enthüllungshysterie bezeichnen kann, für die es in der Geschichte Analogien in Bekenntnishysterien gibt.

Immer glauben die, die Zeugen der jüngsten Überbietungen werden, dem Rückblick zeige sich nichts als Heuchelei. Die Abfolge der Generationen und der Schulen in der Nachwirkung Freuds ist das uns am besten bekannte Paradigma für diese Zusammenhänge, die sich in einer Überfülle von Literatur bezeugen und durch das Tempo ihrer Abfolge gesteigert erscheinen. Dabei nutzen sich allerdings Wörter ab; der Ausdruck ›Heuchelei‹ ist selten geworden, und daß der des ›Verrats‹ überhaupt noch zu gebrauchen sei, ist zu einer der politischen Überraschungen der jüngsten Zeit geworden.

Eine These in einer Phänomenologie der Geschichte könnte sein: Man blickt *immer* zurück auf eine Welt, in der geheuchelt wurde. Eine weitere These: Der Rückblick hilft zu vergessen, daß im Konformismus derer, die nichts mehr zu heucheln haben wollen, schon die neue Form der künftig zu entdeckenden Heuchelei steckt. Auch die Rücksichtslosigkeit der Enthüllung kann zur Konvention werden, denn sie ist eindrucksmächtig. Um noch einmal Freuds ersten Biographen zu zitieren, so berichtet dieser, auf dem ersten Kongress der Psychoanalytiker nach dem Ersten Weltkrieg in Nürnberg habe sich jemand aus der Schweiz erhoben und gesagt, man müsse doch gar nicht so vordringlich von Sexualität sprechen, da man sich nur Widerspruch damit erwecke und viel besser vorwärts käme, wenn man die Dinge umschreibe. Freud sei bei der Zurückweisung dieser Intervention heftig geworden. Päpste haben immer nur Eindruck gemacht, wenn sie zu Konzessionen nicht bereit waren. So auch bei dem Biographen: *Die eiserne Konsequenz, mit der Freud an der nackten Sexualität als Grundlage seiner Neurosenlehre festhielt, hat mir immer besonders imponiert. Wie viele Anfeindungen hätte er sich ersparen können, wenn er der Sache ein Mäntelchen umgehängt hätte.*[28]

28 Wittels, a. a. O., 124.

III
Nach Adorno

Metaphern leisten wie zur Erfassung eines Ganzen, das mehr sein soll als seine begrifflich faßbaren Elemente, auch zur Kennzeichnung von Situationen etwas.

Nach dem Tod von Adorno kennzeichnet Habermas die entstandene Lage: *Methodisch stehen wir nackt da, nachdem der theoretische Schleier, den Adornos Genie vor unsere methodologische Blöße hielt, gefallen ist.*[1]

Etwas von großer Unbestimmtheit, eine Komplexion von Stimmung und Bilanz, ist auf eine einzige Bildvorstellung gebracht, die nicht nur das Nachher charakterisiert, sondern auch auf das Vorher reflektiert, auf die Kunstfertigkeit, mit der die Schwäche einer Position verdeckt worden war.[2]

1 [Zit. n. Claus] Grossner, Verfall der Philosophie. [Politik deutscher Philosophen, Reinbek 1971,] 15; Anm. 24.

2 Vielleicht ist dieses ›methodisch nackt dastehen‹ nur eine Abwandlung der modischen Formel, die in den siebziger Jahren als nostalgisch bedauernde Wendung aufgekommen ist, man stände ›ideologisch nackt da‹: etwa: [Harald Wieser, Am Stammtisch der heimlichen Staatsanbetung. In:] Kursbuch 56[. Unser Rechtsstaat, Berlin] 1979, 52.

IV
Umkehrung

Daß eine Sache, wenn man sie nur entschlossen genug von ihren Umhüllungen befreit und ihr bis auf den Kern oder Grund geht, schließlich als diese Sache selbst, leibhaftig, nackt und bloß, eben in ihrer Wahrheit, als die einzige Wahrheit dieser Sache, vor einem liegt, scheint die einzige Verbindung von Wahrheit und Nacktheit zu sein, die sich herstellen läßt. Aber rhetorische Verblüffung läßt sich nur erreichen, wenn man noch eine Zusatzannahme macht – etwa eine solche, die die Metapher sexualisiert. Etwa in der Art, wie es der armenische Satiriker Jerwand Otjan mit dem Aphorismus getan hat: *Warum wird die Wahrheit so oft vergewaltigt? Weil sie immer nackt ist.* Hier wird die alte Metapher zum Ansatz einer neuen gemacht: als schlichtweg bekannt vorausgesetzt, daß die Wahrheit eine nackte weibliche Allegorie ist, was sie doch nur der Zufälligkeit ihres grammatischen Geschlechts in den Sprachen unserer Tradition verdankt, da es sonst keinen guten Grund dafür gibt, und dies nun als sexueller Stimulus genommen, um das entgegengesetzte Schicksal der Wahrheit zu erklären, durch das sie gerade aufhört, Wahrheit zu sein.

Rhetorische Verblüffung kann der versierte Redner im Parlament noch durch ein anderes paradoxes Kunststück erreichen. Ich kenne nur einen Fall. Am 23. Mai 1973 verzeichnet das Protokoll des Deutschen Bundestages den erregten Ausruf des damaligen Wirtschaftsministers Friderichs zur Opposition: *Und das ist die nackte Unwahrheit!* Zugunsten eines verblüffenden Effekts ist der wesentliche Zusammenhang zwischen der Metapher der Nacktheit und der Wahrheit aufgelöst. Gemeint ist, daß eine Vorhaltung der Opposition nichts anderes als Unwahrheit sei, kein Restquentchen von Wahrheit an ihr. Nicht einmal unvorstellbar, daß diese Verbindung längst hergestellt worden wäre, wie etwa in der Rede vom ›blanken Haß‹, wenn ihr nicht die konsolidierte Gegenmacht der Verbindung von Wahrheit und Nacktheit entgegengestanden hätte.

V
Kafka

Eine Metapher für den Menschen zu finden, mag nicht notwendig sein; wir haben so viele Versuche, ihn zu definieren. Auch die forsche Formel vom ›nackten Affen‹ war ja durchaus ebenso definitionsnah gemeint wie Platos ungefiederter Vogel – eher Ironisierung der Definition, als Annäherung an eine Metapher.

Anders mag es stehen, wenn ein bestimmter Mensch beschreibend, charakterisierend getroffen werden soll. Für Franz Kafka hat seine Freundin Milena die unvergleichliche Metapher gefunden: *Er ist wie ein Nackter unter Angekleideten.*[1]

Milena hat am 6. Juni 1924 einen Nachruf in tschechischer Sprache auf Kafka veröffentlicht, der zum Präzisesten gehört, was über ihn gesagt worden ist. Über Kafkas Bücher, deren Thema sie als den *Kampf der Generationen in der heutigen Zeit* bestimmt, schreibt Milena, sie besäßen *eine wahrhaftige Nacktheit,* und erläutert das mit der nur vordergründig paradoxen Formel, sie erschienen auch dort noch naturalistisch, wo sie in Symbolen sprechen.[2]

Der Satz über den Nackten unter Angekleideten ist nur der momentane Blitz eines Bildes inmitten der Beschreibung, die der Brief an Max Brod von Kafka gibt: von der Art seiner Wahrhaftigkeit als seiner völligen Schutzlosigkeit im Leben. Nacktheit ist hier der Mangel an jeder Art von Gehäuse, Heimat, Zuflucht, eine Verfassung der Ausgesetztheit und Auslieferung an die Fremdheit der Lebensbedingungen. *Gewiß steht die Sache so, daß wir alle dem Augenschein nach fähig sind zu leben, weil wir irgend einmal zur Lüge geflohen sind, zur Blindheit, zur Begeisterung, zum Optimismus, zu einer Überzeugung, zum Pessimismus oder zu sonst etwas. Aber er ist nie in ein schützendes Asyl geflohen, in keines. Er ist absolut unfähig zu lügen, so wie er unfähig ist, sich zu betrinken. Er ist ohne die geringste Zuflucht, ohne Obdach. Darum ist er allem ausgesetzt, wovor wir ge-*

1 Brief an Max Brod, von diesem zitiert in seinem Buch über Franz Kafka, 280 ff.; ferner zitiert bei: Margarete Buber-Neumann, Milena, [Kafkas Freundin.] München 1979, 76.

2 Buber-Neumann, Milena, 81-83.

schützt sind …[3] Nur ein von allem entledigtes Dasein, meint sie, hätte ihm helfen können, mit dem Leben umzugehen. Milena schreibt dies angesichts des kranken Kafka, der nicht gesunden kann, weil er Angst zu leben hat. Angst bringt sie in den Rahmen der Metaphorik seiner Nacktheit ein. Die wird zur Scham des Einzigen unter den anderen, der nackt ist, obwohl er Nacktheit aus Scham nicht erträgt: die Unerträglichkeit des Leibes ist der Kern seiner Krankheit. *Diese Angst bezieht sich nicht nur auf mich, sondern auf alles, was schamlos lebt, auch beispielsweise auf das Fleisch. Das Fleisch ist zu enthüllt, er erträgt nicht, es zu sehen.*[4] Keine tiefgründige Interpretation der Romane könnte besser sagen, um welches elementare Fremdheitsgefühl in der Welt und im Fleische es in Kafkas Imaginationen geht. Seine Krankheit, die damals noch Schwindsucht, etwas zuvor Auszehrung hieß, ist die Selbstverneinung des Leibes, den der Nackte nicht erträgt.

Nicht erträgt, weil der Leib zur Welt gehört, die ein Betrug ist, der zwar nur Verdacht, aber doch der quälendste aller sonst auf Unwahrheit gehenden Soupçons ist. Kafka steht am anderen Ende der Epoche, die mit Descartes begonnen hatte: dessen *genius malignus* ist nicht mehr methodische Grenzannahme, er ist Lebensdämon geworden. Das wäre, wie schon Leibniz gezeigt hat, das Schlimmste nicht, müßte nicht die Entlarvung des Betrugs so sehr gefürchtet werden, wie dieser selbst unerträglich ist: Was wäre, wenn sich die Welt uns zeigte, wie sie ist? Würde es dann als reinste Gnädigkeit und Verschonung erscheinen, daß wir betrogen worden waren? Keine Erkenntnistheorie brauchte sich mit diesem Einwand, diesem Hinterhalt der vorenthaltenen Wahrheit zu beschäftigen – diese Angst muß am Leibe, am eigenen Leibe, erlebt werden, um sie ernst zu nehmen. Kafkas ›Wahrhaftigkeit‹ *(veracitas)* ist die Daseinsform des Aufbegehrens gegen die Welt als Betrug, als *großen Urbetrug*, als *Verführungsmittel*.[5] Doch liegt die Leidlichkeit der Welt – identisch mit dem Leiden an ihr – im Betrug: *Wird einmal der Betrug vernichtet, darfst du ja nicht hin-*

3 [M. Brod, Franz Kafka. Eine Biographie. Berlin, Frankfurt a.M. [3]1954, 280ff.; Buber-Neumann, Milena, 76.]

4 Max Brod, Kafka, 285; Buber-Neumann, [Milena,] 79.

5 [Kafka, Betrachtungen über Sünde, Leid, Hoffnung und den wahren Weg. Aph. 99. In: ders., Gesammelte Werke.] Ho[chzeitsvorbereitungen auf dem Lande. New York 1953,] 52.

sehen oder wirst zur Salzsäule.[6] Hat Kafka das auch zu sich selbst gesagt?

Die oft zitierte Beschwörung des wartenden Verhaltens vor der Welt ist so etwas wie eine mittlere Lebensregel zwischen dem Insistieren auf Selbstpreisgabe der Wahrheit *und* eschatologischer Verzögerung, Einwilligung in die Eigenwilligkeit des Trügerischen einer Welt, deren Kapitulation vor dem Anspruch der Wahrhaftigkeit ebenso sicher wie von unbestimmter Dilatation ist. Sie läßt uns warten, und nur als solche, die ins Warten eingewilligt, aufs Warten sich eingelassen haben, bleibt [uns] die Chance offen, daß sie sich ergibt. Es ist, als sei es das drängende »Komm, Herr!« der urchristlichen Naherwartung gewesen, das die Erfüllung der Endzeit verhindert hätte – weil es doch bei solcher Wachheit der Ausschau nach dem Letzten gar nicht möglich war, daß der Herr Des Endes hätte kommen können *wie der Dieb in der Nacht.* Strukturell sind es immer dieselben Widersprüche: Was nur von sich her kommen und sich ergeben, sich zeigen kann, verwahrt sich im Wortsinne gegenüber jeder rituellen Unterstellung, es lasse sich beschleunigend bestimmen, erweichen, nachgiebig heranholen. Und doch wäre wieder die Gleichgültigkeit des indolenten Wartens die Mißachtung der Wahrheit, auf die man nicht warten kann. Nicht ertragen zu können, was man doch nicht erwarten kann und sich nicht hinziehen lassen darf – das ist die Grundverfassung einer zum Zerreißen gespannten, einer letalen Weltposition. Sie ist es, mit der sich nicht leben läßt. Und die Nacktheit des Leibes ist ihre Metapher.

Der Rat, zu Hause zu bleiben, seine Begründung, daß es nicht notwendig sei, aus dem Hause zu gehen – das ist Kafkas erlittenes Vermächtnis an die Moderne, die im Gegenteil existiert. Aus dem Hause zu treten, ist der erste Schritt der Selbstentblößung, der Entkleidung, Schälung, Enthäutung. Einer, der sich schmerzhaft seiner Sichtbarkeit bewußt ist, spricht in den wenigen Zeilen des großen Ratschlags, des größten, der diesem Zeitalter gegeben worden ist: *Es ist nicht notwendig, daß du aus dem Hause gehst. Bleib bei deinem Tisch und horche. Horche nicht einmal, warte nur.* Keinen Akt des Zugeständnisses von Wichtigkeit an die trügerische Welt – die bei Kafka wie *der Blick der Frau in ihr Bett gelockt hat* – zu wenden,

6 [Ebd., Aph. 106, 53.]

leitet diesen erotischen Vorgang ein, der seinen Grund darin zu haben scheint, daß die Welt die Nichtbeachtung nicht erträgt, ihr schließlich die kriechende Unterwürfigkeit vorzieht, in der sie nun sich zur Entblößung anbietet: *Warte nicht einmal, sei völlig still und allein. Anbieten wird sich dir die Welt zur Entlarvung, sie kann nicht anders, verzückt wird sie sich vor dir winden.*[7]

7 [Ebd., Aph. 109, 54.]

VI
Die Wahrheitsnackten und die Wölfe im Schafspelz

Die Eskimos zeichneten auf das Holz, mit dem sie Feuer machen, Wellenlinien als magische Zeichen zur Beförderung der Entzündung – weiß Kafka und verwendet es als Beispiel für die Art von *primitiver Magie*, als die er seine Schreibtischstricheleien dem Besucher Gustav Janouch erläutert. Es könnte bloße Mystifikation sein, um einen Neugierigen zurechtzuweisen, der die Produkte der Langeweile und des Überdrusses eines an seinen Schreibtisch gefesselten Prometheus allzu zudringlich erklärt haben will. Aber selbst wenn der immer höfliche Arbeiterunfallversicherungsbeamte dies beabsichtigt haben sollte – es treibt ihn durch Assoziation weiter. Und wie diese auch sonst, treibt sie von der Beliebigkeit der Laune ins Zentrum des Wesentlichen.

Erster Schritt: Die Eskimos haben Erfolg mit ihrer Magie, sie bekommen Feuer durch Reibung des Entzündungsbolzens; Kafka hat keinen Erfolg, seine Figuren *zünden nicht*. Zweiter Schritt: Trost des Besuchers, schließlich sei er eben kein Eskimo. Dritter Schritt: Das sei richtig, nütze aber wenig, da er wie alle dennoch *in einer bitterkalten Welt* lebte; und da werde der Nachteil, kein Eskimo zu sein, deren Existenzhilfsmittel nicht zu haben, übergroß – zum Beispiel bedeute, keine Pelze zu haben, ein äußerstes metaphorisch noch Faßbares, eher beim Wort zu Nehmendes: *Wir sind – im Vergleich zu ihnen – alle nackt.* Vierter Schritt: Zurückzunehmen sei, daß ›alle‹ nackt seien; schließlich hätten es einige doch besser, und für diese genügt die Metapher nicht mehr, sie stammen aus der Fabel: *Am wärmsten bekleidet sind heute eigentlich nur die Wölfe in den Schafspelzen. Denen geht's gut. Die haben die richtige Bekleidung.*[1]

Nur wenn man die Moralität noch hinzunimmt, gibt es einen fünften Schritt, die Einmütigkeit der Dialogpartner, dann doch lieber zu erfrieren: *Wir wollen keine eigenen noch geborgte Pelze. Da behalten wir lieber unsere komfortable Eiswüste.* Und das ist, nach

1 [Gustav Janouch, Gespräche mit Kafka. Mit Anmerkungen und Erläuterungen von Alma Urs. Erw. Ausgabe Frankfurt a.M. 1968, 61.]

ausdrücklichem Bericht, im hingewendeten Blick auf die Heizkörper der Zentralheizung gesagt, auf denen das Wasser in länglichen Blechschüsseln dampft. Die Zurücknahme in den metaphorischen Horizont ist gelungen: Man würde zwar lieber erfrieren, um kein Wolf im Schafspelz zu sein, aber es besteht bei Heizungskomfort kein Ernstfall.

Die Fabel hat ihre Variante nicht nur durch die Einbettung in einen komplizierten Assoziationsgang, als ein Verbindungsstück vom Mißlingen der Magie bis zum Gelingen der Moral (bei fehlender Kraftprobe); die Wölfe im Schafspelz tragen zwar diesen zur Tarnung, aber doch mit dem sich in den Vordergrund schiebenden Nebeneffekt, daß in einer selbst für Wölfe zu kalten Welt der Schafspelz sie wärmt. Das Falsche verschafft nicht nur Beute, es gewährt demzuvor auch noch Behagen; die Wahrheit ist nackt und sie macht nackt. Nur durch eine Art bürokratischer List gibt es den installierten Komfort, der dem Nackten wenigstens für ein verkürztes Kafkaleben erlaubt zu tun, was diese beiden am Ende ihrer Vorstellungskette tun: *Wir lachten beide: Doktor Kafka um mein Nichtverstehen zu verdecken, und ich – um seine Güte als etwas ganz Selbstverständliches hinzunehmen.*[2]

2 [Ebd., 62.]

VII
Pierre Bayle

Im Maße, wie das Wahre eine neue Erreichbarkeit durch Wissenschaften angenommen zu haben schien, wuchs auch das Bedenken an der Erträglichkeit der Wahrheit für den Menschen. Man tut diesem Bedenken kein Unrecht, wenn man in ihm zunächst ein Hineinragen des Mittelalters in die Neuzeit sieht, die nur etwas menschenfreundlicher formulierte Auffassung, die ganze Wahrheit über das Ganze sei dem Urheber dieses Ganzen vorbehalten und menschliche Neugierde daher in dem Umfang Überschreitung einer geschöpflichen Beschränkung, wie Verborgenheit und Zugangserschwernis die natürliche Entzogenheit der Gegenstände erkennen ließe. Dennoch ist es eine nicht nur äußerliche Umformung des Grundgedankens, wenn primär nicht an die Übergriffe gegenüber einer fremden Majestät gedacht wird, sondern an das Aushaltenkönnen und die Glücksangewiesenheit des Menschen. Zwar mochte dieser in seiner Ursprünglichkeit in die Welt gesetzt worden sein, um an deren Wahrheit teilzunehmen, doch vielleicht nur im Einzugsbereich einer durch Nähe und Zugänglichkeit für ihn gekennzeichneten Zweckmäßigkeit. Durfte daran gedacht werden, daß der Mensch in seinem Glück beeinträchtigt sein könnte, gerade durch den Vorbehalt von Wahrheiten, die sich seinen natürlichen Organen und Mitteln entzogen, sogar im Verdacht standen, auf ewig entzogen bleiben zu müssen – und dies sogar im Umfang des größten Teils aller auch nur denkbaren Erkenntnisse? Solange der Mensch als Mitte der Welt hatte vorgestellt werden können, war es ganz zwangsläufig, in dieser Position einerseits die bevorzugte Stellung des kosmischen Zuschauers anzunehmen, andererseits eben daraus zu folgern, daß es Wesentliches und Wichtiges außerhalb der Reichweite dieser Position und seiner Organe nicht geben werde. Das Sichtbarkeitspostulat der Astronomie und der Naturerkenntnis insgesamt war der natürliche Ausdruck für die Annahme einer Zweckmäßigkeit der Welt insgesamt, des Menschen als eines begünstigten Teiles und Teilhabers dieser Welt. Als dieses Axiom durch neue Instrumente, Verstärker der organischen Fassungskraft, zerstört war, gab es auch für die aus ihm fälligen Folgerungen keine Stütze mehr. Die Welt sah nicht so aus, als sei es bei ihrer Erschaffung auf den Wahrheitsbesitz und das Glück des Menschen im weitesten Sinne angekommen. Das ließ sich sogar negativ verschärfen: Angekommen sei es vielmehr auf das Gegenteil, den Menschen in der Welt ratlos und glücklos sich vorzufinden, ein Stück Geworfenheit, um sich desto schneller und gründlicher einer Bestimmung zu erinnern, die sich unter den Wahrheiten und Schönheiten der Welt jedenfalls nicht finden ließ. Die Vermutung oder gar der Verdacht, die Wahrheit könne so etwas wie eine Krankheit sein oder das, was man als für Kinder unzuträglich hintan hielt, läßt eben zu, daß Bestimmung des menschlichen Geistes mit derart von Wahrheiten nichts zu tun hat, die in der Welt entweder allzu leicht oder allzu umständlich aufgefunden werden konnten.

Bayles großer »Dictionnaire« läßt sich in Anwendung des dargelegten Musters verstehen als der Nachweis, daß außer der Natur auch die Geschichte nicht so eingerichtet sei, als wäre es auf Unterrichtung des Menschen über die für ihn wesentlichen Wahrheiten, zumal die Wahrheiten über sich selbst, angekommen. Wie die räumliche Distanz im Weltall dem Menschen ein für allemal den Zugang zu Gegenständen der Natur entzog, so erwies sich nun auch die Entfernung in der Zeit als eine unüberwindliche Schranke der Erkenntnis, ein verzerrendes und verzehrendes Medium für jeden auf die Ereignisse und Zustände der Vergangenheit gerichteten Blick. Aber hier war noch mehr im Spiel, nämlich der Mensch selbst als der Übermittler dessen, was sich da an Fakten über die Zeit vorgeblich sollte erhalten haben, und dieser Mensch war, wie sich nun zeigte, noch schlimmer als jener von Descartes versuchsweise eingeführte *genius malignus* mit seinen undurchdringlichen Täuschungen über die Welt. Der Mensch als historisches und Tradition schaffendes wie bewahrendes Wesen erwies sich schon deshalb als noch verhängnisvoller, weil er sich keineswegs um die Erkenntnis gleichgültiger Sachverhalte brachte, sondern sich mit schöner Beharrlichkeit die Voraussetzungen seiner Selbsttäuschung und Selbstgefälligkeit an die Hand lieferte, die Neigung zu seinen geschichtlichen Verfehlungen und Verirrungen noch dadurch verstärkte, daß er ihnen aus der Vergangenheit Legitimationen zulieferte. Hier gab es allerdings ein Gegenmittel, das zwar jenes Medium der großen Zeitdistanzen nicht durchlässiger machte, aber wenigstens verhinderte, sich den Täuschungen hilflos ausgeliefert zu sehen. Dieses Gegengift war eben die Kritik.

Ihre Wahrheiten waren von einem neuen Typus. Sie bestanden in dem Übermaß der negativen Urteilsqualität, so oder so könne es nicht gewesen sein, obwohl es so und so überliefert worden war, ohne daß diese skeptische Enthaltung Aussicht auf Entscheidung geboten hätte, wie es denn nun wirklich gewesen war. Zu einem großen Teil werden die Wahrheiten der Aufklärung von diesem Typus sein. Auf die cartesische Regel, alle Vorurteile beiseite zu tun, folgt zumindest für die menschliche Geschichte nicht die Erfüllung der Verheißung auf dem Fuße, man würde statt dessen solidere Erkenntnisse erlangen können. Die Fragestellung nach der Zuträglichkeit der Wahrheit ist im frühneuzeitlichen Zusammenhang herausgetreten aus dem alten Zwiespalt zwischen Philosophie und Rhetorik, der es entweder mit der Unabhängigkeit aller menschlichen Verhaltensregelungen von der Wahrheit zu tun hat oder mit einer besonderen Vermittlungsbedürftigkeit der Wahrheit, ihrer Eingängigkeit mehr als ihrer Zuträglichkeit.

Die frühneuzeitliche Fragestellung kreist, wie so vieles andere nach Descartes, um die Frage, in welchem Grade der Mensch überhaupt Anspruch auf eine sich ihm wahrhaftig, also wahrheitsfähig zeigende und darstellende Welt hat. Ich erinnere daran, daß Leibniz die Existenz einer unserer Erkenntnis entsprechenden Welt für nicht beweisbar hielt, sobald man einmal die Erwägung eines trügerischen Gottes oder eines mit dem Leben selbst identischen Traumes eingeführt hätte. Für Leibniz krankt der cartesische Beweis für die reelle Existenz der vom Menschen erfahrenen Welt an der Voraussetzung, daß alles andere ein Betrug wäre. Dem widerspricht Leibniz: Betrogen wäre nur der, der aus der Welt als Traum erwachte und auf seinen Traum dann als ein irreales Gebilde zurückblicken müßte; betrogen wäre nur der, der nicht mit der vollkommenen Konsistenz einer in sich stimmigen Erfahrung zu leben hätte. Aber sowohl ein Traum als auch die fiktive Reizung unserer Sinnesorgane könnten ein Maß von Vollkommenheit haben, die uns jede Enttäuschung ersparte – und dann erst wäre die Wahrheit, nämlich das Erwachen und das Aufdecken des Truges, das eigentlich Unerträgliche, die Bloßstellung der Vergeblichkeit des Lebens und seiner Inhalte. Dies ist zugleich der angenommene Grenzwert für die Unzuträglichkeit der Wahrheit: die absolute

Widerlegung jeder möglichen und wirklichen Erfahrung von der Welt.

Aber sonst? Es könnte eine durchaus wohlmeinende Gottheit sein, die dem Menschen ersparte, überhaupt jemals zu erfahren und zu wissen, daß es entweder nichts gibt oder eine von unseren Bewußtseinsinhalten so abweichende, zu ihnen so andersartige Welt, daß alle Erkenntnis auf Einbildung beruhte. Descartes' systematische Voraussetzung, aus dem Begriff der Vollkommenheit Gottes und damit seiner Wahrhaftigkeit müsse sich ableiten lassen, daß der Mensch keinesfalls im ganzen oder in wesentlichen Teilen seiner Erkenntnis von der Welt getäuscht werden könne, oder anders gesagt: daß Erkenntnis möglich sein müsse. Aber gerade die Vollkommenheit und Güte Gottes könnten es erfordern und also auch vorgesehen haben, den Menschen über die Bedingungen seines Lebens und den Zustand der Welt oder deren Nichtexistenz unaufgeklärt zu lassen, ihm die nackte Wahrheit gnädig zu verhüllen. Unsere vermeintliche Erfahrung wäre dann so etwas wie die göttliche Rhetorik, mit der uns das Schlimmste erspart würde, um uns dennoch zu dem Ziel gelangen zu lassen, dessen Erreichung nach theologischen Prämissen jedenfalls nicht von der Erkenntnis der Natur und den daraus gewonnenen Folgerungen abhängig ist und abhängig sein kann. Ein ungesicherter Erkenntnisbegriff läßt die Heilssorge viel eher als absolute Größe des menschlichen Daseins erscheinen, der Zweifel begünstigt die Konzentration auf sie.

Mit diesem Zusammenhang hat es Bayle im Artikel »Rimini« seines kritischen Wörterbuchs zu tun. Es wird daran erinnert, daß nach dem Zeugnis des Alten Testaments es durchaus nicht unvereinbar mit der Vollkommenheit Gottes ist, Menschen zu verblenden, wie den Pharao, oder sie zu falschen Aussagen zu inspirieren, wie bei Propheten. Die Unwahrheit als Mittel der göttlichen Fürsorge für den Menschen ist jedenfalls nicht absolut auszuschließen. Aber auch in dieser Richtung ist jeder Schritt gefährlich: Verhält sich dieser Gott gegenüber allen Menschen, wie gegenüber dem Pharao, nicht wie ein Arzt gegenüber seinen Kranken oder wie ein Vater gegenüber seinen Kindern? Das eben seien doch solche Personen, welche man aus Klugkeit und zu ihrem eigenen Wohl betrügen mag und gerade dadurch nicht betrügen kann: *Ce sont des personnes que l'on trompe très-souvent et avec sagesse, et pour leur pro-*

fit.[1] Der Vergleich mit dem Verhältnis von Arzt und Krankem ist bedenklich, denn auf die bloße Hilfsbedürftigkeit der Menschheit darf es nicht ankommen, weil diese letztlich immer dem Schöpfer zur Last fiele, der dann zugleich den Ursprung und die Krankheit zu verantworten hätte. Der Gedanke ist eben gegen die Tradition nur mit Schwierigkeit zu denken, Wahrheit müsse überhaupt nicht zu den Bedürfnissen und zu den Bedingungen des Glücks für den Menschen gehören, könne ihn in deren Erreichung vielmehr ablenken und behindern, weil Wahrheit etwas für dieses Wesen Fremdartiges – mythisch ausgedrückt: nur einem Gott Zukommendes – sei. All dies vorausgesetzt, wäre es Weisheit, die Wahrheit nicht nackt sehen zu lassen, weil es zumindest fraglich ist, ob der Mensch die Kraft besitzt, ihr standzuhalten, würde sie ihm vorgewiesen: *Aurions-nous bien la force de contempler la vérité si Dieu nous la presentoit toute nuë?* Nicht nach der Macht der Wahrheit ist gefragt, sondern nach der Kraft derer, die es mit ihr zu tun bekommen könnten. Gottsched übersetzt: *Würden wir wohl die Stärke haben, die Wahrheit zu beschauen, wenn sie uns Gott ganz nackend vorstellte?*[2]

Bayle zitiert einen Satz aus den Einwänden zu den Meditationen des Descartes: *Si Deus puram nobis ostenderet veritatem quis eam oculus, quae mentis acies sustinere valeat?*[3] Das Problem ist noch nicht als das einer Aufklärung gestellt, die Menschen an Menschen und für Menschen betreiben, sondern als Grundfrage der Erkenntnistheorie: Muß es Erkenntnis geben und ist sie wirklich, wie Descartes meinte, die einzige Bedingung zum sicheren Vollzug des menschlichen Lebens? Bayle sah in der nackten Wahrheit eher die kritischen Einschnitte, die schmerzliche Verluste an der Geschichtssubstanz der Menschheit bewirken würden. Und von diesem Typus ist, was die Aufklärung als Problem der Erträglichkeit von Wahrheit mit sich zu führen haben wird.

1 [P.] Bayle, Dictionnaire [historique et critique]. 2. ed., Rotterdam 1702, III 2581; dt. [P. Bayle, Historisches und Critisches Wörterbuch. Komm. v. Johann Christoph] Gottsched. Leipzig 1744, IV 58: *Dies sind Personen, welche man oft, und zwar mit Klugheit und zu ihrem besten betrieget.*

2 [Ebd.]

3 [Ebd.]

VIII
Pascal und die Frühaufklärung

Jede Enthüllung ist relativ auf den Grad der Verhüllung, den sie voraussetzt. Nicht immer unterstellen diejenigen, die Enthüllungen betreiben, denen, die verhüllt haben, die Absicht der Verhüllung; immer aber den Grund, daß etwas der Verhüllung bedürftig war und nun in den Grad seiner vollen Sichtbarkeit versetzt werden soll. Die Ausnahme ist, daß die Verhüllung – der Schein über dem Sein, die Prätention vor der Realität – ausdrücklich behauptet und gerechtfertigt wird durch eine *Theorie* des Scheins, die ihn zum Ausdruck der Verlegenheit angesichts einer Kontingenz macht, die sich so oder so geben muß, niemals aber als sich selbst darstellen zu können gewiß ist.

Das Verhältnis der Aufklärung zu Pascal ist nicht nur das der Auseinandersetzung mit dem Exponenten des Christentums in seiner paulinischen Gestalt und seiner Anstrengung zu dessen rationaler Verteidigung; der Aufklärer sieht sich auch in der Vertretung der endlich enthüllten Wahrheit von Natur und Mensch gegen einen Denker, der sich ihrer Verhüllungen sehr wohl bewußt war, sich deren sogar bediente, und sie – um im Paradox zu reden – als die nackte Notwendigkeit des Menschen in seiner nur theologisch beschreibbaren Lage verteidigte.

Die Nacktheit des Menschen ist für Pascal die nach dem Sündenfall entdeckte Verlegenheit und jede daraufhin fällig gewordene Art der Bekleidung Ausdruck sowohl für deren Notwendigkeit als für deren Beliebigkeit. Kann der Mensch sich erst einmal nicht so geben, wie er ist, aus welchen Gründen auch immer, ist jede Form, in der er sich gibt, als solche kontingent, anfechtbar, unbegründet, austauschbar. Jede faktische Kleidung ist sekundär gegenüber der Funktion, selbst wenn diese die Metapher der Scham sein sollte, als die Max Scheler sie erkennen wollte.[1] In diesem Sachverhalt liegt der Irrtum beschlossen, die Faktizität der Form lasse die Wahl der Formlosigkeit offen, die Kontingenz der Bekleidung mache die Entkleidung zur rationalen und schlechthin natürlichen Kon-

1 [M. Scheler, Über Scham und Schamgefühl. In: ders., Gesammelte Werke,] Bd. 10 [Schriften aus dem Nachlaß 1. Bonn 1957, 65-154, hier] 86 f., 114.

sequenz. Es ist als geschichtliches Grundproblem das der sozialen und politischen Ordnungen: Wenn keine Ordnung rational voll verteidigungsfähig und aus den menschlichen Bedürfnissen ableitbar ist, bietet sich der anarchische Ausweg als unmittelbar einsichtig an, die Ordnungslosigkeit könnte der vorzuziehende Zustand sein.

Diese Lösung liegt allerdings geschichtlich dann besonders fern, wenn die Ordnungslosigkeit als Endzustand der Auflösung von Ordnungen gerade durchlitten worden und damit die Erfahrung der kontingenten Zwangshaftigkeit von Ordnungen in weite Ferne gerückt war. Dies gilt für die Epoche Pascals (1623-1662). Frankreich ringt nach einem Jahrhundert schwerer Verluste an Gehalt und Form, äußerster Entkräftung der Institutionen und Gesetze des staatlichen Lebens, am Rande chaotischer Auflösung um neue Formen; in der Sprache Pascals: Ordnungen.

Dazu gehört die Aufrichtung eines vorbildlichen Menschentypus in der Gestalt des ›honnête homme‹. Das von Heinrich IV. politisch und von Franz von Sales geistig und geistlich begonnene Werk zielte auf *die beständige Einheit zwischen politischer Aktion, Einstellung der geistigen Elite und Richtung des Glaubens.*[2] Unzweifelhaft schien, daß die Erscheinung der zu erneuernden Lebensform aus einer erneuerten inneren Seinsverfassung unmittelbar hervorgehen und sie adäquat darstellen sollte: *Ethik und Ästhetik versuchen hier einmal völlig übereinzustimmen.*[3] Die Möglichkeit einer solchen Einheit von Geist und Form, die Begründung der Autorität als Ausstrahlung substantieller Festigkeit, ist gerade das, was im Brennpunkt der Zweifel Pascals steht oder was, um es anders zu sagen, bei ihm die Deutung der konstitutiven menschlichen Notlösung bekommt. Der Mensch ist nackt; aber das ist nicht seine ganze Wahrheit. Seine Wahrheit ist, daß er ohne den verhüllenden Schein einer allen Anspruch aufs Wesentliche abwehrenden Verkleidung zugrunde geht.

Es sei eine *plaisante chose*, daran zu denken, daß es *Leute auf der Welt gibt, die erst allen Gesetzen Gottes und der Natur abgesagt und dann sich selbst Gesetze gemacht haben, denen sie peinlich gehorchen,*

2 Carl J. Burckhardt, Der Honnête Homme. Das Eliteproblem im siebzehnten Jahrhundert. In: [ders.,] Gestalten und Mächte. Zürich 1941, 76; ders., Richelieu. Der Aufstieg zur Macht. München [12]1947, 6.

3 Burckhardt, a. a. O. [Der Honnête Homme], 80.

wie zum Beispiel die Soldaten Mohammeds, die Diebe, die Häretiker usw. – und ebenso die Logiker.[4] Ein Modell der Situation des Menschen, der eine ursprüngliche und ihm zugemessene Ordnung, die Gesetze Gottes und der Natur *(les lois de Dieu et de la nature)*, hinter sich gelassen hat, um sich unter den Zwang der Erfindung uneinsichtiger Regeln und Institutionen zu begeben, deren Durchsetzung allein mit Gewalt möglich, aber auch zur Existenz nötig ist. Die Entbindung vom Gesetz des Ursprungs schafft zwar Freiheit, aber nicht die Freiheit vom Gesetz überhaupt. Der eigenen Gesetzlichkeit muß er sich *exactement* unterwerfen, wie einem komplizierten Ritual einer unbekannten Kultur, bei dem alle in peinlicher Besorgnis mitmachen zu sehen dem Weisen einen vergnüglichen Anblick gewährt. Das ist zunächst nur ein Stück Moralistik; so sind nun einmal die Leute, fern im Orient die Soldaten des Propheten, hier in Paris die Logiker von Port-Royal mit ihrer Pedanterie. Man bedenke, daß dem Liebhaber des Kalküls und der errechenbaren Zweckmäßigkeit das verlorene Paradies auch quantitativ ideal erscheinen mußte: nur *ein* Gesetz, das einzuhalten war – nach dessen Brechung zahllose.

In einer anderen Pensée bezieht sich Pascal auf Ciceros Pflichtentraktat, wo die Fragwürdigkeit der menschlichen Ordnungen nach skeptischer Manier mit dem Ungenügen der Erkenntniskraft begründet wird: von dem *verum ius* könnten wir eine *solida et expressa effigies* nicht gewinnen, weil es sich durch die Transzendenz seiner Idealität uns entzieht. Aus der platonischen Überentferntheit der einsichtigen Norm macht Pascal die Zeitenferne des verlorenen Urzustandes der Menschheit: *Veri iuris. Wir haben davon nichts mehr (nous n'en avons plus); hätten wir es noch, hielten wir es nicht für eine Regel der Gerechtigkeit, den Sitten seines Landes zu folgen. Man ist auf die Macht verfallen, weil man das Gerechte nicht finden konnte.*[5]

Pascal nutzt die Doppeldeutigkeit des französischen ›trouver‹ dahingehend, daß man, da man die Gerechtigkeit nicht ›wiederfinden‹ konnte, die Macht habe ›erfinden‹ müssen: *c'est là que ne pouvant trouver le juste, on a trouvé le fort.* Der Mensch hat verspielt, was er hatte; nicht verfehlt, was er überhaupt nicht haben kann. An die Stelle des Verlorenen tritt eine *règle de justice*, ein Moment

4 Pensées, Br. 393[; Gedanken, 108.]

5 [Pensées,] Br. 297[; Gedanken, 112]; Cicero, De officiis III 17.

der Setzung, des Spielregelhaften, dem man sich um der Ordnung des Spiels willen unterwirft. Und nicht nur diesem unmittelbar, sondern auch der Instanz, die seine Einhaltung allein durchsetzen kann: der politischen Macht. Sie ist die Lösung einer dem Muster nach skeptischen Situation. Sie bedient sich nur zu ihrer Erklärung der Sündigkeit des Menschen, ohne dadurch zu deren Strafe erklärt werden zu müssen.

Scheinhaftigkeit ist zwar nicht das Wesen der menschlichen Natur, wohl aber die Antwort des Menschen auf seine Weltlage. Aber so unvereinbar das nackte Chaos mit der menschlichen Selbsterhaltung ist, so unerträglich ist die nackte Macht als Ordnungsfaktor. Was sie erträglich macht, ist nach Pascal die menschliche Einbildungskraft.

Da alle Menschen herrschen wollen, aber nicht alle, sondern nur einige es können, muß die Einbildungskraft dafür sorgen, daß die Zufälligkeit der dadurch bedingten Verschiedenheiten *(différents degrés)* – die also nicht Verschiedenheiten der Natur sind – ihre Anstößigkeit verlieren: *c'est là où l'imagination commence à jouer son rôle*. Bis dahin überwältigt die Gewalt die Tatsachen *(le pouvoir force le fait)*, nun erhält sich die Macht durch Einbildungskraft bei einer bestimmten Partei: in Frankreich bei dem Adel, in der Schweiz bei den Bürgern usw. *Die Bande (les cordes), die uns mit diesem oder jenem Stande in Ehrfurcht verbinden, bestehen nur in unserer Einbildung.*[6] Eine andere, aus nur drei Worten bestehende Pensée formuliert diesen wichtigsten Sachverhalt so: *Obéissance – de fantaisie.*[7]

Der Glaube, die Phantasie müsse mit der Freiheit im Bunde sein, ist nicht jederzeit geteilt worden. Der Schlachtruf, die Phantasie solle an die Macht kommen, wäre von Pascal als Paradox oder als Trivialität genommen worden, keinesfalls als ein Stück Revolution. Die Phantasie war immer schon an der Macht, zumindest an ihr beteiligt; und würde es immer bleiben. Sie war, was einzuspringen hatte, wenn es dem Menschen mangelte: an Wissen als Mythos, an Einsicht als Rhetorik, an Ordnung als Ausstattung der Macht zur vorgestellten Statthaftigkeit.

Die imaginativen Fakten, die sie schafft, verteilen sich: über den Raum als die verschiedenartigen sozialen und politischen

6 [Pensées,] Br. 304[; Gedanken, 122.]

7 [Pensées,] Br. 310.

Institutionen, über die Zeit als das, was Pascal ohne weiteres mit der Mode vergleichen kann: *Comme la mode fait l'agrément, aussi fait-elle la justice.*[8] Die Gerechtigkeit, die die Mode macht, ist die Verschleierung des Mangels an jener Gerechtigkeit, die in der Idee ihren Platz hat. Die Mode überläßt das, was gefällt und angenehm ist, nicht der Willkür und, obwohl sie als tyrannisch empfunden werden kann, bewahrt sie uns auch vor allzu anstrengenden und zeitraubenden Überlegungen darüber, was uns den anderen nicht allzu mißfallend machen könnte. Gelegentlich erscheint gerade das erstrebenswert – und dann erfährt man wiederum erst durch die Mode, wogegen man zu verstoßen hat.

Die Ordnung von Machtverhältnissen durch Stimmenmehrheiten hat für Pascal keinen Vorrang an Rationalität. Auch ihre Vernunft ist die der Ordnung überhaupt: Die einzigen allgemeinen Regeln sind die Gesetze des Landes für die alltäglichen Angelegenheiten, für die übrigen die Mehrheit (sc. der Stimmen). Woher kommt das? Von der Macht, die darin liegt *(de la force qui y est)*. Da man nicht habe erreichen können, daß Macht aus dem Gehorsam gegenüber der Gerechtigkeit kommt, hat man bewirkt, daß es gerecht sei, der Macht Gehorsam zu erweisen. Das Wortspiel mit Ermächtigung der Gerechtigkeit und Rechtfertigung der Macht ist sprachlich nur schwer zu erhalten: *ne pouvant fortifier la justice, on a justifié la force.*[9]

Gerechtigkeit hat zwei Schwierigkeiten: einmal die Erkenntnis dessen, was in einer gegebenen Lage gerecht ist, und dann das Anerkenntnis dessen, was durch jene Erkenntnis als gerecht befunden worden ist, durch die Betroffenen. Das erste Problem, das der distributiven Entscheidung, ist das geringere im Vergleich zum zweiten: dem der Akzeptation von gerechten Entscheidungen auch durch den, der sich benachteiligt fühlt. Pascal sieht hier die Wurzel sogar der Bürgerkriege; sie seien unvermeidlich, wenn man Verdienste belohnen wolle, denn alle werden sagen, sie seien dessen würdig. Das Übel, das von einem Wirrkopf zu befürchten ist, der nach der Erbfolgeordnung in einem Rang nachrückt, sei weder so groß noch so unausweichlich wie das der inneren Kämpfe, die aus dem Streben nach Belohnung von Verdienst, dem *récompenser*

8 [Pensées,] Br. 309.

9 [Pensées,] Br. 299.

les mérites, entständen. Die Verdunkelung des Selbsturteils erweist sich als noch bedrohlicher denn die, anderen gerecht zu werden.

Die Mehrheit also bekommt nicht recht, sie hat es schon, indem sie die Macht hat; sie manifestiert nur durch das Institut der Mehrheit, daß sie sie hat. Nichts läßt darauf schließen, daß sich auch die Vernunft in der Mehrheit manifestiert; sie tut es mittelbar, weil es unvernünftig wäre, der Macht nicht recht zu geben. Die Anhänglichkeit an Bestehendes hat kein anderes Vernunftprinzip als dieses. Sind etwa die alten Gesetze und alten Meinungen von gesünderer Vernunft? Keineswegs, aber sie sind die einzigen; *et nous ôtent la racine de la diversité.*[10] Nicht also nur die Gesetze, Sitten, Gewohnheiten und Institutionen, sondern denen zuvor schon die Meinungen – und nicht erst im Aggregatzustand der Überzeugungen und des Glaubens – sind im Schutz ihres Alters (und das heißt doch immer: in der Gunst des Ausgestorbenseins der anderen) ein Friedensvorteil der Gegenwarten. Die Vergangenheit hat keine Autorität: auch nicht die der überlegenen Weisheit. Sie hat den einen und einzigen Vorteil, Vergangenheit zu sein und die Differenzen in Dunkel zu hüllen, aus denen eine Setzung, eine Institution, eine Meinung als überlebende hervorgegangen ist. Das Altertum ist gnädig mit uns, weil es die Streitigkeit von Meinungen für uns absolviert hat. Dennoch ist es nicht die herrschende Meinung, die herrscht: *La force est la reine du monde, et non pas l'opinion. – Mais l'opinion est celle qui use de la force. – C'est la force qui fait l'opinion ...*[11]

Mit der Apologie der Meinung mündet Pascals Denken in eine umfassendere Verteidigung der Äußerlichkeit, der Oberfläche, des Scheins an der Erscheinung. Wenn er von den *Opinions du peuple saines* spricht – und er spricht gern davon –, zielt er auf die Vorliebe des Volkes für das Äußere, für den Aufzug, sogar für die Aufmachung. Das läßt ihn mit Entschiedenheit seinem großen stilistischen Vorbild Montaigne widersprechen, der mit dem Pathos des Moralisten hinter die Erscheinung, durch den Schein hindurch zu sehen lehren will. Pascal hat auch da die knappste Formel des Widerspruchs: *Ce n'est pas une simple superficie.*[12] Es sei schon spaßhaft, wie Montaigne nicht sieht, daß der Unterschied im Äußeren, im

10 [Pensées,] Br. 301.

11 [Pensées,] Br. 303.

12 [Pensées,] Br. 316.

Daherkommen, in Bekleidung und Aufzug zumal, liegt. *Es ist verwunderlich: man will nicht, daß ich einen Menschen auszeichne, der in Brokat daherkommt und von sieben oder acht Lakaien geleitet wird! Und doch: Er wird mich prügeln lassen, wenn ich ihn nicht grüße; cet habit, c'est une force.*[13] Pascal provoziert, indem er das Äußerlichste am Äußeren hervorhebt; aber er will weit weg von jedem moralischen Realismus argumentieren. Die kürzeste Pensée aus diesem Komplex zählt nur noch das Gefolge: *Il a quatre laquais.*[14] Pascal ist darin ein moderner Mensch, ein Prototyp des empirischen Soziologen: einer, der die Dinge zählbar macht.

Nietzsches Respekt vor Pascal hat mit dessen Fähigkeit zu zählen etwas zu tun. Vom verächtlichen Alltagschristen sagt er einmal, er sei eine *erbärmliche Figur, ein Mensch, der wirklich nicht bis drei zählen kann ...*[15] Man darf vermuten, daß Nietzsches Affinität zu Pascal auf dem Eindruck des Arguments der Wette beruht: auch die Ideen vom Übermenschen und von der Ewigen Wiederkunft verlangen höchsten Einsatz auf äußerste Ungewißheiten, so wie bei Pascal das endliche Leben auf das unendliche Heil ein rationaler Einsatz gewesen sein sollte, wie gering seine Chance auch sein mochte. Wenn die Christen an den ewigen Vorteil wirklich glaubten, schreibt Nietzsche im Zusammenhang der Verachtung des Alltagschristen, müßten sie einen erkennbar höheren Einsatz auf Erreichung dieses Gewinns durch Preisgabe vorläufiger Güter und zeitlicher Bequemlichkeiten wagen. Und der Übermensch ist eine Figur des äußersten Risikos, des gewagtesten Kalküls. Der Spieltheoretiker Pascal, dem sein eigenes Wette-Argument am Ende suspekt geworden war, so daß er es ausschied aus dem Apologie-Komplex – dieser Kalkulator war es, der weiter als bis drei zählen konnte.

Alle seine Voraussetzungen hat Pascal zusammengefaßt in einem Gleichnis von Nacktheit und Bekleidung, das er in seinen »Drei Abhandlungen über den Stand der großen Herren«[16] den Mächtigen seiner Zeit vorträgt, um ihnen die Rechtsgrundlosigkeit ihres Ranges vor Augen zu führen, sie zur Erkenntnis ihrer wahren Lage zu bringen. Ein Mann wird vom Sturm an eine unbekannte Insel

13 [Pensées,] Br. 315[; Gedanken, 120.]

14 [Pensées,] Br. 318.

15 [Nietzsche,] WW VIII 121 (Menschliches, Allzumenschliches § 116)[; KSA 2, 119].

16 [B. Pascal, Œuvres complètes III: Les pensées, les opuscules, la correspondance. Publiées par Fortunat Strowski. Paris 1931,] 294.

verschlagen, deren Bewohner ihren König vermissen. Man wird sich den Schiffbrüchigen nackt vorstellen müssen, obwohl Pascal das Wort vermeidet, da nur die Ähnlichkeit im Körperbau und Gesicht mit dem verschwundenen König die Insulaner veranlaßt, den Unbekannten für ihren König zu halten und ihn in seiner Würde anzuerkennen.

Bis hierher könnte dies eine Geschichte der Frühaufklärung sein, die sowohl die Irrtumsfähigkeit der Menschen in ihren wichtigsten Belangen als auch die Zufälligkeit der von ihnen verteilten Würden zu veranschaulichen hätte. Pascal interessiert sich nicht für die Aufklärungsbedürftigkeit der Inselbevölkerung; er betrachtet den inneren Zwiespalt des dorthin Verschlagenen. Zunächst ist dieser unsicher, wie er sich entscheiden soll; dann jedoch überläßt er sich der Gunst seines Schicksals, empfängt die ihm erwiesenen Ehrungen und läßt sich als König behandeln. Aufgeklärt ist er in doppelter Weise: Er achtet das Bedürfnis seiner neuen Untertanen, einen König zu haben und keine Zweifel an diesem; doch vergißt er nicht, was nur seiner Erinnerung gehört: die Kontingenz seiner Investitur. Er gibt sich mit Sicherheit als König, weil er die Folgen des Zweifels ahnt, den jede Unsicherheit wecken müßte; die Kenntnis seiner wahren Geschichte bestimmt sein Selbstbewußtsein, das er verbergen muß. Er hat zwei Gedanken: den einen, durch den er mit dem Volk verkehrt, den anderen, durch den er mit sich selbst verkehrt. Die nackte Wahrheit ist nicht Sache einer allgemeinen Aufklärung.

Wie gute Gleichnisse in der Geschichte des Denkens sonst auch, hat Pascals Geschichte einen Hintergrund von unausgeschöpfter Vieldeutigkeit. Ein verschwundener König, der die Erinnerung und Sehnsucht seines Volkes bewegt – danach wird nicht gefragt. Sollte er die symmetrische Entsprechung des Schiffbrüchigen gewesen sein, indem er mit dem Bewußtsein der Zufälligkeit seiner Würde nicht fertig geworden war? Sollte er die destruktive Konsequenz aus der Kontingenz seines Selbstbewußtseins gezogen haben, sein Königtum zu verlassen, um nur noch das zu sein, was ihm sein Bewußtsein zu rechtfertigen schien? Dann aber auch der, der die Weisheit der Rücksicht auf die Bedürfnisse der anderen hatte vermissen lassen. Sollte er die anderen zum Preis seiner Selbstaufklärung gemacht haben? Dann also auch das Schicksal und die Zweifel des nackten Schiffbrüchigen, der statt seiner König werden mußte und dem es seine Vernunft nicht gestattete, *nur* vernünftig zu sein.

Der verschwundene König war in die Nacktheit geflüchtet, der aus dem Schiffbruch zum Königtum Aufgestiegene hatte auf sie verzichtet. Weisheit ist die Fähigkeit, die Äußerlichkeit ertragen zu können, ohne sich selbst zu betrügen: der inneren Aufrichtigkeit zu trotzen – Aufklärung als das, was ertragen werden muß, nicht als das, was man die anderen ertragen läßt. Den Hintergedanken hinter dem Ausgesprochenen *(la pensée de derrière)* nicht nur zu entdecken, sondern damit zu leben und leben zu lassen, ist das kunstvolle innere Spiel, von dem nichts sichtbar werden darf. Gerade der Vordergrund der Nichtigkeiten ist gut begründet *(toutes ces vanités très bien fondées)*.

Es versteht sich, daß die Rede von ›Aufklärung‹ bei Pascal keinen Antagonismus von Vernunft und Religion bedeuten kann. Dennoch tritt die Metaphorik des Lichtes gerade in einem Schema der sich jeweils aufhebenden Stufen von Weisheit zutage. Das Volk ehre Personen von Adel, während die *demi-savants* sie verachten, weil sie den bloßen Zufall der Geburt im Auge haben. Die Weisen ehren jene aus dem Hintergedanken der Vernunft. Die Frommen wiederum verachten die Vornehmen und mißachten die ihnen gleichgültige Erwägung der Weisen, auf einer neuen Stufe der Aufklärung freilich *(par une nouvelle lumière)*. Sie denken, wird man interpolieren müssen, nicht an den Zufall der Geburt, sondern an die Gleichgültigkeit des Ranges vor ihrem Gott.

Aber damit ist die *gradation* nicht ausgeschöpft: Was ein vollkommener Christ heißen darf, ehrt wiederum aus einer höheren Erleuchtung heraus *(par une autre lumière supérieure)* jene, die auch die Weisen achten. So lösen sich die Aspekte in der Stufenfolge ab; und für Pascal ist dies auch das Maß von ›Aufklärung‹, das keiner dem anderen abverlangen oder aufzwingen darf: *selon qu'on a de lumière*.[17] Der Weise und der vollkommene Christ teilen das Optimum an Aufklärung oder Erleuchtung, aus welcher unterschiedlichen Quelle ihnen dieses Licht auch zukommen mag. Verborgen bleibt freilich dem Weisen, was dem Frommen offensteht: Der Gehorsam hat unter den Torheiten der Menschen den letzten Grund seiner guten Begründung darin, daß diese Untertänigkeit den Menschen von Gott verordnet ist, um sie zu strafen.[18]

17 [Pensées,] Br. 337.
18 [Pensées,] Br. 338.

Es ist der Hinterkopf, wo die Aufklärung stattfindet, nahezu noch ununterschieden von der Erleuchtung – wenn man einmal zugesteht, daß Hintergedanken im Hinterkopf gehalten werden. Es sind Gedanken, die nicht nur auf die nackte Wahrheit sinnen, sondern auf die Folgen, die sie hat, wenn es nicht mehr oder noch nicht selbstverständlich ist, daß die Wahrheit in jedem Fall recht hat. Das Gegenteil einer reinen Vernunft ist eine Vernunft der Wirkungen: *Raison de effets*. Von ihr als einer lokalisierbaren Denkform sagt Pascal: *Il faut avoir une pensée de derrière, et juger de tout par là, en parlant cependant comme le peuple.*[19]

Diese Art zu denken ist weder rhetorisch noch dialogisch; sie ist monologisch. Weshalb denn auch die »Drei Abhandlungen über den Stand der großen Herren« an kein Publikum gerichtet sind, sondern einem ungenannten einzelnen Fürsten ins Gewissen gesprochen. Er soll seine Hintergedanken bekommen oder aufklären; alles verändert sich, wenn er an seine Geschichte als die des nackten Schiffbrüchigen denkt. Einsamkeit ist die Grundform, in der sich die Vernunft realisiert. Insofern sie das ist, macht sie noch ihre gnädigen Verhüllungen vernünftig. Es ist die Nacktheit, die die Bekleidung rechtfertigt.

Aufklärung dagegen drängt auf nackte Wahrheit. In der Rücksichtslosigkeit, sie zu erreichen, steckt die Voraussetzung einer Umkehrung, die für den der Vernünftigung vorhergehenden Zustand zwischen *Einkleidung* und *Verkleidung* nicht zu unterscheiden gestattet. Wenn die Wahrheit nur nackt ihr Recht hat, ist *jede* Bekleidung eine Verkleidung und eo ipso im Unrecht.

In der Konsequenz dieser Identität von Wahrheit und Unmittelbarkeit hin zu ihrer reinen Gestalt wird nicht nur das Wahre nackt, sondern auch schließlich das Nackte wahr. Bekleidungen müssen demonstrativ erkennbar machen, daß sie keine Verkleidungen sein wollen. Die ausgesuchte Dürftigkeit des Aufzugs kann versichern, daß da einer nicht in die Kategorie derer gehört, die mehr zu sein vorgeben als sie sind.

Der Verdacht, die Meinungen könnten wechseln wie der Geschmack, die Weltansichten wie die Moden, setzt der frühen Aufklärung mehr zu als die vergangene und die noch nicht vergangene Finsternis; denn er läßt sie sich selbst als eine mögliche Formation

19 [Pensées,] Br. 336. *J'aurai aussi mes pensées de derrière la tête.* Br. 310.

von Meinungen, eine mögliche Mode, eine Laune der Geschichte verstehen. Daß sie das nicht sein würde, konnte noch keine Entscheidung der Frühaufklärung sein.

Daher – zwei Jahrzehnte nach Pascals Tod – die Bemühungen des jungen Fontenelle, die ästhetische Durchsetzung des neuen *Wissens* und den möglichen Wandel solcher *Formen* von Durchsetzung zu unterscheiden vom Fortschritt dessen selbst, was da durchzusetzen wäre. In einem seiner »Totengespräche«, unter den Dialogen der antiken Schatten mit den modernen, läßt er Sokrates zu Montaigne sagen: *Les habits changent, mais ce n'est pas à dire que la figure des corps change aussi.*[20] Das Verhältnis von Kleidung und Körpergestalt ist das des Unbeständigen und Beständigen, der zufälligen Umstände und der notwendigen Substanz.

Noch fürchtet der Aufklärer nicht, was unter den Bekleidungen sitzt könne die bleibende Narrheit der Menschen sein, die sich in Ernsthaftigkeiten verkleidet. Gottsched hat das aufs körnigste übersetzt: *Die Kleidermoden wechseln ab; aber deswegen ändert sich die Figur des Leibes nicht. Die Artigkeit und die Grobheit, die Wissenschaft und Unwissenheit, ein höherer oder geringerer Grad*[21] *eines ungekünstelten Wesens, die Ernsthaftigkeit, oder die Neigung zum Scherze, das alles sind an den Menschen gleichsam nur auswendige Dinge (ce ne sont là que les dehors de l'homme), und diese verändern sich sehr oft; aber das Herz ändert sich nicht.* Da hat Gottsched die eine Hälfte des Satzes im Original, sogar die schönere Hälfte, unterschlagen: *mais le cœur ne change point et tout l'homme est dans le cœur.*

Das erweckt Vertrauen, läßt Sokrates als den Liebhaber der menschlichen Natur erscheinen. Aber es geht zu Lasten des Bildes von der Geschichte. Denn Fontenelle läßt Sokrates fortfahren: *In einem Jahrhunderte ist man unwissend; aber es kann Mode werden, gelehrt zu seyn. Man ist auch uneigennützig; aber ganz ohne Eigennutz zu seyn, das wird wohl niemals Mode werden. Unter der wunderwürdigen Menge von Menschen, die in hundert Jahren gebohren werden, hat die Natur vieleicht zwey oder drey Dutzende von vernünftigen Leuten, welche sie auf dem ganzen Erdboden vertheilen muß; und Du begreiffst wohl, daß dieselben nirgend so häufig bey einander sind, um die Tugend und Redlichkeit zur herrschenden Mode zu*

20 [Fontenelle,] WW, ed. Bastien, I 239 f.

21 [Blumenberg schreibt: Rat.]

machen.[22] Montaigne möchte von Sokrates noch wissen, ob denn wenigstens die paar vernünftigen Leute gleichmäßig über die Zeit verteilt würden oder ob es gewisse Zeiten gebe, die mit ihnen besser versorgt wären als andere. Die Antwort des Sokrates ist kryptisch und ausweichend: *Die Natur handelt allezeit sehr ordentlich; aber wir urtheilen nicht so, wie sie handelt.*[23]

Ungefragt bleibt, ob der Mangel der menschlichen Gattung an vernünftigen Individuen der Grund ist für die Regelungen, die die Unvernunft der Moden und Meinungen schafft. Aus Pascals metaphysischem Paradox der vernünftigen Unvernunft ist ein quantitatives Problem geworden: Sind die Vernünftigen zu rar auf der Welt oder sind sie gerade häufig genug, um durch einen kleinen Eingriff zu ihrer Organisation – etwa in Akademien? (noch weiß der junge Literat und Liebling der Boudoirs nicht, daß eine Akademie sein Lebensschicksal werden sollte) –, durch Zentralisierung der Intelligenz in Paris etwa, ihr Ungewicht zur Dominanz zu verstärken. Aufklärung ist einerseits eine Sache des literarischen Stils, andererseits eine der institutionellen Disziplin, von der Akademie bis zur Enzyklopädie.

22 [Bernard Le Bovier de Fontenelle: Herrn Bernhards von Fontenelle] Auserlesene Schriften, [nämlich von mehr als einer Welt, Gespräche der Todten, und die Historie der heydnischen Orakel; vormals einzeln herausgegeben nun aber mit verschiedenen Zugaben und schönen Kupfern vermehrter ans Licht gestellt von Johann Christoph Gottscheden.] Leipzig 1760, 270.

23 [Ebd.]

IX
Bernard de Fontenelle

In der zweiten Serie der »Totengespräche«, durch den Erfolg der ersten beim Publikum dem Autor nahegelegt, gibt es ein Gespräch zwischen der römischen Tugendheldin Lucretia und der deutschen Bürgerstochter Barbara Blomberg, der Geliebten Karls V. und Mutter des Don Juan d'Austria. Diese erweist sich im Schattenreich gleichfalls als tugendhaft gegen allen Reichstagsanschein, indem sie für eine hochgestellte Favoritin des Kaisers eingesprungen war. Muß das Sein der Tugend mit ihrem Schein kongruieren?, ist das Jenseitsproblem der beiden moralisierenden Schatten.

Fontenelle (1657-1757) wird lebenslang ein Verfechter der mittelbaren Wirkungen der Wahrheit und damit ein Skeptiker gegen die Mächtigkeit der Wahrheit ohne alle Verhüllungen sein: Statt den zürnenden Gott zu verspotten wegen seiner offenkundigen Unfähigkeit, die Schuldigen zu treffen und die Unschuldigen zu verschonen, zeigt er als Sekretär der Akademie auf die endlich aufgeklärte Herkunft der ominösen Donnerkeile an den Meeresstränden, die fortan nichts mehr mit den geschleuderten Blitzen eines Gottes zu tun haben können und damit der Leichtgläubigkeit der Menschen – als ein weiteres Stück ihrer unaufhaltsamen Verluste – entzogen sind. So wird sich die theoretische Vernunft über die Akademie ebenso der Umwege bedienen wie die moralische Vernunft im Totengespräch, wo Lucretia darauf besteht, daß die Tugend auch ihren Schein, ihr Prachtgewand, ihren historischen Ruhm haben müsse. Sie habe sich also der menschlichen Imagination zu bedienen, während die verborgene Tugendhaftigkeit der Barbara Blomberg nur dieser selbst zum ruhigen Hinscheiden verholfen habe. *Ist denn die Tugend nicht mit dem Zeugnisse zufrieden, welches sie sich selber giebt? Steht es nicht großen Seelen zu, die Phantasie des Ruhmes zu verachten?*[1] Diese Vorhaltung der verborgen Tugendhaften erscheint der in öffentlicher Demonstration von Tugend bewährten Römerin als sehr gefährliche Weisheit: *Diese Phantasie ist das allermächtigste von der Welt. Sie ist die Seele aller Dinge; und man zieht*

1 [Fontenelle, ed. Gottsched,] 352.

sie allem übrigen vor. In der Regensburger Bürgerstochter verbirgt sich eine frühe Kantianerin, die die Tugend nur aus der *Betrachtung der Pflichten* hervorgehen lassen will, als die sich in der Vernunft begründende Absicht. Die römische Heldin der Tugend durch Selbsttötung ist davon nicht zu überzeugen. Eben wegen der bloß inneren Motivierung durch Pflicht sei die Vernunft so schwach, die auf Einbildung gegründete Ehre dagegen so stark. Und daraus folgt etwas, was Pascals Rechtfertigung des Scheins durch die Vernunft wiederholen könnte: Die Vernunft selbst würde nicht verlangen, daß die Menschen allein durch sie sich leiten ließen; *sie weis es gar zu wohl, daß sie des Beystandes der Einbildungskraft benöthiget ist.* Die Natur erreicht durch unsere Torheit, was sie durch unsere Vernunft nicht erreichen würde: *ce qu'il y a à dire, c'est que ce que la nature n'auroit pas obtenu de notre raison, elle l'obtient de notre folie.*[2]

Eine der Gefahren der reinen Vernunft ist, daß sie Bewegungslosigkeit in die Welt bringt. Einbildungskraft, Leidenschaften, Irrtümer sogar und Übertreibungen sind Antriebe, die Vernunft ist es nicht. *Si la raison dominoit sur la terre, il ne s'y passeroit rien.*[3] Man sage, fährt Fontenelle an dieser Stelle fort, daß die Kapitäne am meisten jene ruhigen Meere fürchten, auf denen man nicht navigieren kann, und daß sie den Wind wünschen, auch auf die Gefahr hin, daß er sich zum Sturm steigert. Die Leidenschaften sind bei den Menschen notwendig wie die Winde, um alles in Bewegung zu bringen, auch wenn sie oft Unwetter heraufführen. Die bloße Wahrheit ist nach dem Grundsatz, den Pascal die *raison des effets* genannt hatte, unwirksam und ohnmächtig. Es sind ihre Verhüllungen, ihre lockenden Verborgenheiten und ihre prunkenden Auszeichnungen, die die menschliche Einbildungskraft in Betrieb setzen.

Diese Feststellung muß sich noch verstärken, sobald deutlicher geworden ist, daß die von der Vernunft produzierten Wahrheiten ›kritischer‹ Natur sind, in Verminderungen des vermeintlichen Bestandes an Gewißheit und in der Einschränkung der erreichbaren Erkenntnis überhaupt bestehen. Die Vernunft als Kritik bewirkt zwar Toleranz, aber auch Indolenz. Das ist ein Punkt, an dem sich die Befriedigung der Aufklärung über ihre Errungenschaften verbindet mit der Besorgnis um ihre möglichen Verluste.

2 [Fontenelle,] WW, ed. Bastien, I 360-362[, hier 362]; [Fontenelle, ed.] Gottsched, 350-354[, hier 353].

3 [Fontenelle,] WW, ed. Bastien, I 298.

In der Abteilung der »Totengespräche«, die nur Gestalten der neueren Zeit in der Unterwelt zusammenkommen läßt, begegnet der Kaiser, der schon durch die Jungfer Blomberg ins Spiel gebracht worden war, dem Humanisten Erasmus und läßt sich von diesem in einen Streit um die Rangordnung verwickeln. Das Kaisertum auf dem Gipfel seines Glanzes und in der größten Weite seiner Macht sei nur *un composé de plusieurs hasards*; Erasmus rechnet dem Kaiser vor, was hinter der Pracht seiner Herrschaft steckt. Vor allem: etwas mehr *bon sens* bei den einen der Vorfahren, etwas mehr *bonne foi* bei den anderen, so wäre im Resultat alles dürftiger. Dazu erzählt der Humanist dem Kaiser die antike Anekdote von dem Athener Timon, der persische Gefangene als Sklaven zum Verkauf auf den Markt brachte und die eine Hälfte in ihren Kleidern, die andere mit nackten Körpern ausstellte. Da sei ein großer Andrang der Käufer zu denen mit Kleidern wegen deren Pracht entstanden, während die Nackten kein Käuferinteresse fanden. Ähnliches würde vielen Leuten passieren, wenn man sie des Schutzes ihres Ansehens beraubte.[4] Was aber sei, so fragt der Kaiser den großen Humanisten, die Entsprechung zur Nacktheit der Sklaven in der antiken Anekdote, wenn die Pracht der Gewänder sich auf die irdische Herrschaft von Kaisern und Königen beziehen lasse? Was übrig bleibe, wenn man den falschen Prunk abziehe, seien Geist *(esprit)* und Wissenschaft, antwortet Erasmus.

Aber damit hat er sich selbst in eine Sackgasse manövriert, und der Kaiser weiß das Blatt zu wenden. Wissenschaft sei ein Besitz, der weitgehend auf der Hinterlassenschaft der vergangenen Zeiten beruhe; und der Geist sei nichts anderes als eine Zufälligkeit der Natur, eine Feinheit von Fasern im Gehirn, die keine Anatomie jemals werde entdecken können. Also sei auch der Geist nur ein Zufall, wenn auch ein noch glücklicherer als der historische irdischer Herrschaft. Erasmus ist verblüfft und kann nur noch zurückfragen, ob dann alles Hasard sei. Der Kaiser triumphiert: *Ich lasse Euch urtheilen, ob ich die Menschen nicht noch besser entblößet habe, als Ihr? Ihr nahmet ihnen nur etliche Vorzüge der Geburt; und ich nehme ihnen gar die Vorzüge des Geistes.*[5]

4 [Fontenelle, WW, ed. Bastien I 266-271, hier 266; s.a. B. de Fontenelle,] Textes choisis [1638-1702; extraits, texte integral. Introduction et notes par] Maurice Roelens, Paris 1966, 50-53.

5 [Fontenelle, ed.] Gottsched, 290.

Es wäre alles verloren, wenn die Wahrheit sich zeigte, wie sie ist. Dies der Tenor eines anderen der Totengespräche, das den mittelalterlichen Entdecker der Kombinatorik als *ars inveniendi*, Raimundus Lullus, selbst Ramon Lul geschrieben, aus dem 13. Jahrhundert, konfrontiert mit Artemisia, der Witwe von Ephesus. Beiden gemeinsam ist, daß sie dem Ruhm nicht gerecht geworden waren, der ihrer Tugend oder ihrer Kunst gegolten hatte: Der Katalane hatte in der Unterwelt erfahren müssen, daß er den Stein der Weisen als Verkörperung seiner Erfindungskunst, seiner *ars generalis*, nicht besessen hatte, und die Witwe von Ephesus war ihrem Gatten Mausolos, dem Namengeber des Mausoleum, nicht so treu geblieben, wie ihr nachgesagt worden war.

Auch hier geht es um den Sinn der Unwahrheit als der bewegenden Kraft gegen die Trägheit der Menschen: *Es ist wohl wahr, daß man den Stein der Weisen nicht finden kann: aber es ist doch gut, daß man ihn suchet.*[6] Ob es nicht besser wäre, nur die Geheimnisse zu suchen, die man auch finden könne, fragt Artemisia. Aber der umtriebige Generalist aus Katalonien hat entdeckt, daß jede Wissenschaft durch ein Hirngespinst belebt wird, dem ihre Schüler nachjagen, ohne es je zu erreichen, und dabei unterwegs auf andere nützliche Wahrheiten stoßen. Wie die Chemie den Stein der Weisen habe, so die Geometrie die Quadratur des Kreises, die Astronomie die Länge der Örter, die Mechanik das Perpetuum mobile. Alles dies zu erfinden, sei unmöglich; aber sehr nützlich, es zu suchen. Sogar die Moral habe ihre Hirngespinste: den reinen Altruismus oder die vollkommene Freundschaft oder jene ewige Gattentreue der Witwe von Ephesus. Der Mensch müsse sich jederzeit einen Grad der Vollkommenheit zum Ziel setzen, der ihm zu hoch ist. *Er würde sich nicht einmal auf den Weg machen, wenn er nicht weiter zu kommen dächte, als er wirklich kommen wird. Er muß ein eingebildetes Ziel vor Augen haben, welches ihn guth machet ... On perdroit courage, si on n'étoit pas soutenu par des idées fausses.*[7] Die Witwe von Ephesus wehrt sich nur schwach: Es sei also nicht unnütz, daß die Menschen betrogen würden? Eine wie von dem Cartesianer Fontenelle gegen Descartes gestellte Frage.

Darauf die Antwort des Lullus, die der Enthüllung der Wahrheit einen apokalyptischen Doppelsinn gibt, der dem Eiferer gegen

6 [Ebd., 335.]

7 [Fontenelle, WW, ed. Bastien I 337; Fontenelle, ed. Gottsched, 336.]

den Islam und zumal den Averroismus nicht schlecht ansteht: daß alles zugrunde ginge, wenn die Wahrheit sich unverhüllt zeigte. Denn ebendies ist auch das die Geschichte beendende Ereignis des theologischen Gerichts: *Si par malheur la vérité se montroit telle qu'elle est, tout seroit perdu; mais il paroît bien qu'elle sait de quelle importance il est qu'elle se tienne toujours assez bien cachée.*[8]

Ein anderes Paar im Hades sind Paracelsus und Molière. Wieder geht es um den stolzen Besitz einer Geheimwissenschaft; diesmal sogar um die Erkenntnis der Geister, die Paracelsus beansprucht. Allerdings habe er, um die Wahrheit zu sagen, nicht mehr von Geistern verstanden als die Philosophie davon lehren könne. Molière ist enttäuscht, daß da einer von den Geistern so wenig wisse, obwohl er doch die Kenntnis des Menschen übersprungen habe. Den zuvor und gründlich zu kennen sei einfach notwendig, bevor man sich an die Geister mache, die vielleicht gar nichts Wirkliches sind. Was in der Sprache Gottscheds *unsere natürliche Neugierigkeit* heißt, befindet Molière als etwas Gefährliches, wenn nicht Schändliches für den Verstand, weil sie ihn vom Zugänglichen und Naheliegenden der Wirklichkeit ablenkt und auf die Herrlichkeit von Geheimnissen sinnen läßt, die weitab von seinen Bedürfnissen eine ungewisse Existenz haben: *La vérité se présente à lui; mais parce qu'elle est simple, il ne la reconnoît point, et il prend des mystères ridicules pour elle, seulement parce que ce sont des mystères.*[9]

Die Wahrheit, wie sie Molière vorschwebt, ist die des anschaulichen Realismus des Meisters der modernen Komödie: die Torheiten der Menschen kann man vorführen, von den Geistern kann man nur reden. Aber Anschauung ist den meisten Menschen nicht genug; man könnte ihnen die Ordnung des Universums, wie sie wirklich ist, sichtbar machen, ohne von Kräften und Zahlverhältnissen, langen Zeiträumen, Schicksalsbestimmungen, Einflüssen der Planeten etwas zu sagen – sie würden angesichts der bloß vor ihnen liegenden Wahrheit enttäuscht ausrufen: *Quoi! n'est-ce que cela?* Sie wollen das Unsichtbare und die Rhetorik des damit Vertrauten oder auch nur sich vertraut Gebenden. Zum Unglück der Menschen, so Molière weiter, habe die Natur nicht allen die Fä-

8 [Fontenelle,] WW, ed. Bastien I 337.

9 [Fontenelle, WW, ed. Bastien I 370; Fontenelle, ed.] Gottsched, 359. [s.a. B. Le Bovier de Fontenelle: Œuvres. Bd. 2. Ed. par Georges Bernard] Deppins. Paris 1818, II 246.

higkeit verliehen, die nötig ist, um nichts von jenen Geheimnissen zu begreifen. So entsteht die Torheit der Menschen, mit der es die Komödie zu tun hat, zu einem guten Teil aus ihrer Unfähigkeit zum Verzicht auf das, was sie nicht sehen können. Wäre die Wahrheit nackt, würden alle sagen: Ist das alles? *Die Natur hat uns sehr viel Geschicklichkeit verliehen, es zu hindern, daß wir uns nicht selbst betriegen.*[10]

Auch das Schlußwort des Molière hat wieder ein an Pascal erinnerndes Moment: Das Hohe wie das Niedere des Geistes, die Metaphysik der Geister wie die Komödie, sind der Veränderung durch Mode unterworfen. Allerdings hat die Komödie die größere Aussicht auf Dauerhaftigkeit, weil sie unter den Torheiten die der Mode selbst mit zur Anschauung bringt. So stellt sie die beständige Natur des Menschen als den Antrieb seiner lächerlichen Veränderlichkeit dar: *Alles ist den Veränderungen der Moden unterworfen: selbst die Kinder des Verstandes sind nicht besser daran, als die Kleidungen … Wer was Unvergängliches malen will, der muß Narren malen.*[11]

Molière gegen Paracelsus, die Unterwelt macht es möglich. Auch den Streit um die kleinere oder größere Unsterblichkeit. Was aber der Erfinder dieser Konstellation nicht vorauswissen konnte, war der ein halbes Jahrhundert später aufbrechende Konflikt, in dem er selbst auf dem verlorenen Posten der realistischen Anschaulichkeit stand und ein anderer Aufklärer das vertrat, was Fontenelle als Wiederkehr der Geister, zumindest der verborgenen Eigenschaften und Kräfte des Mittelalters, ansehen mußte. Der Cartesianer hatte ein Weltall von vermeintlich höchster Anschaulichkeit vor sich: Zusammengehalten vom *horror vacui*, war es dicht an dicht gepackt mit Materie verschiedener Feinheitsgrade, und jede Bewegung an irgendeiner Stelle mußte das Ganze durch Druck und Stoß in Umlauf setzen. Aber 1728 war Voltaire aus dem englischen Exil zurückgekehrt, wo er im Jahr zuvor der Bestattung Newtons beigewohnt hatte. Dessen Physik war eine Theorie der leeren Räume und der über sie hinweg unerklärt wirkenden Kräfte, die Geister zu nennen nur ihre Gesetzmäßigkeit zurückscheuen ließ.

Voltaire wurde zum erfolgreichsten Verfechter der neuen Weltansicht auf dem Kontinent, und über diesem Erfolg war ihm ganz

10 [Fontenelle, ed. Gottsched, 362.]

11 [Ebd.]

entgangen, daß er in seinem Gepäck auch etwas mitgebracht hatte, was ihn mit dem einen Triumph den anderen bezahlen ließ: die Werke Shakespeares, die der Vormacht der französischen Tragödie und damit Voltaires auf der Bühne ein Ende bereiten sollten. Fontenelle wird diese Wiederholung der von ihm erfundenen Streitszene im Hades zwischen Molière und Paracelsus nicht mehr erleben; aber die beiden letzten Jahrzehnte seiner hundertjährigen Existenz sind überschattet von dem, was er nur als Wiederkehr des Mittelalters, als neue Verhüllung der anschaulichen Wahrheit, mit Erschrecken zur Kenntnis zu nehmen vermochte. Wer den Widerstand der Cartesianer als bloßen Starrsinn einer überalterten Schuldogmatik sieht, in Voltaire den triumphierenden Propagandisten der physikalischen Jugendbewegung, verkennt die soliden und rationalen Momente des Mißtrauens und des Erschreckens über das, was da an Unanschaulichkeit heraufzog und den Sekretär der Akademie zum Gespött machte. Nichts ist weniger überzeitlich und allgemeingültig als das, was jeweils Realismus, Anschaulichkeit, ›Unverhülltheit‹ genannt werden darf.

X
Trostlosigkeit der Wahrheit

Zum guten Teil lebte die Aufklärung des 18. Jahrhunderts von der These des Priesterbetrugs, mit der Fontenelle sie eingeleitet hatte, als er die Geschichte der Orakel schrieb, überwiegend wurde bei der Behandlung dieser These der Blick auf die Nutznießer des behaupteten Betruges gelenkt, machtlüsterne Priesterkasten, die sich den Einfluß über unaufgeklärte Hirne durch allerlei kunstvoll ersonnene Praktiken verschafften und bewahrten. Kaum je wurde der Blick auf die Unaufgeklärten gelenkt, es sei denn in der Erwartung und mit der Absicht, sie würden sich alsbald aufgeklärt gefunden haben, hätten sie gewußt, was die Aufklärer wissen sollten. Das Problem erschien so einfach, wie die Aufhebung der Vorurteile von Descartes und anderen programmiert worden war. Vor allem würde die nur durch Unwissenheit bestehende Furcht durch natürliche Erklärung all derjenigen Sachverhalte beseitigt werden, die Anlaß zu unbestimmten Ängsten gegeben hatten. Am ehesten noch der deutsche Aufklärer Reimarus hatte am Sachverhalt der Gemütsverfassung der Jünger Jesu nach dem Tod am Kreuz Verständnis dafür gefunden, daß sie die Behauptung von der Auferstehung Jesu nicht nur zur Erhaltung ihres Einflusses und des Bestandes ihrer Gemeinde verbreiteten, sondern auch selbst des Trostes dieser Gewißheit bedürftig waren und daher zu glauben geneigt, was sie verkündeten. Aber das war ein Sonderfall einer extremen Niederlage einer großen Erwartung von Macht und Herrlichkeit des Gottesreiches, der messianischen Herrschaft. Diese Jünger nach Jesu Tod mußten für sich selbst glauben, daß ihr Meister lebe, und folglich konnten sie es anderen mit einer gewissen Unschuld mitteilen. Diese Ausnahme, die nackte Wahrheit nicht ertragen zu können, ist aber nicht alle Zeiten und für alle Fälle gewährt worden. Im ganzen halten die Aufklärer die Hüter von religiösen Institutionen für betrügerisch.

Probleme ändern ihre Formeln. Gegenwärtig ist eine gewisse Toleranz gegenüber der Religion unter einem funktionalistischen Aspekt wieder geläufig geworden, der das Phänomen mit dem eindrucksvollen Terminus der ›Kontingenzbewältigungspraxis‹ rubriziert. Auch da geht es um etwas Unerträgliches: den Verlust und den Mangel der Erfüllung des Prinzips vom zureichenden Grund für die Welt, für die Menschheit als eine durch Evolution faktische und durch ihren eigenen Fortschritt abrufbare Realität, das eigene Leben als das seinen biologischen und faktischen Bedingungen nach höchst fragile Produkt der Umstände. Wenn man sich lange genug davon überzeugt hat, daß ein Menschenleben bestimmt wird durch die Bedingungen seiner Umwelt, wird man in hohem Grade trostbedürftig, sobald die adäquate Folgerung sich als wenig praktikabel erwiesen hat, diese bedingende Umwelt direkt zu ändern, um indirekt damit die Bedingungen des eigenen Daseins und des Daseins anderer zu beeinflussen. So wächst aus dem Begriff der Kontingenz, als dem eines Kontrastes gegen die Machbarkeit von Welt und Geschichte, ein hohes Maß an Trostbedürftigkeit, und es verwundert nicht, daß dann auch Funktionäre der Trostgewährung zumindest zugelassen werden müssen.

Wie aber kann das Wahrheitsverhältnis dieser Funktionäre der Trostbeschaffung respektiert werden? Robert Spaemann hat gegen die funktionalistische Erklärung der Religion das Beispiel des Placeboeffekts angeführt: Der fromme Betrug am Patienten verlaufe erwiesenermaßen nur erfolgreich, wie die neuere Placebo-Forschung gezeigt hat, wenn die Darreichung des Placebo von einer Person erfolgt, die selbst von ihrer Einspannung in den Versuch nichts weiß, das von ihr verabreichte Heilmittel für echt und wirksam hält.[1] Der Funktionär darf kein Betrüger sein. Man kann natürlich die Theologen sich selbst überlassen und die Frage als respektlos ansehen, wie sie zur Wahrheit ihrer theologischen Inhalte stehen. Aber zu solcher Distanz ist die Gegenwart mit ihrer Freude an der Indiskretion nicht bereit; sie will die Wahrheit nackt sehen. So entstehen zur Verteidigung der Trostfunktion neuartige Begriffe von Wahrheit, von denen man zumeist wird sagen müssen, daß sie in früheren Epochen, zum Beispiel der der Aufklärung, als Unwahrheit bezeichnet worden wären, etwa die Neigung zur metaphorischen Auslegung biblischer und dogmatischer Aussagen.

Allerdings hat sich ein Zusammenhang gelockert, der für die Behandlung dieser Frage schwerwiegend ist: der Zusammenhang

1 [Vgl. Robert Spaemann, Die Frage nach der Bedeutung des Wortes »Gott«. In: Der fragliche Gott. Hrsg. v. Joseph Kopperschmidt. Düsseldorf 1973, S. 49-52.]

zwischen der Annahme der Wahrheit und der Billigung des Verhaltens nach den Maßstäben der Religion. Wer nicht für wahr hielt oder für wahrhalten konnte, war nicht nur ein Ungläubiger, sondern auch heilsunfähig, weil man annahm, im Akt des Glaubens würde eine besondere Form des Gehorsams, der Erfüllung des göttlichen Willens, der mystischen Identifikation mit dem Heilsträger vollzogen. Die Voraussetzung zur Änderung des Wahrheitsbegriffes ist, daß ein Gott undenkbar geworden ist, der am intellektuellen Gehorsam des Menschen Gefallen finden könnte, so wie er zuvor am Vollzug von Opfern und kultischen Zeremonien Gefallen gefunden hatte, und der andererseits in Zorn und Unwillen verfiele, wenn man ihn für nicht existent hielte. Sobald man es für unvereinbar mit der Reinheit des göttlichen Geistes und der Größe der göttlichen Majestät hält, sich an solchen Gehorsamsverweigerungen zu stoßen, wird auch die Frage nach der Art der Wahrheit zur Disposition gestellt, die in einem Glauben impliziert ist.

Ein Gott, der ein trostbedürftiges Wesen geschaffen hat, also auch nur ein im Schmerz der Tröstung fähiges Wesen, könnte nicht als wohlmeinend gedacht werden, wenn er diesem Geschöpf Spendung und Empfang von Trost versagte, woher auch immer sie kommen mögen. Dabei kann es nicht darauf ankommen, ob er diesen Trost aus der Annahme eines Faktums, einer historischen oder physischen Tatsache oder der Existenz einer Person entnimmt oder ob er sich tröstet mit dem Gedanken an etwas, was so sein könnte oder gar nicht anders sein dürfte, aber doch vielleicht nicht so ist, jedenfalls nicht mit Gewißheit so erkannt werden kann. In früheren Generationen fanden Eltern ihren Trost wegen des eigenen Elends und Unglücks bei dem Gedanken, es könnte ihren Kindern einmal besser ergehen, obwohl die Wahrscheinlichkeit dafür nur gering sein mochte oder sogar alles dagegen stand. Man muß ein trostbedürftiges Wesen nicht der Wahrheit ins Auge sehen lassen, nicht den unbedingten Realismus von ihm fordern. Wittgenstein hat zutreffend gesehen, daß die Frage nach dem Sinn des Lebens beantwortet ist, wenn sie nicht mehr gestellt wird; es ist dieselbe Grundposition, die Freud veranlaßt hat zu sagen, wer nach dem Sinn des Lebens frage, sei krank. Trost bedeutet auch und vor allem, daß die Frage nach dem Sinn des Leides, das Trostbedürftigkeit erweckt, nicht mehr gestellt wird. Dazu kann es genügen, im unerträglichen Faktum der betroffenen Existenz den Willen einer nicht-menschlichen, also nicht als niedere Bosheit zu empfindenden Macht zu sehen. Es genügt, daß die Betroffenheit des eigenen Daseins dem Willen der anderen entzogen ist, indem sie dem Willen des anderen unterstellt wird. Die Frage nach der Wahrheit der Existenz dieses Willens ist beantwortet, wenn sie nicht mehr gestellt wird. Insofern ist die Funktion der Kontingenzbewältigung an Wahrheit gebunden. Nur steht diese Wahrheit aus Gründen der Veränderung der Faßbarkeit des Gottesbegriffs nicht mehr unter der Gehorsamsforderung der Anerkennung von Tatsachen. Unser ganzes Weltbild beruht auf Sätzen, die des Zusatzes bedürfen, es könne so sein, müsse es aber nicht. In der Funktion der Bewältigung von Kontingenz wird akzeptiert, daß nicht primär etwas vom Menschen gewollt wird, sondern etwas mit ihm, in demselben Sinne, in dem er das Vorfinden der Welt verstehen kann als den Willen, dem er begegnet. Der Sinnlosigkeitsverdacht wird nicht durch die Beantwortung von Fragen aus der Welt geschafft; er ist aus der Welt geschafft, wenn die Fragen nicht mehr gestellt werden. Wenn etwas mit dem Menschen gewollt wäre, müßte es genügen, diesem Willen zu vertrauen, ohne ihn kennen zu können, auch ohne ihm zuzutrauen, er besteht auf der ständigen Unterwerfung des Bekenntnisses, er existiere gewiß – wenn es doch genügt anzunehmen, er wäre gewiß ein guter, wenn er überhaupt einer wäre und bestände. Es kommt nicht primär darauf an, die Existenz dieses Willens zu kennen und zu versichern, sondern vor allem gewiß zu sein, daß er kein mißgünstiger Wille wäre, wenn er existierte. Dieser Ausschluß erlaubt zu sagen, es bleibe verborgen und rätselhaft, was denn gewollt werde, und es sei schon gar nicht sicher, daß vor allem die Anerkennung der Existenz dieses Willens gewollt werde. Kontingenzbewältigung hieße also: Vertrauenswürdigkeit auch unter der Modalität des bloßen Als-Ob. Das hatte schon Luther vorbereitet mit seiner fides qua creditur anstelle der römischen fides quae creditur.

Ist eine Hypothese verlockend und eine Theorie schön, so freue ich mich an ihnen, ohne dabei an die Wahrheit zu denken.[2] So schreibt der Dichter, der aufhörte ein Dichter zu sein, um fast ein Philosoph

2 [P. Valéry, L'homme et la coquille. In: ders., Œuvres 1. Ed. établie et annotée par Jean Hytier. Paris 1959, 886-907; ders., Der Mensch und die Muschel. In: ders., Werke 4. Zur Philosophie und Wissenschaft. Frankfurt a.M. 1989, 156-180, hier 171.]

zu werden: Paul Valéry in seinem Versuch, das Nachdenken des Menschen über einer Muschel zu beschreiben. Weil es eine ästhetische Aussage ist, nimmt niemand Anstoß an der Gleichgültigkeit gegenüber der Wahrheit, wenn doch nur die Schönheit der Theorie erfreut. Jedes Zögern der Zustimmung eröffnet die Feststellung, daß dieser Satz über den größten Zeitraum unserer geistigen Geschichte eine Ungeheuerlichkeit gewesen wäre: das Schöne nicht auf dem Guten und Wahren beruhend, eine Frivolität – und eine Unmöglichkeit. Nun denke man sich den Satz übersetzt in eine Aussage über das Verhältnis von Trost und Wahrheit, ja nur von Erträglichkeit und Wahrheit: Ist eine Hypothese erträglich und eine Theorie tröstlich, so lasse ich mich von ihnen trösten, ohne dabei an ihre Wahrheit zu denken. Da spürt man noch leicht, wie wenig man sich in einer Welt von Wissenschaft und der Wahrheit verpflichteten Verrichtungen leisten kann, so zu reden. Aber zugleich spürt man, wie leicht der Verzicht auf Wahrheit fällt, wenn ihre Zumutungen einem erspart bleiben und statt dessen die Aussöhnung mit den Unbegreiflichkeiten des Daseins sich anbietet, auf welcher schwachen Basis auch immer.

XI
Rousseau

Im achten Buch der »Confessions« schildert Rousseau, wie er 1753 zu seiner Preisschrift gemäß der Aufgabe der Akademie von Dijon, den Ursprung der Ungleichheit unter den Menschen darzustellen, gekommen sei. Er läßt eine Art von Symmetrie der Kühnheiten hervortreten: die der Akademie auf der einen Seite, eine Frage von dieser Größe überhaupt zu stellen, dementsprechend die eigene, darauf eine nicht weniger kühne Antwort zu geben. Diese Symmetrie ist als Angemessenheit zwischen Herausforderung und Rechtfertigung zu verstehen: *mais puisqu'elle avoit eu ce courage, je pouvois bien avoir celui de la traiter et je l'entrepris.*[1]

Was tut man, wenn man von der Wichtigkeit einer Fragestellung so gepackt ist *(Frappé de cette grande question ...)*? Für Rousseau bedeutet dies vor allem, sich an einen ungestörten Ort zu begeben, und dies dazu noch in weiblicher Gesellschaft. Mit drei Frauen macht er eine kleine Reise von sieben oder acht Tagen nach Saint-Germain. Wieder einmal pflegt Rousseau das von ihm mit schöner Unbefangenheit genossene parasitäre Leben; die beiden mit Thérèse befreundeten, ihm aber nicht näher bekannten Damen trugen die Kosten des Ausflugs; dafür unterhielt er sie bei den Mahlzeiten, zog sich im übrigen aber ganz in die Konzentration der Überlegungen zur Preisaufgabe der Akademie zurück. Die Situation ist anspruchslos, aber paradiesisch. Den ganzen Tag verbringt er tief in den Wäldern und sucht und findet dort nichts Geringeres als das, was er dort schon vermutet haben muß: das Bild der Urzeit. Deren Geschichte umreißt er mit der angekündigten Kühnheit *(fièrement)*. Da kommt es nun zur Assoziation der vermuteten Bedürfnislosigkeit jener vorkulturellen Menschheit in ihrer Nacktheit und dem intellektuellen Wagnis des Preisbewerbers, seinerseits durch die kleinen Lügen der Menschheit hindurchzudringen und ihre Natur bis zur Nacktheit zu entblößen *(dévoiler à nud leur nature)*, um den Fortgang der Zeiten der Dinge zu verfolgen, die die Entstellung der menschlichen Natur bewirkt hätten *(qui l'ont dé-*

1 [J.-J. Rousseau, Confessions. In: ders., Œuvres complètes. Ed. publ. sous la dir. de Bernard Gagnebin. Paris 1959 ff.] (Bibliothèque de la Pléiade), 388.

figurée). Durch den Vergleich des Menschen der Natur mit dem Menschen, wie er durch den Menschen geworden war, wollte er die wahre Quelle seines Elends, das gerade in seiner vermeintlichen Vervollkommnung bestand, nachweisen.

Die Natur des Menschen bis zur Nacktheit zu enthüllen – wer durfte das wagen? Rousseau bedient sich dazu einer perspektivischen Fiktion: Seine durch derart erhabene Überlegungen erhobene Seele konnte sich an die Seite der Gottheit stellen und von dort wahrnehmen, wie die Menschen in Verblendung den Weg ihrer Vorurteile, ihrer Irrtümer, ihres Unglücks und ihrer Verbrechen beschritten. Man vergesse nicht, daß dies die schon von Augustin in den »Confessionen« beschriebene Position des Anblicks des Menschen in seiner unverhüllten Wahrheit gewesen war, nur daß Augustin noch nicht gewagt hatte, den Bekenner dieser Wahrheit an die Seite der Gottheit zu stellen. Aber was der Denker von dort zu verkünden hatte, mit schwacher und den übrigen vielleicht über die Entfernung der Transzendenz unhörbarer Stimme, war die Erinnerung an eine Sünde, an den die Gottheit rechtfertigenden Ursprung aller ihrer Leiden nicht bei der Natur, die sie unaufhörlich dafür anklagen, sondern bei ihnen selbst. Es war nochmals Augustins Grundgedanke, mit dem er die menschliche Freiheit erfunden hatte, nämlich als die Entlastung der Gottheit durch den Ursprung des Übels aus dem frei verschuldeten Bösen des Menschen als dessen gerechte Strafe. Bei Rousseau ist es nicht mehr die Strafe, die indirekte Herstellung der Gerechtigkeit über die Verhängung einer nicht mehr paradiesischen Lage, sondern die unmittelbare und in der Geschichte entstehende Folge des eigenmächtigen Verlassens jener urgeschichtlichen Unbedürftigkeit, eines Paradieses also, dessen Frieden und Zufriedenheit nicht durch die Überfülle der Natur, sondern durch die Unbedürftigkeit des an ihr sich erhaltenden Menschen geschaffen war. Dessen Nacktheit war der Ausdruck dessen, daß er mehr als Selbsterhaltung von der Natur nicht beanspruchte; keine Behaglichkeit, keine Gemütlichkeit, schon gar keinen Luxus.

Es ist also immer noch die alte Theodizee, wenn Rousseau die Szenerie des Waldes als Inspiration empfindet, in seiner Preisschrift den Schutzspruch und Ordnungsruf auszustoßen, nicht die Natur, sondern die Menschen selbst seien schuld an ihrer Lage. Dabei ist allerdings noch nicht erkennbar, daß in dieser Wendung nochmals eine neue Form des alten Liedes steckt, es sei immer etwas anderes, was man für das eigene Elend schuldig befinden könne. Obwohl es nun nicht mehr die Natur und damit auch nicht die Gottheit sein kann, vielmehr der Mensch selbst sein muß, ist es doch gerade nicht der, der sich über das Elend beklagt, der sich selbst dafür auch schuldig finden kann, sondern es sind die anderen, die in der Urzeit oder nach der Urzeit Gewesenen, die das Verhängnis zubereitet haben, dem nur noch die Konsequenz der weiteren Geschichte, keine Mystik irgend einer vererbten Sünde zugesprochen zu werden braucht. Da es aber für die Abweichung von der Unschuld der Urzeit und jenem paradiesischen Verweilen in der Natur keine plausible Begründung, keine Motivation gibt, muß es doch indirekt wieder etwas außerhalb der Menschheit sein, was jene Subjekte unter den Bedingungen des Urwalds seine Zufriedenheit nicht finden ließ. Sonst wäre überhaupt nicht einsichtig, wie behauptet werden konnte, alle Bedingungen für seine Zufriedenheit seien erfüllt gewesen und es sei der reine Übermut verantwortlich, an solcher Zufriedenheit nicht festzuhalten. Wie kann es Überdruß am Wohlstand, Unzufriedenheit mit der Zufriedenheit geben? Das zu verstehen verlangt nicht weniger Erträglichkeit des Unverstandenen als das Auftreten der Scham im biblischen Paradiesmythos, wo die Menschen auf naheliegende Weise sich zu bekleiden beginnen und es nur ein Wort ist, das nichts erklärt, wenn man sagt, sie hätten dies aus Überdruß an ihrer schönen Nacktheit getan.

Von dieser Stelle, wo sich Rousseau im achten Buch an die Seite des göttlichen Richters stellt, um über die Schuld der Menschheit an ihrem eigenen Elend durch Kultur zu befinden, muß man zurückblicken auf den Anfang der »Confessions«, wo Rousseau sich mit seinem Buch unter dem Arm visionär beim Erschallen der Posaune des Jüngsten Gerichts vor dem Thron des Richters sieht, den bis dahin der Leser vertritt. Denn auch hier geht es um die Nachahmung des göttlichen Blicks in das unverhüllte Innere des Menschen, eine durch Kunst und Aufrichtigkeit hergestellte Nachahmung unter dem Grundsatz: *C'est à moi d'être vrai, c'est au lecteur d'être juste.*[2] Hier wird klar, daß es für Rousseau zwei Typen der nackten Wahrheit gibt: die der transitiven Entblößung und die der intransitiven Darstellung. Rousseaus Wahrheit war nicht der

2 [Ebd.,] 359.

Typus der Aufklärung als der Ausbeutung einer Wahrhaftigkeit, die der Natur als Voraussetzung aller Theorie unterstellt werden mußte, sondern die der eigenen und von niemandem nachprüfbaren Wahrhaftigkeit als einer Sache ausschließlich der Moral. Was Descartes für den Gott verlangt hatte, verlangte Rousseau beim Leser für sich selbst.

XII
Die deutsche Aufklärung

Eine der Bestimmungen der bis zu ihm und erst recht durch ihn ausgereiften Aufklärung hat Kant in der Anthropologie-Vorlesung gegeben, wenn er den der *Facultas signatrix* zugehörigen Komplex der Symbolik beschreibt und die durch Swedenborg repräsentierte Meinung, die Welt der Erscheinungen sei bloßes Symbol *einer im Rückhalt verborgenen intelligibelen Welt*, als Schwärmerei abtut. Dennoch gehöre es zu den der Moralität zugeordneten Vorstellungen, die das Wesen der Religion ausmachen und zur reinen Vernunft gehörige Begriffe, nämlich Ideen, enthalten, daß hier wenigstens zeitweise, also geschichtlich, das Symbolische für das Begriffliche steht. Gerade deshalb aber sei es Aufklärung, ebendieses Symbolische vom Intellektuellen, in der Religion den Gottesdienst von ihrer Moralität, insgesamt *die zwar einige Zeit hindurch nützliche und nöthige H ü l l e von der Sache selbst zu unterscheiden.* Sonst würde ein Ideal der praktischen Vernunft nur zu leicht gegen ein Idol vertauscht und der Endzweck der Vorläufigkeit in Richtung auf das Endgültige der Vernunft verfehlt werden.[1] Noch etwas allgemeiner in bezug auf das Vorhaben einer Kritik der Vernunft hat Kant in seiner Logik-Vorlesung die Metaphorik von Hülle und Enthüllung gebraucht, und zwar in Abwehr der von d'Alembert gehegten Besorgnis hinsichtlich der Überlast neuer Erkenntnisse: *Kritik der Vernunft, der Geschichte und historischen Schriften, ein allgemeiner Geist, der auf das menschliche Erkenntniß en gros und nicht bloß im detail geht, werden immer den Umfang kleiner machen, ohne im Inhalte etwas zu vermindern. Bloß die Schlacke fällt vom Metalle weg oder das unedlere Vehikel, die Hülle, welche bis so lange nöthig war.*[2] Kants Bild von der künftigen Geschichte der Wissenschaften ist das der Erweiterung der Methode zugunsten der Verminderung der Inhalte, zumal des in der Menge der Bücher aufbewahrten Alten. Auf die Erfindung solcher Methoden kommt es an, die gestatten, *alles mit Hülfe derselben nach Belieben selbst finden* zu können. Daher mache sich der *um die Geschichte wie ein Genie verdient,*

1 [Kant,] WW VII 191 f. (Anthropologie § 38).
2 [Kant,] WW IX 43 [Logik, Einleitung VI.]

welcher sie unter Ideen faßt, die immer bleiben können.[3] Die wahre Geschichte der Wissenschaft ist also Verschlankung durch Enthüllung, und dieses durch Auffindung der Erzeugungsregeln für Erkenntnisse, die jederzeit und von jedermann selbst aufs Inhaltliche angewendet werden kann.

Kants Einsatz der Metaphorik von Enthüllung als Aufklärung bedarf der verstärkenden Belege nicht. Sie werden kommen, um die Vielfältigkeit der Aspekte dieser Metaphorik nachzuweisen. Dennoch ist es erstaunlich, daß es die Metapher der Entblößung auch für die Gegenbewegung zur Aufklärung, die Romantik, gibt. Die Romantiker seien es eigentlich, die das Herunterreißen der Hüllen, der Schleier, der Verkleidungen von der Seele, vom Herzen, am weitesten getrieben hätten, etwas, was in der Antike niemals möglich gewesen wäre – also auch dem die Antike repristinierenden Klassizismus fremd gewesen sein mußte. Als die Tochter Neckers und Frau des schwedischen Adeligen de Staël-Holstein 1814, auf der Flucht vor Napoleon und unter der Inspiration August Wilhelm Schlegels, die Landschaft der deutschen Literatur in ihrem Kabinettstück der Mißverständnisse einer exotischen Realität »De l'Allemagne« das deutsche Exempel für die französische Romantik präparierte, schrieb sie in einem einzigen Satz den deutschen Romantikern die Brutalität der Enthüllung zu, die diese mit der Aufklärung gerade überwunden zu haben glaubten: *... tous les voiles du cœur ont été déchirés.*[4] Gegenbewegungen, das ist eine der Einsichten, die hier zu gewinnen sind, müssen auf die Spielregeln der Formation eingehen, der sie sich widersetzen; die Romantik hatte ihre eigene Art von Nacktheit, ständig verwechselbar mit den gewagten Kostümierungen, die sie den Vergangenheiten nach Belieben entnahm. Jede historistische Extravaganz der Kostümierung ist ein Appell an den Hintergedanken, wie das, was sich da dem Wahn der Verkleidungen hingibt, im Tageslicht der Ernüchterung aussehen mag. Deshalb ist eine neue Stufe des immer relativen Realismus die zwingende Folge von Romantiken: Das Junge Deutschland kommt sich vor wie das ›Ding an sich‹ nach einer Ära der Erscheinungen, unter denen Goethe die verkleidetste gewesen sein sollte.

3 Ebd., 44.

4 Germaine de Staël-Holstein, De l'Allemagne. London 1813[, Teil] II[, Kap.] 28[, II, 312; ... *und alle Schleier des Herzens sind zerrissen.* Dies., Über Deutschland. Frankfurt a.M. 1985, 440.]

In Heines tendenziösem und gegenüber seinem französischen Publikum gefallsüchtigen Vergleich der Romantik in Frankreich und in Deutschland soll das, was hier ohne die vorhergegangene Revolution als Erneuerung des Mittelalters in seiner Wirkung sogar Freiheit und Glück des Landes gefährdet, dort nur artistische Befriedigung einer plötzlich erwachten Neugier sein, denn in Frankreich war es niemand anders als der ›große Souverain‹ selbst, das französische Volk, *welcher plötzlich die Lust empfand, das Grab der Vergangenheit zu öffnen und die längst verschütteten, verschollenen Zeiten bei Tageslicht zu betrachten.* Den Franzosen versichert Heine die Harmlosigkeit dieser Belustigung, ihre Nähe zum bloßen Verkleidungsscherz und zum Wechsel der Moden: *Die meisten schauten in die Gräber der Vergangenheit nur in der Absicht, um sich ein interessantes Kostüm für den Karneval auszusuchen. Die Mode des Gotischen war in Frankreich eben nur eine Mode, und sie diente nur dazu die Lust der Gegenwart zu erhöhen. Man läßt sich die Haare mittelalterlich lang vom Haupte herabwallen, und bei der flüchtigsten Bemerkung des Friseurs, daß es nicht gut kleide, läßt man es kurz abschneiden mitsamt den mittelalterlichen Ideen, die dazu gehören. Ach! in Deutschland ist das anders.*[5] Zu diesem Zeitpunkt konnte der gedachte Souverain, das französische Publikum, selbst schon vergessen haben, daß es auch seine Revolution zur Entdeckung einer Vergangenheit und des ihr zugehörigen Kostüms, des der römischen Republik, genutzt hatte und seine modischen Wendungen keineswegs so souverän waren, wie es ihm hier geschmeichelt werden soll. Das Bedürfnis nach Kostümierung folgte der nackten Wahrheit der Aufklärung, und nachträglich erweist sich immer die These als richtig, daß noch deren Nacktheit Kostüm ist, das sich genauso als Kühnheit tragen läßt wie Römertum oder Gotik. Heine selbst ist ja eine vielfach kostümierte Erscheinungsform der Aufklärung – oder jedenfalls dessen, was er für Aufklärung hielt –, wie es anders nach der Romantik oder sogar noch in ihr anders nicht sein konnte.

Man sollte nicht vergessen, daß die Verbindung von Aufklärung und Romantik, die Heine versuchte und die ihm oft gelang, im Jahrhundert zuvor und unter den weniger komplizierten Ansprüchen der beginnenden deutschen Aufklärung schon von Christoph Martin Wieland als Vereinigung von Aufklärung und Rokoko nicht

5 [H. Heine,] Die Romantische Schule III 6, WW III 494f. (1833).

ohne Glück versucht worden war. Aber gerade diese Konjunktion zwischen dem kahlen Vernunftprinzip und seiner zeitgebundenen Ausdrucksfähigkeit spiegelt das metaphorische Grundverhältnis von Nacktheit und Verhüllung. Zu diesem menschheitlichen Sachverhalt Zugang zu gewinnen, erscheint bei Wieland geradezu als Maxime seiner Bildungsidee sowohl seines Agathon wie des jungen Demokrit in der »Geschichte der Abderiten« von 1781 (entstanden und teilweise publiziert seit 1774). Der spätere Philosoph und Mitbegründer der Atomistik verläßt hier als junger Mann und reicher Erbe seine Vaterstadt Abdera, die ionische Kolonie in Thrakien, um auf Reisen die Welt kennenzulernen, wodurch sich für dieses eine Mal zuwege bringen ließ, daß *ein geborener Abderit Menschenverstand bekam.* Dazu konnte ihm seine Vaterstadt nicht verhelfen. So mußte er denn reisen, *um Natur und Kunst in allen ihren Wirkungen und Ursachen, den Menschen in seiner Nacktheit und in allen seinen Einkleidungen und Verkleidungen, roh und bearbeitet, bemalt und unbemalt, ganz und verstümmelt, und die übrigen Dinge in allen ihren Beziehungen auf den Menschen kennen zu lernen.*[6] Als Beispiel für das, was ihn an der Natur interessiert, steht die äthiopische Raupe; sie ist Demokrits Beispiel für die Art, wie sich ein Interesse an der Natur auf deren Nutzung für den Menschen beziehen kann: Wenn einmal irgendwo Raupen durch den von ihnen gesponnenen Faden der menschlichen Bekleidung nützlich geworden waren, könnte dies auch anderswo und für andere Raupen gelten. Wie alles in dieser abderitischen Geschichte hat auch der elementare Dualismus von Nacktheit und Bekleidung, die Beziehung der Natur auf diese Alternative, einen Hintersinn für den Umgang mit der Vernunft. Diese Vernunft kann der heimkehrende Demokrit seinen Mitbürgern nicht so darstellen, wie er sie gewonnen hat, und sie vergnügen sich lieber mit den Affen und Krokodilen, die er mitgebracht hatte, als mit seinem gesammelten Wissen, das sie nicht dazu bringen kann, ihn als einen Weisen anzuerkennen: *Weil sie sich alsdann selbst für Dummköpfe hätten halten müssen. Und dies zu tun waren sie gleichwohl nicht widersinnig genug.*[7]

Der Verdeutscher des Lukian (1788/89) versucht sich kurz darauf selbst in der Gattung der »Göttergespräche«, die zwischen 1789

6 [Ch. M. Wieland,] Geschichte der Abderiten I, 3. [In: ders., Ausgewählte Werke in drei Bänden. Darmstadt 1964, Bd. 2,] 600.

7 [Ebd.,] I 2, 599.

und 1793 entstehen. Von den fünf letzten der dreizehn Dialoge sagt er selbst, daß sie *teils durch die Französische Revolution überhaupt, teils durch besondere Epoken derselben* veranlaßt worden seien und durch den von ihnen empfohlenen *Geist von Mäßigung und Billigkeit*[8] zwar nicht auf den Beifall der zeitgenössischen Parteien, wohl aber auf den späterer Zeiten rechneten. Das letzte und späteste Gespräch veranstaltet Juno auf dem Olymp mit vier hochpolitischen Damen der Geschichte, von Semiramis bis Elisabeth von England, eine Geheimkonferenz über die Grenzen der Aufklärung und ihrer öffentlichen Wirkung. Die Königin von Babylon und Begründerin des Weltwunders ihrer Gärten spricht eindringlich über den *unvorsichtigen Gebrauch der Wissenschaften* und das erforderliche Verbot für die Vertreter der Weisheit, *alles ohne Unterschied gemein zu machen was sie wissen und denken.* Den Entblößungen der Wahrheit müsse Einhalt geboten und neue Verhüllung entgegengesetzt werden: *Die Wissenschaften überhaupt, und besonders diejenigen die das Wort Philosophie umfaßt, müssen wieder mit dem heiligen Schleier des Geheimnisses, den ihnen die leichtfertigen Griechen abgezogen haben, bedeckt, und einem nicht zahlreichen Orden von Weisen anvertraut werden, dessen Verfassung und Betragen die Regierung (von welcher er immer abhängig bleiben muß) übersehen, beleuchten und in den gehörigen Schranken halten kann.*[9] Dies muß nicht als Wielands Fazit der Revolution vom Jahre 1794 her genommen werden. Aber es ist auch keine bloß ironisch zugelassene Ansicht der Dinge mehr. Denn die Aufklärung, von der er die Babylonierin sagen läßt, sie scheine *in diesen Tagen ihre höchste Stufe erreicht zu haben*, habe doch auch und gerade dadurch schon als *eine allgemein merkliche Folge davon* gezeitigt, daß *alles sich wieder nach der Rückkehr jener goldnen Zeiten sehnt, da die Menschheit noch im Genuß einer unverkünstelten Einfalt, Aufrichtigkeit, Wärme und Energie so glücklich war*, daß sogar die Günstlinge der Gegenwart begonnen hätten, *das Glück jener rohen Kinder der Natur zu beneiden,*[10] also mit dem Rousseauismus sich zu befreunden. In der Sehnsucht nach dem vormaligen Naturzustand hat Wieland eher

8 [Ch. M. Wieland, Göttergespräch. In: ders., Ausgewählte Werke in drei Bänden, Bd. 3, 635 (Vorbericht).]

9 [Ebd., 748. (XIII. Juno, Semiramis, Aspasia, Livia, und Elisabeth, Königin von England).]

10 [Ebd., 749.]

eine Gegenkraft zum Rationalismus des Jahrhunderts und zu der ihn vollstreckenden Revolution gesehen, wobei nicht übergangen werden darf, daß es in Wielands Ansicht nicht erst dieses Jahrhundert gewesen war, das mit den Entschleierungen begonnen hatte, sondern die Leichtfertigkeit der Griechen es gewesen war, die diesen Prozeß eingeleitet hatte. Dennoch läßt Wieland die Genossin des Perikles, Aspasia, der Babylonierin entschieden widersprechen und ihren Vorschlag, *der Aufklärung Grenzen zu setzen*, für undurchführbar erklären: *Eher wollte ich mich erkühnen dem Herkules seine Keule, als einem Volke, das sich des Gebrauchs seiner Vernunft einmal bemächtigt hat, diese furchtbarste aller Waffen wieder aus der Hand zu winden.*[11] Das Wissen und die Wissenschaft seien *wie Luft und Sonnenlicht* zum Gemeineigentum der Menschheit geworden und ließen sich nicht wieder unter den Schleiern des Geheimnisses verbergen.

Von Wieland wieder zu Heine zurückkehrend oder vorausblikkend, bleibt auffällig und verwunderlich, wie seine Grunderfahrung der deutsch-französischen Differenz, zumal die der sprachlichen Transformation, auch seine Metaphorik von nackter und verhüllter Wahrheit bestimmt. So habe er die Schwierigkeiten, die bei seinen frühen Begegnungen mit Hegel in Berlin dem Begreifen entgegengestanden hatten, erst beim Versuch erkannt, ihn ins Französische zu übersetzen. Hegel habe mit seinem Vortrag gar nicht verstanden sein wollen und habe Personen den Vorzug gegeben, die ihn auch gar nicht verstehen konnten; so dem Bruder des Komponisten Meyerbeer, der den vertrautesten Umgang des Meisters genoß, weil er dessen Monolog nicht störte. Ein Paradox aus dem Munde Felix Mendelssohns sei gewesen, Hegel verstände seinerseits den Heinrich Beer nicht. Die Berliner Komödie der Unverständlichkeiten erschließt sich Heine erst viele Jahre später in Paris, als er jenes abstrakte Schulidiom *in die Muttersprache des gesunden Verstandes und der allgemeinen Verständlichkeit* zu übertragen ansetzt. Da müsse der Übersetzer mit Bestimmtheit wissen, was er zu sagen habe, *und der verschämteste Begriff ist gezwungen, die mystischen Gewänder fallen zu lassen und sich in seiner Nacktheit zu zeigen.* Es blieb nicht beim Versuch, sondern kostete zwei Jahre, eine solche Übertragung der Philosophie Hegels zu versuchen. Als

11 [Ebd., 753.]

das Werk fertig war, *erfaßte mich bei seinem Anblick ein unheimliches Grauen, und es kam mir vor, als ob das Manuskript mich mit fremden, ironischen, ja boshaften Augen ansähe. Ich war in eine sonderbare Verlegenheit geraten: Autor und Schrift paßten nicht mehr zusammen.*[12]

Zu seinen geplanten, aber nicht vollendeten, zum Teil auch vernichteten »Memoiren« hat Heine ein Vorwort entworfen, in dem er das Wort an eine Dame richtet, der er vieldeutig verspricht: *Ich will dir das Märchen meines Lebens erzählen.* Einerseits ist es Tadel an dem Mangel der Aufrichtigkeit bei allen Vorgängern, auch bei Rousseau, nicht minder Ironisierung von »Dichtung und Wahrheit«, Vieldeutigkeit des Schwankens zwischen Treuherzigkeit der Mitteilung und Verweigerung der Wahrheit. Der Autor gibt sich als Zuschauer und Opfer seiner Zeit, der sich die Selbstgefälligkeit von Memoiren nicht leisten könne, die Hälfte des Textes aus leidigen Familienrücksichten oder auch religiösen Skrupeln wieder habe vernichten müssen und vor seinem Tod sogar noch ein neues Feuergericht über den Rest der Aufzeichnungen erwartet – kein Unglück, da Vergessenheit das Schicksal dessen wäre, was von den Flammen verschont würde. Der so angeredeten ›teuren Dame‹ kann er die Lektüre seiner Memoiren und Briefschaften weder gewähren noch so unbedingt verweigern, daß er ihr nicht seinen guten Willen bekunden könnte, *die holde Neugier stillen* zu wollen. Was die derart hingehaltene wie angezogene Adressatin aber erwartet, ist in einer einzigen Metapher mit einer überraschenden Wendung ausgesprochen: *Die Hülle fällt ab von der Seele, und du kannst sie betrachten in ihrer schönen Nacktheit. Da sind keine Flecken, nur Wunden.*[13] Es ist der *Ecce homo*-Typus der Nacktheit, die den Leib des Schmerzensmannes sichtbar werden läßt, was den späten Heine bestimmt.

Viel früher ist es die barbarische Nacktheit, die ihm vor allem in Shakespeare allen Verkleidungskünsten entgegengetreten zu sein schien. In der Denkschrift auf Ludwig Börne von 1840 vergleicht er in einer auf den 29. Juli 1830 datierten und auf Helgoland lokalisierten Notiz das Alte Testament mit Shakespeare: In beiden [sei] *das Wort gleichsam ein Naturprodukt.* Shakespeare sei der einzige Schriftsteller, bei dem er etwas finden könne, was an jenen *unmittelbaren Stil der Bibel* erinnere: *Auch bei ihm tritt das Wort*

12 [H. Heine,] Geständnisse. [In: Heine,] WW VI/1, 472 f.

13 [Memoiren. In: Heine,] WW VI/1, 556.

manchmal in jener schauerlichen Nacktheit hervor, die uns erschreckt und erschüttert; in den Shakespeareschen Werken sehen wir manchmal die leibhaftige Wahrheit ohne Kunstgewand. Aber das geschieht nur in einzelnen Momenten …[14] In der Zeit der Vorbereitung der Börne-Denkschrift, in »Shakespeares Mädchen und Frauen« von 1839 wird Shakespeare mit dem französischen Typ der Entblößung konfrontiert, noch ganz zu dessen Nachteil. Erst bei Gelegenheit der politischen Revolution, die auch eine literarische hervorgebracht habe, die *vielleicht an Terrorismus die erstere überbietet*, war auch Shakespeare auf den Schild gehoben worden, freilich nicht mit ganzer Aufrichtigkeit und Hingabe und mit dem Vorbehalt des Widerrufs. Die Franzosen seien zu sehr die Kinder ihrer Mütter, hätten zu sehr die gesellschaftliche Lüge mit der Ammenmilch eingesogen, als daß sie diesem Dichter wirklich Geschmack abgewinnen oder ihn gar verstehen könnten. Seit einiger Zeit gebe es bei ihren Schriftstellern ein unbändiges Streben nach derartiger Natürlichkeit: *Sie reißen sich gleichsam verzweiflungsvoll die konventionellen Gewänder vom Leibe, und zeigen sich in der schrecklichsten Nacktheit …* Doch bleibe ihnen immer etwas anhängen, *ein modischer Fetzen*, was noch der überlieferten Unnatur angehöre, und der deutsche Zuschauer erscheint noch nicht ganz im Unrecht, wenn er sich dadurch ein *ironisches Lächeln* entlocken läßt. *Diese Schriftsteller mahnen mich immer an die Kupferstiche gewisser Romane, wo die unsittlichen Liebschaften des achtzehnten Jahrhunderts abkonterfeit sind, und, trotz dem paradiesischen Naturkostüme der Herren und Damen, jene ihre Zopfperücken, diese ihre Turmfrisuren und ihre Schuhe mit hohen Absätzen beibehalten haben.*[15] So bleibt auch die Nacktheit noch Kostüm, immer wieder das Äußere eines weiter verborgenen Natürlichen, und es zeigt sich, daß die Nacktheit gerade die Illusion ist, die durch den Gestus des Herunterreißens der Kostüme erweckt wird. Wären nicht Altes Testament und Shakespeare als Grenzwerte der Natürlichkeit ins Auge gefaßt, müßte man sich dem Schema der Zwiebelschale nähern: Leibhaftigkeit gibt es nicht.

Dann aber, als Heine im Januar 1844 in Paris »Deutschland. Ein Wintermärchen« schreibt, weht ihm *die freie Luft des Ortes* in seine Strophen schärfer hinein, als ihm lieb gewesen sei, und so muß er

14 Ludwig Börne. [Eine Denkschrift] II Vorarbeiten zu einer Schrift über den Philosophen[. In: Heine,] WW IV 46f.

15 [Shakespeares Mädchen und Frauen. In: Heine,] WW IV 281f.

alsbald mildern und ausscheiden, was mit dem deutschen Klima unverträglich wäre. Noch nicht mit endgültigem Erfolg, denn der Hamburger Verleger verlangt nochmalige Handanlegung: *Einigen nackten Gedanken habe ich im hastigen Unmut ihre Feigenblätter wieder abgerissen ...*[16] Die Zumutungen des Verlegers sind schuld, wenn einige Anstößigkeiten noch entstanden sein sollten. Schließlich die pagane Nacktheit, die Unschuld der Antike, erstickt unter der Leibfeindschaft des Christentums, dargestellt im Bild der Psyche in einer der Romanzen in den »Neuen Gedichten« von 1840, die sich nächtens zum Lager des schlafenden Amor schleicht und in Anblick seiner Schönheit errötet und erzittert – wodurch der *enthüllte Gott der Liebe* erwacht und entflieht. Was auf diese nächtliche Szene folgt, ist die Geschichte vom Ende der Antike bis zu Heinrich Heine, Buße durch achtzehnhundert Jahre: *Und die Ärmste stirbt beinah!/Psyche fastet und kasteit sich,/Weil sie Amorn nackend sah.*[17]

Nacktheit ist am Ende ein Grundwort des Abscheus. In den »Geständnissen« von 1854 bekennt Heine sich zum alten Gott der Väter gegen *fanatische Mönche des Atheismus, Großinquisitoren des Unglaubens*, die noch Voltaire verbrennen würden als einen verstockten Deisten. Was vor der Revolution im müßigen Hofleben ein Zeitvertreib gegen die Langeweile mit Umsturzideen gewesen war, wurde zur plumpen Gottesleugnung der niederen Massen, wo *der Atheismus anfing, sehr stark nach Käse, Branntwein und Tabak zu stinken* – Gestank, da seien Heine plötzlich die Augen aufgegangen, und er habe, was seinem Verstand entgangen sei, nun durch den Geruchssinn begriffen, *durch das Mißbehagen des Ekels*. Das war das Ende seines Atheismus: *Um die Wahrheit zu sagen, es mochte nicht bloß der Ekel sein, was mir die Grundsätze der Gottlosen verleidete und meinen Rücktritt veranlaßte. Es war hier auch eine gewisse weltliche Besorgnis im Spiel, die ich nicht überwinden konnte; ich sah nämlich, daß der Atheismus ein mehr oder minder geheimes Bündnis geschlossen mit dem schauderhaft nacktesten, ganz feigenblattlosen, kommunen Kommunismus*. Da er um seine Kapitalien nicht zu zittern hatte, in seinen Geschäften gehemmt zu werden nicht befürchten brauchte, war der Abscheu letztlich wiederum ästhetisch, die *geheime Angst*

16 [Deutschland. Ein Wintermärchen.] Vorwort[. In: Heine,] WW IV 573.
17 [Neue Gedichte. Romanzen. XV Psyche. In: Heine,] WW IV 387.

des Künstlers und des Gelehrten,[18] Furcht um die mühsam über lange Zeiten errungene Höhe der Kultur, der Schönheit, der Genießbarkeit der Welt.

18 [Geständnisse. In: Heine, WW VI 467.]

XIII
Vesalius

Antike und Mittelalter haben die beiden erhabensten Gegenstände des Weltalls unter einen besonderen theoretischen Vorbehalt und Entzug gestellt gesehen: den Sternenhimmel und den Menschenleib.

Die Astronomie sollte kein real gültiges Bild von ihrem Gegenstand gewinnen können, das Erklärungen ihrer Erscheinungen zugelassen hätte; was ein Stern ist und was ihn bewegt, sollte unzugängliches Geheimnis bleiben, und nur die strengen Gesetze der Erscheinungen seiner Bewegung konnten über die Zeit hinweg festgestellt und zur Berechnung ihrer Wiederkehr verwendet werden.

Die Medizin sollte beschränkt bleiben auf die an der Oberfläche des Leibes auftretenden Erscheinungen, deren Zuordnung zu bestimmten Beschwerden und Leiden sie als Symptome innerer und wiederum unzugänglicher Vorgänge auswies. Wie die scheinbare Innenwölbung des gestirnten Himmels, war die Haut des menschlichen Körpers Inbegriff dessen, was sich der Theorie darbot und in beiden Fällen zur Prognose, in einem der beiden Fälle sogar zur Therapie, hinleitete.

Aufs Jahr genau sind die beiden metaphysischen Beschränkungen der Theorie gleichzeitig gefallen: durch Kopernikus die eine, durch Vesalius die andere. Auf beiden Seiten des Universums sollte sich zeigen, daß die Tiefe des Eindringens dort wie hier immer neue Dimensionen erreichen und keine Vorstellung vom Zusammenhang des jeweils Ganzen sich als abschließend erweisen sollte.

Ein Mensch, der bis auf die Haut entblößt wird, ist immer noch mit einem nur vorläufigen Grad von Nacktheit zugänglich geworden, nämlich mit der von seiner Haut gebildeten Außenfläche seines Körpers, der Erscheinungsfläche von Symptomen innerer Krisen. Er ist das undurchsichtige Wesen schon kraft dieser Verborgenheit seiner wesentlichen Funktionen. Erst recht kraft seiner Fähigkeit, dieses Äußere zum aktiven Entzug seines Inneren für den Blick der anderen zu nutzen.

Anatomie und Physiologie wie Pathologie bahnten sich den Weg durch die Leibesoberfläche und ließen neue Grade von Nacktheit sichtbar werden. Diese machten ungleich betroffener als Früheres, weil all das, was für den Lebenden als sein Inneres und Eigenes durch die Äußerlichkeit des Leibes geschützt gewesen war, sich am Leichnam als das erweist, was dem Zugriff von Hand und Blick ungeschützt preisgegeben ist und was doch nicht erst durch den Übergang vom Leben zum Tod geschaffen worden war, sich vielmehr in Rückprojektion auf das beziehen ließ, was immer schon da war, sich aber nicht hatte zeigen müssen. Der Preis für die theoretische und therapeutische Umsorgung des Menschen war die Ernüchterung vor seiner rücksichtslosen Entblößung.

Unter diesem Gesichtspunkt hat es eine eigene Bedeutung, daß das Einschneiden in den menschlichen Körper über viele Jahrhunderte hinweg zumeist einer niederen Kategorie von Operateuren überlassen worden war und die Eröffnung von Leichen unzulässig blieb. Als dieses alte Verbot beiseite geschoben wurde, war auch hinsichtlich des Leibes eine neue Qualität nicht nur der möglichen Erkenntnisse, sondern mehr noch der Einstellung und der optischen Unerschrockenheit erreicht worden. Das Innere wurde eine Metapher von ganz anderer Art, die eine Relation zu dem, was als das Äußere galt, mit ständiger Verschiebung ins Unbekannte darstellte, bei der fast zwangsläufig eine letzte Sperre der Entzogenheit erreicht werden mußte, hinter der nicht einmal mehr das Eigene dessen erkannt werden konnte, dem es als sein zu verantwortendes Inneres zuzuweisen war.

Der Berliner Arzt Markus Herz war, nach der Qualität des Briefwechsels mit seinem Lehrer zu urteilen, der bedeutendste Schüler Kants. Er hatte bei dessen Verteidigung der Inauguraldissertation 1770 als Respondent mitgewirkt. Kant hat die weiteren medizinischen Studien seines Schülers aus der Ferne mit Interesse und mit der Distanz dessen verfolgt, der für sich selbst Medizin ohne Unterschied für ein Gift hielt. Er empfiehlt Übung im Praktischen der Arzneikunst unter Anführung eines geschickten Lehrers: *Der Kirchhof darf künftig nicht vorher gefüllet werden ehe der junge Doktor die Methode lernt wie er es recht hätte angreifen sollen.*[1] Schon vier Jahre nach dieser Mahnung mahnt Herz seinerseits als Arzt am Krankenhaus der jüdischen Gemeinde zu Berlin seine Zunft-

1 [Immanuel Kant an Markus Herz. In: Kant,] WW X 143 (gegen Ende 1773).

genossen in »Briefen an Ärzte« (1777), die er 1784 in der zweiten Auflage schon zweibändig machen mußte. Dort hat er die Wichtigkeit der negativen Erfahrungen für den Arzt in der Sprache Kants damit begründet, daß *sie die Gränzen der Kunst festsetzen*, also zur ständigen Vergrößerung unserer Pathologie beitragen. Da habe die ›Zergliederungskunst‹ ihren größten Wert für die Praxis der Arzneikunst: *Sie ist es, die uns den Feind nackt vor Augen stellt, mit dem wir vorher blindlings rangen, freylich in dem gegenwärtigen Falle immer zu spät, aber sie lehrt ihn uns doch kennen, um ihn in der Zukunft mit sicherern Waffen zu begegnen.*[2] Im neuen zweiten Band der Ärztebriefe, in deren viertem hat er einer Mahnung Kants aus jenem Brief von 1773 neuen Ausdruck verschafft: *Die Theorien sind so hier wie anderwerts und öfters mehr zu Erleichterung des Begrifs als zum Aufschluße der Naturerscheinungen angelegt.*[3] Das sieht für den Erfahrenen nun so aus: *Es giebt Zeiten, und dieß sind gewöhnlich die ersten Jahre des Künstlers, da den Arzt nichts leichter dünkt, als Erfahrungen zu sammlen. Jede Krankheit die unter seinen Händen zu Ende gebracht wird, scheint ihm ein Erfahrungsfall zu seyn, womit die Kunst bereichert wird … erst spät wird man es gewahr, wieviel Erfahrung man haben muß, um eine einzige machen zu können.*[4] Wie die Pathologie das Paradox der Nacktheit des Menschen als des unabschließbaren Prozesses der Durchdringung seiner Oberfläche enthält, so die Erfahrung des Arztes das Paradox der medizinischen Empirie, das man immer schon haben muß, was man doch allererst dadurch erlangen könnte. Der Mensch ist, so banal es klingt, ein Fall der erschreckendsten Prolongation der Nacktheitsmetaphorik zur Metapher der Zwiebelschale, der Artischocke. Nichts ist, wenn er einmal geöffnet worden ist, ein Letztes; und wo ein Letztes erreicht zu sein scheint, ist es nicht mehr das seinige.

2 [M. Herz,] Briefe an Ärzte. Berlin ^{2}1784, I 169.

3 [Kant, WW X 143.]

4 [M. Herz, Briefe an Ärzte. Berlin ^{2}1784,] II 5.

XIV
Madame du Châtelet

Was bedeutet die Nacktheit der Wahrheit für den Aufklärer? Diese Frage kann immer nur im Zusammenhang mit den anthropologischen Bedingungen beantwortet werden, unter denen sich Nacktheit konstituiert. Für den Freund der Madame du Châtelet mag die Nachricht des Dieners und späteren Sekretärs Longchamp nicht ohne Bedeutung sein, daß die Marquise sich ungeniert in Gegenwart des Dieners aus- und anzukleiden pflegte. Was bedeutet es, wenn sich jemand ungeniert benimmt? Wer sich entblößt, verhält sich wie einer, der allein ist und nicht gesehen werden zu können glaubt. Gilt diese Voraussetzung nicht, ist ein anderer gegenwärtig, so wird von ihm nicht Notiz genommen. Dies ist kein Verhalten der Vertrautheit oder gar Vertraulichkeit, sondern im Gegenteil eines der Nichtachtung: Im Zeugen der Nacktheit wird das Bewußtsein erzeugt, nicht vorhanden zu sein oder seinem Vorhandensein nach unbeachtet zu bleiben. Die vollendete Entwürdigung des Domestiken. Er ist die objektivierte Gleichgültigkeit.[1]

Davon geht etwas über auf jede Szene der bewußten Entblößung. Welche Schlüsse zieht der, den sie zum Zeugen macht? Immer bleibt, welche Wirkung auch beabsichtigt oder gar unbeabsichtigt sein mag, der Verdacht in der Szene, es ginge um eine Demonstration der Gleichgültigkeit gegenüber dem in ihr Mitgegenwärtigen.

Etwas davon steckt in der Metapher der nackten Wahrheit für die Aufklärung. Daß die Wahrheit sich ungeniert vor denen zeigt, die ihr zu dienen haben, ist nicht die Gunst, die sie ihnen gewährt, sondern die Infektion mit dem Bewußtsein der Gleichgültigkeit der Person, des Subjekts, des Individuums gerade in der Dienstbarkeit, die sie gleichgültig macht. Denn Gleichgültigkeit der Subjekte im strikten Wortsinne ist gerade impliziert im neuen methodischen Ideal der Objektivität und der rücksichtslosen Funktionalisierung der Subjekte für diese.

1 [Vgl. J. Orieux, Das Leben des Voltaire. 2 Bde. Frankfurt a.M. 1968, I, 349.]

XV
Aktaion

Aktaion war über seinen Vater Aristaios unmittelbar mit Apollon verwandt. Seine Schwester Makris wurde die Amme des Dionysos. Seine von dem Gotte zur Zeugung eines Sohnes begehrte Großmutter Kyrene war die erste Feministin des Mythos, denn sie hatte für Hausarbeit sowie Spinnen und Weben nur Verachtung übrig, um auf dem Pelion Tag und Nacht einer wilden Jagdleidenschaft zu frönen. Wobei sie denn auch, als sie mit einem gewaltigen Löwen kämpfte, von Apollon zuerst gesehen wurde. Für das Schicksal des Enkels mag dies nicht gleichgültig gewesen sein.

Eines Tages sah dieser die Göttin Artemis in der Nähe eines Felsens bei Orchomenos im Fluß baden und wandte sich nicht, wie es sich gehört hätte, ab. Die Göttin, die sogar von ihrem Gefolge vollkommene Keuschheit verlangte, war empfindlich genug, die auf sie gerichteten Blicke des Götterenkels zu bemerken. Es wird eine späte Erklärung des Hyginus oder des Pausanias[1] sein, daß Artemis den Aktaion daran hindern wollte, sich ihres ungestraften nackten Anblicks irgendwann und irgendwo zu rühmen. Einer Göttin ihrer Art wird hinreichend gewesen sein, daß ein Mannesauge auf ihr geruht hatte. Sie verwandelte den Aktaion in einen Hirschbock, woraufhin er von seiner eigenen Meute, bestehend aus fünfzig Hunden, in Stücke gerissen wurde. Man kann dies als eine in der Familientradition liegende Strafe dafür verstehen, daß er sich von der Leidenschaft der Jagd hatte ablenken lassen und so selbst zum Opfer seiner Jagdhunde wurde.

Zwei Momente sind ineinander aufgegangen: das Erotische des Anblicks der nackten Göttin und das Mythische des Blicks auf einen Gott, wie er ist, und nicht, wie er sich zeigen will. Ein Gott ist immer das, was so viel später die Scholastik ein *obiectum voluntarium* nennen wird. Im homerischen Epos steht fest, daß erst das plötzliche Verschwinden des in irgendeiner Gestalt erschienenen Gottes dem Betroffenen aufgehen läßt, es sei ein Gott gewesen. Der Gott hat ihn durch die Auflösbarkeit seiner Erscheinung über-

1 [Pausanias, Beschreibung Griechenlands,] IX 2, 3.

rascht; nicht umgekehrt war der Gott in seiner momentanen Evidenz überrascht und erkannt worden.

Die freventlich beim Bade erblickte Göttin kann den nicht leben lassen, der sich genommen hatte, was sie nicht gewähren wollte. Zugleich jedoch ist er dadurch der geworden, dem sie nicht ungnädig sein kann: Er muß vor ihr genauso gerettet werden wie sie vor ihm. Er ist in ihr Geheimnis eingeweiht, ihr Adept geworden, und das bindet sie an ihn, liefert sie ihm aus. Teilweise Einweihung ins Mysterium, das sich als momentane Evidenz darbietet, gibt es nicht. Die Todesart des Aktaion ist umständlich und aufs Jagdmilieu abgestimmt. Daß der sterben muß, der den Gott gesehen hat, gehört zu dem, was ihm nachgesagt wird, und ist hier durch die Mittelbarkeit des Verfahrens in die Eigentümlichkeit des Mythos übersetzt. Da läßt sich nicht schlichtweg sagen, was den Gott tödlich mache, sei die Unerträglichkeit seines Anblicks selbst. Dieses genuine Moment verliert sich in der Überlieferung des Mythos, in dem Maße, wie die Geschichte derart erotische Züge annimmt, daß Aktaion in der bloßen Unzulässigkeit des Gegenspielers der göttlichen Keuschheit erscheint. Dann wird aus dem zufälligen Betreffen der Göttin beim Bade so etwas wie die regelmäßige Szene des Voyeur, wenn Aktaion gar eigens einen Baum bestiegen haben sollte, um besser sehen zu können, nach Hyginus sogar der Göttin Gewalt angetan haben soll. Aus dem Verstoß gegen das tremendum des Gottes ist die todeswürdige Leidenschaft unter dem fascinosum der vollkommenen, eben nur einer Göttin zustehenden Schönheit geworden. Die archaische Schauerlichkeit der Geschichte, die gerade die Treue des Hundes benutzt, um seinen äußersten Verstoß gegen sie als Verkennung des Fremdartigen verständlich zu machen, versinkt spätestens dann im lindernden Instrumentarium der mythischen Rezeption, wenn Ovid sich imstande sieht, eine vollständige Namensliste der Jagdhunde zu geben, worin ihn Hyginus mühelos durch Verdoppelung zu überbieten vermag.

Es scheint in der antiken Mythologie keinen Beleg dafür zu geben, daß der optische Frevel des Aktaion etwas mit der nackten Wahrheit zu tun haben könnte, obwohl die Allegorese auf die Zudringlichkeit der Neugierde nicht fehlt.

In der satirischen Sammlung der »Dunkelmännerbriefe« von 1515 findet sich ein spöttischer Beleg für spätmittelalterliche Mythenallegorese unter dem Einfluß der Bibelexegese. Es ist der fiktive

Brief des Dominikaners Conradus Dollenkopfius an seinen Lehrer, den Magister Ortvinus Gratius. Der Schreiber des Briefes berichtet von seinen ersten Erfahrungen beim Studium in Heidelberg, wo er neben der Theologie auch die Poetik belegt hat und eben in dieser seine Fortschritte gemacht zu haben glaubt, indem er für alle Mythen des Ovid in den »Metamorphosen« jenen vierfachen Schriftsinn anzugeben imstande sei. Dabei sei er auf die Ovid-Auslegung des englischen Dominikaners Thomas de Walleys von 1509 gestoßen, die eine Konkordanz zwischen den Götterngeschichten des Ovid und Stellen des Alten Testaments enthält. Wie das zugeht, veranschaulicht auch die Geschichte von Aktaion, der die Diana nackt sah, was der Prophet Ezechiel im Kapitel 16 nicht anders prophezeit habe: *Du warst bloß und beschamet, und ich ging vor dir über und sahe dich an.*[2] Auf diese Stelle wiederum bezieht sich Voltaire im zweiten seiner Briefe über Rabelais und dessen Vorläufer, zu denen er vorzüglich die »Dunkelmännerbriefe« zählt, die mit nicht geringerer Unbefangenheit und Kühnheit geschrieben seien als Rabelais. Voltaire erwähnt nicht, daß die Vergleiche zwischen den Götternmythen und der Bibel von dem englischen Dominikaner übernommen sind, zitiert aber gerade den Satz vom Propheten Ezechiel, der die mythische Szene als Vision gehabt haben müsse: *Ezechiel hat von Aktäon geweissagt, der die Blöße der Diana sah: ›Du warst nackt; ich bin dort vorbeigekommen und habe dich gesehen.‹*[3]

2 EOV [Epistolae Obscurorum Virorum,] I 28 [Briefe der Dunkelmänner. Hrsg. v. Peter Amelung. München 1964, 68.]

3 Voltaire, Kritische und satirische Schriften. [München 1970,] 394f.; [ders., Œuvres complètes, Basel 1791] WW LXVIII 345.

XVI
Lessing

Eine schöne Charakteristik der Situation Lessings und der Lebensstimmung seiner späten Jahre hat Karl August Varnhagen von Ense in seinen Tagebüchern am 18. Mai 1843 zu einer Lektüre Lessings gegeben.[1] Der Überdruß und Mißmut dieser letzten Lebensjahre mache einen fürchterlichen Eindruck, sein Fleiß und dessen aufbewahrter Ertrag erwecke ein schmerzhaftes Mitgefühl: *Es fehlte den Deutschen, wie noch jetzt, damals an freier öffentlicher Wirksamkeit, sie mußten sich in gelehrtem Wesen ersticken; wo sie aus dem Bücherstaub in den des Markts und der Straßen heraustraten, mußten sie gleich kämpfen. Uns geht es noch so!*[2]

Lessings Auge ist uns geschildert worden durch den Übersetzer Homers, Johann Heinrich Voß, der ihm beim Aufenthalt in Hamburg 1776 begegnete. In einem Brief berichtet Voß, man bade jetzt alle Tage und erwarte Lessing und Eschenburg, *wenn ihnen die empfindsamen Weiber nur Friede lassen.* Und dann die Betroffenheit von Lessings Blick, einem Blick, *wie ich noch nie gesehen habe, in seinen blauen Augen, einen rechten Geierblick …*[3]

An der Physiognomik Lavaters hatte Lessing – trotz oder bei dieser Schärfe des Auges – wenig Geschmack, zumal in ihrem Zusammenhang mit dem Umtrieb des Sturm und Drang. Wer sich keiner Regel unterwerfen wolle, der müsse schon auf den Kopf gefallen sein, wenn er nicht für ein Schauspiel eine Situation oder launige Szene machen könne, bemerkte Lessing im Hinblick auf Goethe und Lenz. *Höchst aufgebracht* sei er gewesen gegen die »Leiden des jungen Werthers«, weil der Charakter Jerusalems ganz verfehlt sei; dieser sei *niemals der empfindsame Narr* gewesen, sondern ein wahrer Philosoph. In diesem Zusammenhang kommt er, nach dem Bericht von Christian Felix Weiße, auf Basedow und Lavater, die er *ein paar enthusiastische Narren* nennt, des letzteren Physiognomik *ein abgeschmacktes Unternehmen.* Diesem lapidarem Urteil ist eine Bemerkung hinzugefügt,

1 Karl August Varnhagen von Ense, Tagebücher. Aus dem Nachlaß Varnhagen's von Ense. Hamburg 1861 ff., Bd. 2, 1861, 180 f.

2 [Ebd., 181.]

3 [Johann Heinrich Voß] an Ernst Theodor Johann Brückner, Wandsbek, 12. August 1776. [In: ders.,] Briefe. [Hrsg. v. Abraham Voß. Halberstadt 1829,] I 196.

aus der man Lessings implizite Anthropologie entwickeln könnte: *So viel er Zweifel in die Sache selbst setzte, so behauptete er, man müsse, wenn ja etwas dran wäre, die Menschen ganz nackend sehen, weil oft ein garstiges Gesicht auf einem sehr schön gebauten Körper stünde.*[4]

Aber Lessing wollte ja nicht einmal die Wahrheit nackt, da er es angesichts deren nicht hätte vermeiden können, das Suchen nach ihr aufzugeben und sich im so gescheuten ruhigen Besitz derselben zu befinden. *Jeder sage, was ihm Wahrheit dünkt, und die Wahrheit selbst sei Gott empfohlen.*[5]

Lessing wollte auch seine Wahrheit nicht im ruhigen Besitz anderer wissen. Daraus mag sich erklären, daß er gegenüber Jacobi eine Maske aufgesetzt hatte, die des Spinozisten, denn daß er dies war, ist so wenig wahrscheinlich, wie daß er irgend etwas anderes dogmatisch gewesen wäre. Entblößung suchte er nicht, um die Wahrheit unter ihren Hüllen zu finden; viel besser trifft ihn die Umkehrung der Metapher, die er selbst in seinem Schauspiel »Der Freigeist« der Titelfigur des Adrast in den Mund gelegt hat, um die Behauptung Julianes zu bestreiten, die Wahrheit sei für alle zugänglich und erreichbar: *Das, was unter der Gestalt der Wahrheit unter allen Völkern herumschleicht ..., ist gewiß keine Wahrheit, und man darf nur getrost die Hand, sie zu entkleiden, anlegen, so wird man den scheußlichsten Irrtum nackend vor sich sehen.* Da also gab es die Evidenz, die schon Bayle für die einzig mögliche gehalten hatte. Jacobi freilich hat sich darauf berufen, Lessing habe seine Meinungen ungern verhehlt: *Wenn er eine Maske vorhielt, so war es nicht um sich unkenntlich zu machen, sondern bloß um sich damit zu schützen; und es ärgerte ihn eben so sehr, wenn man die Maske für sein Gesicht ansah, als wenn man glaubte, er wolle sie im Ernst dafür gehalten wissen.*[6] Lessing wollte nicht für die Wahrheit leiden; weder wollte er für sie verlacht werden noch für sie sterben: *Niemand sollte ihn auslachen; am wenigsten er sich selbst: und er hätte geglaubt, sich selbst auslachen zu müssen, wenn er sich auf irgend eine Art zum Märtyrer befördert hätte.*[7]

4 Christian Felix Weiße an Christian Garve, Leipzig, 4. März 1775. [In: Lessing im] Gespräch, ed. Daunicht [München 1971], Nr. 588.

5 [Lessing an Johann Albert Heinrich Reimarus, 6. April 1778, in: ders.,] Gesammelte Werke, Bd. 9, Briefe. Berlin 1957, 776.

6 Friedrich Heinrich Jacobi an Elise Reimarus, Düsseldorf, 7. November 1785. [In: Lessing im] Gespräch, ed. Daunicht, Nr. 847.

7 Jacobi, a. a. O.

Das ist die eine Seite der Verlarvungen Lessings: die Szene mit Jacobi und dem »Prometheus« Goethes. Die andere Seite ist Lessings Rolle im Fragmentenstreit. Der Legationssekretär bei der dänischen Gesandtschaft in Dresden und Freund des Hauses Reimarus, August Hennings, berichtet am 27. Januar 1776 von einem Gespräch mit Lessing über die Möglichkeit des Drucks der »Schutzschrift« von Reimarus. Der Däne, der von sich bekennt, er habe sich Lessing in seinem *Eifer für Wahrheit und Licht* gleichstellen können, ist offenbar mit der Zurückhaltung und dem Finassieren bei der Veröffentlichung der Fragmente, von denen nur das erste Stück »Von der Duldung des Deisten« damals vorlag (die nächsten beiden Fragmente folgten 1777 und 1778), nicht zufrieden: *Mögen Weltleute in feige Verzögerungen ihre Klugheit setzen, und im Zeitgewinnen, in Palliativen, im Biaisiren, Lanterniren, Hesitiren, oder wie die französischen Wendungen alle heißen, ihren Vortheil suchen, der Wahrheitsfreund sollte sich nie scheuen, mit seinen Ideen hervorzutreten, und nie mit ihnen in einer gleisnerischen Verhüllung im Hinterhalt liegen.*[8] Hennings muß Lessing mit dem Ethos des Gelehrten und Weisen gegen alle ästhetische Abschirmung mächtig zugesetzt haben: *Der Künstler mag wie der Schauspieler die Kleidung der Rolle anpassen, der Denker und der Weise muß nicht den Mantel der Thorheit anlegen.*[9]

Der Sohn von Hermann Samuel Reimarus berichtet nach dem Tode von Lessing, er habe ihm das Sprichwort vorgeworfen, man solle nicht eher schmutziges Wasser ausgießen, bis man reines wieder hat. Lessing habe geantwortet: *Ich muß doch wahrhaftig das schmutzige ausgießen, wenn ich reines im Gefäße haben will.* Zwei Standpunkte der Aufklärung in zwei plausiblen Gleichnissen ausgesprochen, von denen die erste Version voraussetzt, daß es sich um zwei Gefäße handeln kann, während die zweite das Problem auf ein und dasselbe Gefäß bezieht. Das ist zehn Jahre nach dem Tode Lessings niedergeschrieben und resümiert bereits die seither eingetretenen Erfahrungen mit der Aufklärung.[10]

8 August Hennings an Elise Reimarus, Dresden, 27. Januar 1776; [Lessing im] Gespräch, ed. Daunicht, Nr. 646.

9 [Ebd., S. 376.]

10 [Johann Albert Heinrich Reimarus] an [Johann Benjamin] Erhardt, [Hamburg,] 19. Oktober 1791, [ebd., Nr. 694].

XVII
Empirismus

Daß der Philosoph sich jeglicher Metaphorik zu enthalten habe, ist Gemeingut des englischen Empirismus; seit Bacon und nach dessen Vorbild aber genauso, daß die Warner vor dem süßen Gift sprachlicher Erleichterungen – wie so viele Warner vor Gefährlichem auch sonst – ihre eigenen Vorschriften nicht beachteten, sich zur Warnung vor den Entnüchterungen der metaphorischen Emphase bedienten.

Im dritten Buch seines »Essay concerning Human Understanding« hat John Locke vor dem Mangel an Eindeutigkeit in der philosophischen Sprache als der Wurzel aller Übel gewarnt und zur *dry truth* angehalten. Selbst die Wahrheit rechtfertigt nicht das Mittel der Rhetorik zu ihrer leichteren Eingängigkeit und Ausbreitung. Daß auf diese so schwer verzichtet werden kann, es sogar vergeblich ist, in den Künsten der Verschönerung der Rede die Täuschungen aufzudecken, hat seinen Grund in der von Descartes zu wenig beachteten Feststellung, daß *jedermann sich gern täuschen läßt.* Sofern man von den Dingen, *wie sie wirklich sind*, sprechen wolle, müsse man zugeben, daß *alle rhetorischen Künste, die über die Ordnung und Klarheit hinausgehen, sowie jeder künstliche und bildliche Gebrauch der Worte ... nur dazu dienen, unrichtige Vorstellungen unterzuschieben, die Leidenschaften zu wecken, dadurch das Urteil irrezuführen und also reinen Betrug zu verüben.* Dieses Geschäft mit der Neigung, zu täuschen und sich täuschen zu lassen, sei mächtig angewachsen, seitdem die Kunst der Beredsamkeit, *dieses mächtige Werkzeug des Irrtums und Betrugs, seine festen Professoren erhalten hat ...*[1]

Schon Karl Löwith hat darauf hingewiesen, daß zu diesem zehnten Kapitel des dritten Buches ein Herausgeber von Lockes Werken die Anmerkung macht, dessen Angriff auf die Rhetorik stehe in

1 [J. Locke, Versuch über den menschlichen Verstand. Bd. 2. Berlin 1873, 118 f. (III, 10, § 34). Zitat nach K. Löwith, Hegel und die Sprache. In: Neue Rundschau 76, 1965; vgl. auch K. Löwith: Hegel und die Sprache. In: ders., Sämtliche Schriften I: Mensch und Menschenwelt. Beiträge zur Anthropologie. Stuttgart 1981, 373-398, hier 380.]

Widerspruch zu seiner eigenen Sprache. Locke mache ständig Gebrauch von Metaphern und keineswegs zur bloßen Verschönerung oder gar Verunklarung dessen, was er zu sagen hat, sondern um es zu klären. Von einem Philosophen zu verlangen, er solle gänzlich ohne rhetorische Figuren reden, in völliger Bildlosigkeit, das sei so, *wie wenn man von einer Frau verlangen würde, nackt zu gehen, weil auch Kurtisanen Kleider tragen.*[2]

2 Zitat nach Karl Löwith, Hegel und die Sprache. In: Neue Rundschau 76, 1965, 284 A[nm]. [Vgl. a. Löwith, Sämtliche Schriften I, 381, Anm.]

XVIII
Spätform der Allegorie

Allegorie entsteht, wenn der Verstand sich vorlügt, er habe Phantasie. Besser kann man es nicht sagen, als es Hebbel 1840 in sein Tagebuch notierte.[1] Dennoch müssen wir die Allegorie als Dokument historischer Bedürfnisse hinnehmen, als hätte der Verstand seine Wahrheit erkannt, als er sich Phantasie zuschrieb.

Metaphern sind für die Transformation in Allegorien nicht gleichermaßen anfällig. Die Metapher der nackten Wahrheit ist es in hohem Grade. Als Allegorie ist sie noch vertrauter denn als Metapher, die sie geschichtslos läßt und nicht reden lassen kann. Zugleich verliert sie an Rücksichtslosigkeit, da die allegorische Figur der Nacktheit ihrer ästhetischen Darstellung unmittelbar vorgreift. Die Allegorie der nackten Wahrheit hat keinen Bezug mehr zum Wahrheitsverzicht. Oder hat ihn nur, solange Bildlichkeit ausgeschlossen ist.

Walther Rathenau schreibt ein Jahr vor der Jahrhundertwende »Talmudische Geschichten«, darunter die »Vom Schriftgelehrten und von der Wahrheit«, die 1925 im vierten Band seiner Gesammelten Schriften veröffentlicht werden wird. Ein jüdischer Schriftgelehrter weint vor Betrübnis darüber, daß sein Geist das Gesetz nicht zu erfassen vermag, während er in der Schrift forscht. *Da trat zur Tür herein ein Weib, das war nackt; und hob an und sprach: Erschrick nicht und schäme dich nicht meiner Nacktheit, denn da ich gekommen, will ich das Wort deuten.* So deutet ihm die Wahrheit selbst das Schriftwort und verläßt ihn erst mit dem Ende der Nacht. Was sie dafür zum Lohn verlangt, ist nicht mehr und nicht weniger, als von ihm dem König vorgeführt zu werden. Er wendet ein, da ständen bereits die Torheit, die Heuchelei und die Lüge. Sein letzter Einwand ist: *Und bist nackt und von schöner Gestalt und fürchtest dich nicht vor der Begierde der Höflinge?*[2] Die Wahrheit scheint das zu beherzigen, denn als sie der Schriftgelehrte zum

1 [F. Hebbel,] WW IV 386[, Notiz 2002.]

2 [W. Rathenau, Vom Schriftgelehrten und von der Wahrheit. In: ders., Gesammelte Schriften IV. Berlin 1925, 353.]

König führt, verwandelt sie sich unterwegs in ein häßliches altes Weib. Sie will nicht um ihrer Schönheit willen begehrt werden. In dieser Mißgestalt sagt sie dem König auf dessen Fragen unangenehme Wahrheiten wie die, daß sein Nachbar im Westen mächtiger sei als er, der im Osten weiser – der Häßlichkeit glaubt ohnehin niemand. Schließlich fragt sie der König, was man über ihn im Volk sage, sie antwortet, man sage, daß er ein Tor sei. Dabei wüßten sie es nicht einmal. Sie aber sage ihm, er sei arm und elend. Da läßt der König sie fesseln und kreuzigen, *und die Höflinge höhnten sie um ihre Nacktheit.*

Doch sie kann sich befreien und kehrt als Rächerin mit dem Schwert in der Hand und dem blutroten Schleier um das Haupt in die Residenz zurück. Die Wahrheit entfesselt die Revolution. Das Volk erschlägt den König. Da hat die Wahrheit ihr Werk getan. *Und da sie am Raube und Brande sich sättigten, schritt das Weib hinaus aus den Toren der Stadt und war schöner denn je zuvor.* Ihre Gefährlichkeit ist nun auch ins Unermeßliche gewachsen für den, dem sie sich zuerst gezeigt hatte. Sie trifft den Schriftgelehrten, und dieser macht ihr Vorwürfe, daß sie Aufruhr gesät habe. Nun solle sie ihn endlich ganz wissen lassen, wer sie sei. Da wächst sie gen Himmel, und ihr Leib glüht wie das Eisen im Ofen des Gießers und ihre Stimme wird wie der Donner, wenn sie sagt: *Ich bin die Leuchte vor dem Throne Jehovas und das flammende Schwert in seiner Rechten und heiße die Wahrheit. Du aber stirbst, denn keiner, der geboren ist, soll mich erkennen und leben.*[3] Da sinkt der Schriftgelehrte in sich zusammen und vergeht zu Asche und Staub. Niemand begräbt ihn, noch trauert einer um ihn. Sein Gedächtnis ist ausgelöscht und sein Name vergessen. So ergeht es dem, der die Wahrheit erfährt, wie sie ist, und ihr vorwirft, daß sie wirkt, wie sie anders nicht wirken kann. Die nackte Wahrheit hat nur Opfer. Ihre Ästhetik ist nicht die des Genusses.

Man fragt sich, seit wann diese Allegorie so hat geschrieben werden können, oder anders: wann sie so noch nicht möglich gewesen wäre.

Und man fragt sich zweifellos auch, ob der Autor dieser Legende im talmudischen Stil die Rhetorik des Wahrheitsverzichts so leichthin kreiert haben kann, wie es die Geschichte nahelegt: Es gibt kei-

3 [Ebd., 355 f.]

ne Gewinner, wenn es um die Wahrheit geht. Sie läßt alle verlieren. Wer forscht, macht halt, wo er der letzten Beihilfe bedürfte.

Es ist eine Geschichte, die ganz zu dieser Jahrhundertwende gehört, an deren Schwelle sie geschrieben ist, auch wenn sie im privaten Bestand verborgen geblieben war. Man liest sie als Warnung vor dem, was gleichzeitig geschieht und dieser Jahrhundertwende ihre Signatur gibt: etwa vor Freuds »Traumdeutung«, auch vor Simmels »Philosophie des Geldes«. Damals hätte das, wäre die Geschichte publiziert worden, keiner bemerken können. Insofern gibt es eine Weisheit der Nachlässe.

XIX
Theodor Fontane

Wenn von den Verhüllungen die Rede ist, mit denen die Redekunst die Wahrheit sowohl dem gegen sie wachsamen Blick entzieht als auch dem ästhetischen Widerstreben annehmlich macht, wird leicht übersehen, daß da auch von der Metapher als einem der wichtigsten Instrumente der Rhetorik die Rede ist, folglich gerade diese Metaphorik von Nacktheit und Verkleidung notwendig auch von sich selbst, von der metaphorischen Funktion, Zeugnis gibt. So muß auch die Kritik an der Metapher mit Vorzug in dieser Metaphorik geübt, die verfehlte Angemessenheit in ihr zum Ausdruck gebracht werden können.

Der Theaterkritiker Fontane beanstandet nach einer Aufführung der »Karlsschüler« von Heinrich Laube am 19. Februar 1881 dessen Nachahmung der Bildersprache Shakespeares. Sei doch diese selbst bei ihrem Meister nur unter dem Deckmantel des großen Namens hinzunehmen. Aber dem Philister, hier wie sonst der Adressat der zeitüblichen Beschimpfungen intellektueller wie kultureller Insuffizienz, gilt gerade jener Bilder-Wust als Inbegriff der ›schönen Sprache‹, während sie dem ›Eingeweihten‹ als Schrecken aller Schrecken erscheine. Nur wenige hätten die große Gabe einer wirklichen Bildersprache, die den Gedanken leuchten lasse, statt ihn zu verdunkeln. Fontane nennt Hebbel und Grillparzer.

Die Forderung, die Bildsprachlichkeit zu erfüllen habe, läßt sich selbst nur mit ihren Mitteln aussprechen und an die Grenze des unerfüllbaren Paradoxes vorantreiben: *Es muß der Gedanke gleich im Bilde geboren werden, dann kann das Bild schöner und frappanter sein als das einfache Wort; wird das Bild aber erst als Extrakleid genäht und dann angezogen, so sitzt es nicht und ist eine Last, aber kein Schmuck.*[1] Führt man die Imagination zu Ende, so wird unvermeidlich, die Geburt des Gedankens im Bilde als die Reduktion des Kleides auf die Haut des eben Geborenen zu sehen. Die vollkommene Verhüllung ist die Nacktheit selbst.

Dem Bedenken der Formel Fontanes geht alsbald auf, daß sie

1 [Fontane,] WW II 495 f. [Theaterkritiken 1881: Laube. Die Karlsschüler.]

an das Grundproblem nicht nur der Rhetorik, sondern der Sprache rührt. Alle Kritik der natürlichen Sprachen, die mit dem Gedanken an eine allen Anforderungen auf Klarheit genügende Kunstsprache umgeht, sieht schon die historisch gewordenen Sprachen – und nicht erst deren kunstvolle Zurichtung auf höhere Zwecke – als Verhüllungen der Sache und Irreführungen des Verstandes, der sich, als philosophischer, davon zu befreien habe. Dann wäre Metaphorik nichts anderes als die Steigerung derjenigen Mittel der Sprache, die ohnehin und ohne Zutun ›verführerisch‹ sind. Philosophie wäre wesentlich Sprachkritik und hätte sich als solche nicht erst auf die sekundären Übertreibungen der Rhetorik zu werfen. Wäre im Gegenteil die Sprache das Unhintergehbare selbst, durch welches sich allein die Welt dem Menschen darbietet und genuin erfassen läßt, wäre sie ebenjene Einheit von Kleid und Haut, in der jeder Gedanke geboren sein muß, der Wahrheit und Wirkung soll verbinden können. Dann wiederum wäre Rhetorik möglich als die Kunst, den natürlichen Bildbestand der Sprache auszuschöpfen und in ihm verweilen zu lassen. Es gibt keine Rhetorik ohne Fundierung auf den Implikationen der Auffassung von der Sprache selbst.

XX
Karl August Varnhagen von Ense

Welchen Verblüffungseffekt, welchen Schockwert, welche Kampfkraft fürs Demonstrative die Metaphorik der Nacktheit speichert, hängt von ihrer rhetorischen Instrumentation allein nicht ab; stärker als bei anderen Metaphern muß diese im Horizont kulturanthropologischer Wertungen und Erwartungen gesehen werden. Im Berlin Friedrich Wilhelms IV. erregte die Aufstellung nachempfundener antiker Plastiken auf der Schloßbrücke die zeitgenössische Öffentlichkeit. Varnhagen von Ense notiert am 30. September 1853 im Tagebuch, die neuen Gruppen auf der Schloßbrücke würden *noch immer zum schreienden Aergernis gebraucht, verspottet, verhöhnt.*[1] Aber ist es die antikische Nacktheit der Schloßbrückengruppen selbst, die Anstoß erregt, Spott und Hohn auf sich zieht?

Schon Varnhagens Ausdruck, die Figurengruppen würden zum Ärgernis ›gebraucht‹, läßt vermuten, hier sei nur der Anlaß zum Austrag von Konflikten gegeben und gefunden worden, die in der Nacktheit nur ihre Metapher hätten. So sagt Varnhagen denn auch, die Spötter seien *keine solchen Leute, denen das Nackte zum Anstoß wäre.* Was sie tun, heißt: *sie benutzen es nur*, und zwar gegen die offizielle Restauration des Königs, die als frömmlerische Heuchelei in Erscheinung tritt und in den strikten Vorschriften für die Einhaltung der Feiertage sowie der Erfindung des Kirchentags ihren Ausdruck hat. Gäbe es diese Zielrichtung nicht, wären jene Spötter die ersten, die der antikisierenden Kunst ihr Recht zugeständen, um *für solche Natürlichkeiten einen unbefangenen Sinn zu fordern.* Eine Rhetorik der Anstößigkeit des Nackten tritt hervor, die sich gegen beliebige Machttaten der Obrigkeit richten läßt und nur im vagen Begriff der Natürlichkeit eine kritische Implikation findet. Es erscheine dabei wieder, notiert Varnhagen, wie *das Sinnliche, Schlüpfrige, Anstößige sich als erstes und wirksamstes Gegengift gegen die Anmaßung der Heuchler und Frömmler aufdringt, wie diese jenes geradezu herbeizwingen.*[2]

1 [Varnhagen von Ense,] Tagebücher X 284 [30. September 1853.]
2 [Ebd.]

Die rhetorische Pointe lag für den liberalen Gegner des nach der Revolution konsolidierten Staatsregiments gerade darin, daß die Staatsgewalt sich mit zwei essentiellen Elementen ihrer Selbstdarstellung, dem des humanistischen Paganismus hier, dem der pietistischen Bigotterie dort, selbst widersprach. Der preußische Neoklassizismus sanktionierte die unheilige Nacktheit der Schloßbrückenfiguren als das monumentale Gegengift gegen die Staatskirchenfrömmigkeit. Aber wie ›öffentlich‹ konnte eine solche Rhetorik überhaupt sein und wirken? Varnhagen faßt die Mäßigkeit der öffentlichen Reaktionen als Symptom von Bürgertugend auf und denkt nicht daran, daß der von ihm als schreiend empfundene Widerspruch gar nicht allgemein nachempfunden worden sein könnte: *Das Publikum im Ganzen verhält sich bei uns in Betreff jener anstößigen Nacktheiten besonnen und ehrbar genug, und spricht nur mäßig davon.*[3] Es war schon nötig, in diesem Zusammenhang an Voltaire zu erinnern, um die eigentümlich literarische Beschränktheit des vermeintlich öffentlichen Selbstwiderspruchs der Staatsgewalt als die von dieser produzierten Satire zu qualifizieren.

Es war, wie Varnhagen fünf Tage zuvor sich notiert hatte, vor allem der »Kladderadatsch«, der die Sache ausbeutete und hochspielte, den Widerspruch derart anprangerte, daß der Tagebuchschreiber glauben konnte, der König würde noch befehlen müssen, *den Bildsäulen einmal während der Nacht die Geschlechtstheile wegzumeißeln.*[4] Während die Einhaltung der Sonntagsruhe mit drakonischer Strenge überwacht wurde, was man erst ein Jahrhundert später als soziale Errungenschaft der Ladenschlußgesetze verteidigen wird, was jetzt aber als ›dumme verrückte Maßregel‹ gilt, werden *die Gruppen auf der Schloßbrücke in antiker Nacktheit, von Menschen dicht umstanden und begafft, die sich der Unanständigkeit freuen, nicht, weil es diese ist, sondern weil hier einmal der Kunstdusel wider Willen mit dem christlichen frömmelnden Dusel in Streit kommt …*[5]

Der Skandal der Schloßbrückenausstattung erscheint als eher literarischer Fall von der Subtilität der Ärgernisse am Freiheitsmangel, wie sie für Fälle um ein Jahrhundert später typisch sein wird. Am Tagebuchschreiber Varnhagen ist zweierlei zu beobachten: einmal, wie er in dem harmlosen Vorfall eine Art spontaner Selbstbe-

3 [Ebd.]

4 [Varnhagen von Ense,] Tagebücher X 275 (25. September 1853).

5 [Ebd.]

kundung der Wahrheit öffentlicher Zustände sieht, also das bloß Zufällige des Aufklaffens jenes Widerspruches nicht wahrhaben will; sodann, wie sich seine eigene Sprache in der Richtung des gerade Erlebten verändert. Am 30. Oktober 1853 notiert er über einen Abendbesuch der Frau von Treskow, man habe über *die jetzt hier waltende Misere von Geselligkeit* gesprochen, über die Abhängigkeiten, die sich im bloßen Nachsprechen und Nachtun bekundet. Das alte Thema von der Niedrigkeit des Menschen, aber mit der Zusatzannahme, keine Zeit sei ihrer entblößten Selbstdarstellung so günstig gewesen wie der gegenwärtige Augenblick (wann werden Menschen jemals darauf verzichten, sich diese Begünstigung des Beobachters in der Zeit zuzuschreiben?): *Die Erbärmlichkeit der Menschen war von jeher dieselbe, aber so schamlos, ohne Bedeckung und Schminke, wie jetzt hier, war sie, dünkt mich, noch nie.*[6]

War die Spottlust auf der Schloßbrücke noch eine eher satirische Episode, verschärft sich die Sprache des Kritikers seiner Zeit zusehends. Am 2. Mai 1856 notiert er sich über einen Vorgang im Parlament: *Die Lüge und Tücke unserer jetzigen Regierung kam im Abgeordnetenhause heute ganz in schamloser Nacktheit zu Tage. Solche Schande ist noch nicht erlebt worden … Doch stimmte die Mehrheit zuletzt dafür, daß die enthüllende Beschwerde an das Staatsministerium überwiesen würde! Die Theilnehmer des Frevels sollen über den Frevel urtheilen, heißt das; aber unsere Zustände sind so nichtswürdig, daß das schon als ein Gewinn gelten muß.*[7]

Die Enttäuschung des Jahres 1848 bestimmt die Verdüsterung des Anblicks der Weltlage, vor allem den Verlust an Kurzfristigkeit der Erwartung und die Tröstung mit verbliebenen langfristigen Möglichkeiten. Zugleich erscheinen im Rückblick die vormalig kurzfristigen Hoffnungen infantil; inzwischen sei das Geschlecht *der Kindheit entrückt, zur Mannheit berufen, und dieser Beruf enthält mehr Befriedigung, als alles frühere Spiel von Hoffnungen und Täuschungen.*[8] Die Zufriedenheit der politischen Kindheit hat sich nicht bewährt: *Wenige Monate des Jahres 1848 haben die Decke zerrissen, die auf den allgemeinen Zuständen lag, haben uns das Unwürdige und Erbärmliche gezeigt, und zugleich das Gute und Frische, was an die Stelle von jenem treten soll.*

6 [Varnhagen von Ense,] Tagebücher X 328 (30. Oktober 1853).
7 [Varnhagen von Ense,] Tagebücher XIII 2f. [(2. Mai 1856).]
8 [Varnhagen von Ense,] Tagebücher XI 477 (11. März 1855).

An welche Art von Decken mag der politische Metaphoriker denken? Am ehesten an solche, die über Unterirdischem ausgebreitet sind und es dem Blick entziehen. Einerseits ist das Zerreißen der Decke die Ernüchterung des Blicks auf die wahren Zusammenhänge; andererseits ist es das Bloßlegen von Verbindungen durch die Gegenwart hindurch, die von der Vergangenheit in die Zukunft hinüberreichen und den tröstlichen Eindruck gewähren, daß nichts ganz vergeblich gewesen ist. Die Erscheinungen der Oberfläche sind verwirrend, und schon nach einem knappen Jahrzehnt seit 1848 scheint zu diesem Ereignis kaum noch ein Zusammenhang, schon gar keine Verbindung zur Zukunft zu bestehen. Doch das ist eben nur der Schein für einen Zuschauer, der sich seinen Standpunkt nicht beliebig wählen kann: *So sieht es von der Oberfläche betrachtet aus. Aber zuverlässig gehen in der Tiefe unsichtbare Fäden aus jener Zeit durch die unsrige stark und fest in die Zukunft hinüber, und ein großer Theil des Inhalts, des tiefern Inhalts unsrer Tage wird sich erst erkennen lassen, wenn eine neue Erschütterung die hüllenden Decken zerreißt, unter denen er verborgen lebt und wirkt.*[9]

Aber wer wird jemals der Nutznießer des Einblicks in die tieferen, unterirdischen Zusammenhänge zwischen Vergangenheit und Zukunft sein? Denken ließe sich, daß bei Varnhagen alles auf den Typus des Historikers ankommt, den er selbst verwirklicht hatte. Welchen Glauben hatte er an die Wahrheitsfähigkeit des historischen Geschäfts? Am 8. Juli 1852 notiert er, er habe den ganzen Tag, nur mit Unterbrechungen der Hitze wegen, geschrieben. Er beobachtet sich, wie die schriftstellerische Behandlung der Gegenstände *die Oberhand über den Stoff* gewinnt, diesen dabei allererst erschafft. Da entsteht eine Art von Wahrheit, für die die Metaphorik der Entblößung zurückgewiesen werden muß. Die Wahrheit wird nicht verhüllt, indem sie durch den Historiker behandelt wird, aber auch nicht vorgeführt wie etwas, was jedem Blick preisgegeben wäre: *Wir vernehmen die rechte Wahrheit nur von dem, der ihrer in höherem Sinne mächtig ist, sie zu behandeln versteht. Nackte Wahrheit giebt es in Geschichtsdarstellungen nicht.*[10]

9 [Varnhagen von Ense,] Tagebücher XIII 189 (17. Oktober 1856).
10 [Varnhagen von Ense,] Tagebücher IX 282 (8. Juli 1852).

XXI
Schopenhauer

Die Metapher der nackten Wahrheit kommt wie selbstverständlich in das Spannungsfeld von Schopenhauers schärfstem Antagonismus, dem von akademischer und wirklicher Philosophie. Die nackte Wahrheit ist dies wegen ihrer Lage in der Welt, wegen ihres hoffnungslosen Gegensatzes zur wohlgenährten und wohlgekleideten Philosophie der Lehrstühle und Universitäten.[1] Darin steckt immer wieder die Voraussetzung, die zur Wahrhaftigkeit nötige Rücksichtslosigkeit gegen sich selbst wie gegen die Wahrheiten könne von denen gar nicht aufgebracht werden, die davon leben, sie zu verbreiten und gefällig zu machen. Die verfälschende Rhetorik des Sophisten steckt wieder einmal darin, daß er vom Gewerbe seiner Erkenntnis Einkünfte bezieht und lebt. Was einst die Verkleidung der Philosophie als Dienerin der Theologie gewesen war, die sie gar nicht im echten, sondern nur im vorgetäuschten Sinne sein konnte,[2] das ist die Philosophie als Dienerin des öffentlichen Wohlgefallens in Gestalt des deutschen Idealismus geworden. Andererseits ist aber gerade diese Philosophie es, die nichts anzuziehen und nichts auszuteilen hat, deren Blöße demjenigen, der nur genau genug hinzusehen weiß, durch die Fadenscheinigkeit ihrer Gewänder hindurchscheint.[3]

Die Falschheit des akademischen Lehrers der Philosophie im Gegensatz zu dem Philosophen, dessen letzter Zweck die Wahrheit ist, besteht darin, daß er *mit der Miene des feierlichsten Ernstes, das gründlichste und tiefste Forschen nach Wahrheit vorgebend*, doch nur der Landesreligion und den Zwecken der Regierenden dient. In dieser Notiz des »Cholerabuches« von 1832 hat Schopenhauer die Metapher am falschen Platz zurückgenommen; er hatte ursprünglich geschrieben, die Vortäuschung des Lehrers, dessen letzter Zweck eine Professur sei, liege im gründlichsten und tief-

1 [Schopenhauer,] WW I 25 [Die Welt als Wille und Vorstellung].
2 [Schopenhauer,] WW IV 230 [Parerga und Paralipomena, Über die Universitätsphilosophie.]
3 [Schopenhauer,] WW IV 189.

sten Forschen *nach der nackten Wahrheit allein.*[4] Das mochte ihm denn doch nicht die Rhetorik genügend zu verbergen, daß nicht nur durch die Miene des feierlichsten Ernstes die Hingabe an das Streben nach Wahrheit vorgetäuscht werden könnte, sondern sogar noch nach der Qualität dieser Wahrheit selbst, ihrem letzten Grade der Nacktheit nach.

Die Wahrheit wird nackt dargestellt, *weil sie nichts auszutheilen hat, sondern nur ihrer selbst wegen angestrebt seyn will.*[5] Wahrheitssucher dürfen schon deshalb keine Gewerbsleute sein, weil die Wahrheit gefährlich und ein unwillkommener Gast ist. Trotz ihrer Armut, die nichts verspricht, ist sie eine Göttin, und das soll heißen, daß sie sich selbst verspricht, sei alles, eben das Göttliche an ihr, das keiner Zugabe bedarf. Ihre Nacktheit ist enttäuschend für die, die eben eine Zugabe für sich erwarteten. Aber die erotische Konnotation steckt eben darin, daß sich der Anblick der Nacktheit unterscheidet für die, die dadurch vom Ausbleiben der Zugabe überzeugt und enttäuscht werden, und für die anderen, die gerade darin die Erfüllung ihrer Wünsche sehen, *nur die Wahrheit, die nackte nichts als sich selbst verheißende Göttin* zum Inbegriff ihrer Ziele zu machen.[6]

Seinen eigenen Weg und Wert, sein philosophisches Selbstbewußtsein hat Schopenhauer, verbunden mit der Klage über die Elendigkeit seiner Zeitgenossenschaft, in die Metapher gefaßt: *Die Menschheit hat von mir etwas gelernt, was sie nie vergessen wird, und ich habe den Schleier der Wahrheit weiter gelüftet, als irgend ein Sterblicher vor mir.*[7]

Wo aber hat er diesen Schleier angetroffen, um ihn lüften zu können? In der Richtung der cartesischen Reflexion auf das Subjekt, doch nicht auf dieses als denkende Substanz, sondern als den Willen. In diesem und an diesem erfaßt sich das Subjekt als Zeitlosigkeit, überschreitet es die Grenze hinter der es dieses Selbst und doch mehr als dieses eine Selbst der Individualität ist: *Was jederzeit ist, und jederzeit war und jederzeit seyn wird, bin ich. Und ich allein kann meinen Schleier heben.*[8] Der Wille ist das sich schlechthin

4 [Schopenhauer,] Handschriftlicher Nachlaß IV/1, 97 [Cholerabuch (1832).]
5 [Schopenhauer,] Nachlaß IV/1, 234 [Pandectae II (1837).]
6 [Schopenhauer,] Nachlaß IV/1, 279 [Spicilegia (1843).]
7 [Schopenhauer,] Nachlaß IV/1, 291 f. (Spicilegia 1844/45).
8 [Schopenhauer,] Nachlaß I, 458 (1817).

verbergende Prinzip. Kein anderer als der, der sich selbst als diesen entdeckt, die letzte Identität des Subjekts mit jenem Ich-will, hat *das nackte Subjekt* vor sich gehabt,[9] und nur dieses kann zu seinem äußersten Gegenpol, der Materie, die imaginäre Ansprache richten: *Dich wie mich hat nackt und isoliert noch kein Auge gesehn ...*[10] Der Wille allein ist das Ding an sich, alle Erscheinungen sind die Summe der Listen, hinter denen er sich verbirgt: *So tingirt und maskirt der Wille Alles.*[11]

Wenn man das anders gesagt haben will: Nicht erst das theoretische Subjekt ist mangels des Begriffs für seinen absoluten Grund im Willen auf die absolute Metapher für dieses Letzte angewiesen, sondern es ist das Wesen dieses Letzten selbst, sich nur in der absoluten Metapher der Welt darzustellen. Die Metapher wird nicht erfunden, sie wird vorgefunden, und die Welt ist nichts anderes als das Arsenal der Metaphern des Willens und für den Willen. Die letzte Wahrheit geht nicht nackt; nur im Abgrund des Subjekts, im Konvergenzpunkt seiner Reflexionen, lüftet es den Schleier, um hier sprachlos zu bleiben wie in aller Mystik. Der Mensch ist das Organ der Verborgenheit des Willens. Deshalb ist er in der ganzen Natur am wenigsten nackt, und die Nacktheit steigert sich im Abstieg vom Menschen zum Tier und vom Tier zur Pflanze.[12] Man folgt nur dem Willen des Willens, indem man ihn verbirgt. Daher muß man ihn verbergen, wie seine Genitalien; obgleich beide die Wurzel unseres Wesens sind. Sehen lassen darf man bloß die Erkenntnis, so wie man am Leib das Antlitz sehen läßt.[13] So kommt es zu dem Gewicht, das Schopenhauer der Allegorie beilegt.

Sie beruht auf dem tief im System wurzelnden Grundsatz: *Nackt kann die Wahrheit vor dem Volke nicht erscheinen.*[14] Das ist nicht nur eine Verlegenheit des zeitweisen Mangels an Aufklärung, der Verweigerung gegen Philosophie. Verborgenheit ist das Weltprinzip, und das läßt Schopenhauer milder denken von den Arten der Verborgenheit der Wahrheit in Glaubenslehren, bei all ihrem Gegensatz zur Überzeugungslehre. Als Allegorie können bestimmte

9 [Schopenhauer,] WW II 26.
10 [Schopenhauer,] WW II 30.
11 [Schopenhauer,] Nachlaß III, 421 [Adversaria (1828).]
12 [Schopenhauer,] WW I 230 [Die Welt als Wille und Vorstellung Bd. I, 2, § 28.]
13 [Schopenhauer,] Nachlaß III, 425 f. ([Adversaria] 1828).
14 [Schopenhauer,] WW II 215.

Inhalte der Religionen toleriert, sogar deren logische Absurdität als wesentliche Zutat zu ihrer Vollkommenheit hingenommen werden. Schopenhauer nimmt das religiöse Paradox selbst als Allegorie für den wesentlichen Sachverhalt, daß etwas vertreten werden muß, was nicht dargestellt werden kann und auch in keinem anderen System angemessen darstellbar ist: das Ding an sich als der Wille. So kann Tertullian zum Liebling Schopenhauers werden, indem dessen einziger Satz vom absurden Grund des Glaubens dessen Wesen ausspricht und damit bezeichnet, daß die Rede vom Ding an sich einer ganz anderen Ordnung als der der Erscheinungen angehört. Daher kann es kommen, daß im praktischen Endergebnis eine Glaubenslehre genau dahin führt, wohin auch eine Überzeugungslehre führen würde. Der Satz, daß die Wahrheit nackt vor dem Volke nicht erscheinen kann, erfährt also eine erhebliche Präzisierung durch die höhere Einsicht, daß sie nackt überhaupt nicht erscheinen kann und es daher ganz gleichgültig wird, in welcher Nicht-Nacktheit, also Allegorie sie tatsächlich erscheint. Es gibt nur Verkleidungen, wie es nur Erscheinungen gibt, ausgenommen die Selbsterfahrung des Willens, die aber auch nicht als Erfahrung anders als allegorisch dargestellt werden kann. Dieser Kaiser, im Gegensatz zu dem des Märchens von Andersen, behauptet von sich und muß es behaupten, nackt zu sein, damit nicht die Zufälligkeit seiner Uniform den Anstoß der Kontingenz erregt, der aller Legitimität von Herrschaft gefährlich wird. Dennoch ist es für den Philosophen der Anstoß, den die Religion gibt, daß sie ihre allegorische Natur verleugnet, während er selbst die aller Erscheinungen zugestehen muß. Nur für den Philosophen ist die Allegorie ein Schleier, der sich für ihn mit seiner Durchsichtigkeit auszeichnet.[15] Das Verfahren gleicht dem, welches angewendet werden müßte, um in einer Druckerei den Text nicht auf dem Abzug, sondern von den Lettern selbst abzulesen.

Die Metapher der Nacktheit ist Ausdruck für die Angemessenheit an die Idealität, für die Unmittelbarkeit der Anschauung.[16] Anschauung bedeutet, die letzte Grundlage aller Begriffe und Sätze nackt vor sich zu haben.[17] Die Allegorie ermutigt den enttäuschten

15 [Schopenhauer,] WW II 218.

16 [Schopenhauer,] WW I 323 [Die Welt als Wille und Vorstellung Bd. I, 3, § 47.]

17 [Schopenhauer,] WW IV 164 [Parerga und Paralipomena, Fragmente zur Geschichte der Philosophie § 14.]

Verkünder der Wahrheit, daß die Zeit doch noch den Schleier der nackten Wahrheit heben wird.[18] In dieser bildhaften Vorstellung verbindet sich die alte Metapher von der *veritas filia temporis* mit der der nackten Wahrheit. Worauf das Vertrauen beruht, wenn doch der Schleier ohnehin die Grundform des Weltzustandes ist,[19] läßt sich nur verstehen, wenn dem Philosophen eben etwas mehr zugetraut wird als allegorische Rede: die Anweisung des Subjekts zum unmittelbaren Verhältnis zu sich selbst und zu seinem Abgrund im Willen.

Andererseits spricht Schopenhauer von der *Albernheit gemahlter Allegorie.*[20] Sie beruht darauf, daß die Allegorie der Selbstauslegung unfähig ist; wie die Fabel der Moral bedarf, so die Allegorie der Auslegung, deren aber das Gemälde konstitutiv entbehrt. Schopenhauer schildert ein Gemälde von Lucca Giordano im Palazzo Riccardi in Florenz, das als Deckengemälde für einen Bibliotheksaal dient. Auf ihm ist dargestellt, wie die Wissenschaft den Verstand aus den Fesseln der Unwissenheit befreit. Die Wissenschaft thront als weibliche Gestalt auf einer Kugel und hat dazu noch eine Kugel in der Hand. Neben ihr befindet sich die Figur der Wahrheit als nackte. *Was würde so ein Bild sagen, ohne die Auslegung seiner Hieroglyphen?* Niemand könnte wissen, daß der Mann, der gerade dabei ist, seine Fesseln zu sprengen, der menschliche Verstand sein soll. Niemand könnte ahnen, daß die weibliche Gestalt mit der Kugel in der Hand und auf einer Kugel sitzend, nicht die Weltenkönigin Madonna ist, sondern die neuzeitliche Wissenschaft sein soll. Nur wenn man schon weiß, worauf es hinausläuft, kann man darauf kommen, in der Nacktheit der anderen weiblichen Figur die Allegorie der Wahrheit zu finden, weil zu dieser, im Gegensatz zu den beiden anderen Figuren, das metaphorische Element hinführt, sie sei dann am vollkommensten, wenn sie ohne Hüllen angeschaut werde. Aber auch die Metaphorik ist hier erst sekundär erfaßbar, wenn schon das Gesamtkonzept der Allegorie zur Verfügung steht, das der Figur der Wissenschaft so wenig abgelesen werden kann wie der des Verstandes. Als ästhetische Qualität vermag Schopenhauer die Nacktheit nicht zu sehen,[21] und es ist daher für ihn nur von

18 [Schopenhauer,] WW I 334 [Die Welt als Wille und Vorstellung Bd. I, 3, § 50.]

19 [Schopenhauer,] WW I 353 [§ 51.]

20 [Schopenhauer,] Nachlaß III 161 [Brieftasche (1822/1823).]

21 [Schopenhauer,] Nachlaß III, 164.

der Sprache her verständlich, daß die Wahrheit als weiblicher Akt auftritt. Die Sprachen der europäischen Tradition haben damit für die Wahrheit einen erotisch-ästhetischen Zug gesichert, der für den Misogyn nicht selbstverständlich und daher in seiner sprachlichen Vorgabe rein kontingent ist. Dennoch hat es der Vorzug der weiblichen Nacktheit in Verbindung mit dem weiblichen Geschlecht des Ausdrucks für Wahrheit in unserer Tradition ungeheuer erschwert, an die nackte Wahrheit als eine erschreckende und unerträgliche Größe zu denken. Um dies zu erreichen, mußte das mythisch-religiöse Moment hinzugenommen werden, von dieser weiblichen Gestalt als einer Göttin zu sprechen.

XXII
Kant

Die Metapher ist, als eine mehr oder weniger leicht zu reparierende Bruchstelle in der Konsistenz des Gedankens, ein Reizmittel, und als solches erfrischt sie nach dem Wort Lichtenbergs den Verstand; sie ist aber auch und im anderen Fall ein Beruhigungsmittel, wo sie das Versagen des Begriffs verdeckt oder seinem Mangel abhilft durch eine bloß andere Verfahrensweise. Die Sprache von wissenschaftlichen Autoren wäre daraufhin zu untersuchen, ob sie mehr zum Reizmittel oder mehr zum Beruhigungsmittel der Metapher greifen. Aber nicht nur als Feststellung quantifizierbarer Fakten; die Feststellung kann nur der Übergang sein zu der allein entscheidenden Frage, weshalb ein Autor das eine oder das andere aus der Dringlichkeit der Sachen oder aus der Verlegenheit seiner theoretischen Situation heraus nötig hat. Wie stellt sich in der Metapher die Lage des Denkers dar, in die er sich aus mehr oder weniger zwingenden Gründen und unter mehr oder weniger unvermeidlichen Bedingungen hineinmanövriert hat?

Kant wird man die Sucht nach dem Reizmittel der Metaphorik kaum nachweisen können. Um so plausibler ist, daß seine philosophischen Maßnahmen zur Eindämmung der Vernunft mit einigen Beruhigungsmitteln metaphorischer Art versetzt sein müssen, um nicht nur dem Erschrecken der durch vermeintliche Vernunftleistungen des metaphysischen 18. Jahrhunderts verwöhnten Zeitgenossen Dämpfung zu verschaffen, sondern auch um bestimmte Pflichtleistungen der Philosophie überhaupt noch möglich zu machen, die auch Kant mit moderierter Vernunft jedenfalls aufrechterhalten wollte. War für die Begriffe des Verstandes, sogar für die reinen Stammbegriffe der Kategorien, die Angewiesenheit auf Anschauung sowohl systematisch festgelegt als auch systematisch befriedigt, so war ebendies für die verbliebenen Begriffe der Vernunft, welche Funktion immer sie noch haben mochten, jedenfalls eine unentbehrliche, nicht einsichtig gewährleistet. Da muß nach Kants eigenem Sprachgebrauch an die Stelle der Demonstration die Illustration treten; und genau diese ist es, was beruhigt. Beruhigt über die eingetretenen Leistungsminderungen der Vernunft.

Es ist eine Blöße zu bedecken, wenn den Begriffen der Vernunft nichts in der Anschauung entspricht. Dann muß Anschauung anderswo hergenommen, ersatzweise dem Vernunftbegriff unterlegt werden. Darin liegt dessen Symbolbedürftigkeit. Da Kant den Begriff der Charaktere hat für solche Zeichen, die an sich nichts bedeuten und erst durch die Verbindung zu Anschauungen auf Begriffe hinführend gemacht werden, bekommt er den Begriff des Symbols (oder der Figur) frei für denjenigen Bereich, in dem die Mittel der Vorstellung selbst schon etwas bedeuten, schon anschaulich sind, aber eben nicht in dieser ursprünglichen Bedeutung verwendet werden. Also ist nicht die Fahne oder das Wappen ein Symbol, weil sie schon der Gattung der Charaktere zugehören. Charaktere können nur in diskursiven Funktionen (Kalkülen) verwendet werden, während das Symbol gleichsam selbst das Erkenntnisorgan erfüllt. Das ist aber gerade nicht seine Stärke, denn das Symbol tritt nur dort auf, wo es an Begriffen mangelt; und diesen Mangel sieht Kant nicht nur systematisch, sondern auch historisch als die Entwicklungsstufe der begrifflichen Defizienz sowohl bei den Wilden, wenn sie etwa vom Begraben der Streitaxt sprechen statt vom Friedemachen, als auch in der Geschichte der Dichtung von Homer bis zu Ossian, von Orpheus bis zu den Propheten, wo überall *das Glänzende ihres Vortrags blos dem Mangel an Mitteln, ihre Begriffe auszudrücken, zu verdanken* ist.[1] Das Symbolische und in eins damit das Ästhetische wird auf diese Weise zu einem Behelfsmittel des Übergangs, das schon in seiner Möglichkeit eines Tages reine Geschichte, nämlich durch den Status der Begriffsbildung überwunden sein müßte. Symbole, sagt Kant, sind *blos Mittel des Verstandes, aber nur indirect durch eine A n a l o g i e mit gewissen Anschauungen auf welche der Begriff desselben angewandt werden kann, um ihm durch Darstellung eines Gegenstandes Bedeutung zu verschaffen.*[2] Da auf diese Weise das Symbol für etwas steht, was als solches nicht begriffen worden ist und erst begriffen werden müßte, kann es in Überziehung seines Gebrauchs auch als behaupteter Repräsentant für etwas stehen, was seinem Wesen nach nicht begriffen werden kann. Dann wird es zum Instrument der Schwärmerei, die Kant an der Lehre Swedenborgs belegt, die den

1 [Kant,] WW VII 191 (Anthropologie § 38).
2 [Ebd.]

Sinnen zugänglichen Welterscheinungen seien bloße Symbole *einer im Rückhalt verborgenen intelligibelen Welt*.[3] Wo allerdings die Moralität eine solche im Rückhalt verborgene Welt erfordert, da kann wiederum im geschichtlichen Übergang der Vorwurf der Schwärmerei nicht erhoben werden. Denn ebendieses Verhältnis des Anschaulichen zum Unanschaulichen macht das Wesen aller Religion aus, in der zur reinen Vernunft gehörige Begriffe (Ideen genannt) in der Symbolik von Erfahrbarkeit (Ritual) erscheinen. Ausdrücklich ist dabei Aufklärung nicht allein die Enthüllung der ›Sache‹ von ihrer Einkleidung, sondern sowohl die Unterscheidung beider als auch die Anerkennung der Nützlichkeit und Nötigkeit der einen mit der anderen, zumindest *einige Zeit hindurch*. Aufklärung ist es, die *nützliche und nöthige Hülle von der Sache selbst zu unterscheiden* gerade hinsichtlich ihrer Unentbehrlichkeit, weil sonst der Platz der Sache nicht durch ihr Symbol, sondern durch etwas ganz anderes, nämlich ein Idol besetzt und damit der Endzweck dieser Sache, nämlich des Ideals der reinen praktischen Vernunft gänzlich verfehlt würde. Das Symbol besetzt also seiner Funktion nach eine Stelle, die das Ideal geschichtlich nicht oder noch nicht einnehmen könnte, um sie nicht dem Idol zu überlassen. Dieses Denkmuster ist für den Begriff der Aufklärung bei Kant zu wenig beachtet worden. Allgemeiner gesagt: Das Symbol für die Ideen und Ideale, für Vorstellungen der Totalität und der letzten Instanzen, für die Welt wie für den Staat, haben Platzhalterfunktion, lassen Umbesetzungen mit der Tendenz zur Idolisierung nicht zu – und dies einzusehen oder einsichtig zu machen, ist nicht weniger konstitutiv für Aufklärung als die Trennung von Hülle und Sache. Aber der intellektuelle Sinn bleibt der Endzweck, und er wird auch durch buchstäbliche Auslegung dessen inhibiert, was eben nur symbolisch sein kann und im Falle der eingeführten Förmlichkeiten und Gebräuche nichts anderes zu tun hat als *jene praktischen Ideen zu begleiten*.[4]

Das Kernproblem bei der Theorie Kants von der Symbolik ist also, ob der Mangel an Begriffen und an ihrer Beziehung auf Anschauung als ein systematisch-konstitutives Defektmoment zu verstehen ist oder als eine geschichtliche und damit überwindbare Stufe der Vorläufigkeit in den Leistungen der Vernunft. Im

3 [Ebd.]
4 [Kant,] WW VII 192 (Anthropologie § 38).

menschlichen Erkenntnisvermögen ist die Urteilskraft berichtigend und einschränkend, der wie natürlich auf Erweiterung strebenden Funktion der Vernunft entgegen; aber auch das Vermögen der Erweiterung hat sein eigenes Organ, den Witz, dessen Gabe es ist, *Ähnlichkeiten unter ungleichartigen Dingen aufzufinden* und dem Verstand Stoff anhand zu geben, *um seine Begriffe allgemein zu machen.*[5] Kants Katalog der beiderseitigen Attribute von Urteilskraft und Witz fällt nicht gerade zugunsten des letzteren aus; obwohl er produktiv heißen darf, ist er doch zugleich mehr Spiel als Ernst, eine Blüte der Jugend, nicht die reife Frucht des Alters, auf Einfälle statt auf Einsichten ausgehend.

Vor allem sei er *erfinderisch in M o d e n* als solchen *angenommenen Verhaltungsregeln, die nur durch die Neuheit gefallen.*[6] Sein Mechanismus ist am ehesten der einer Promiskuität in der Paarung der Vorstellungen. Richtet er sich aber auf *wahre und wichtige Grundsätze in der Einkleidung*, wie es dem Satiriker nachgesagt werden kann, wird er *centnerschwerer Witz* genannt und erregt eher Bewunderung als Belustigung. Alles in allem: Mangel an Gründlichkeit, und wo gründlich, da von der Qualität der Gedanken abhängig als *Vehikel oder Hülle für die Vernunft und deren Handhabung für ihre moralisch-praktischen Ideen.*[7]

Wenn Kant dem produktiven Witz ausdrücklich bescheinigt, die Vernunft gewinne durch ihn nichts, so kann er dies vor allem durch einen Kunstgriff aufrecht erhalten, der in der Zuerteilung an eine eigene Gabe wiederum der Urteilskraft besteht, die den Namen der *Naturgabe v o r l ä u f i g z u u r t h e i l e n*, des *iudicium praevium* bekommt.[8] Die vorliegende Fassung der Anthropologie stammt aus dem Jahre 1797; sie war die letzte Vorlesung, die Kant überhaupt gehalten hat. Daß es für die Vernunft der Vehikel und Hüllen überhaupt bedarf, könnte ein für den Resignationspunkt der Spätphase und die Stellung der Anthropologie im Spätwerk signifikantes Eingeständnis sein. Fast gleichzeitig mit seiner letzten Vorlesung führt Kant die letzte große Polemik seines Lebens. Im Maiheft der »Berliner Monatsschrift« von 1796 veröffentlicht er die Attacke »Von einem neuerdings erhobenen vornehmen Ton

5 [Kant,] WW VII 221 (Anthropologie § 55).
6 [Ebd.]
7 [Kant,] WW VII 222 (Anthropologie § 55).
8 [Ebd., 223 (Anthropologie § 56).]

in der Philosophie« gegen eine Spielart von Platonismus, die 1795 in einem Buch von J.G. Schlosser, »Platos Briefe über die syrakusanische Staatsrevolution«, vertreten worden war und einem frühromantischen Mystizismus vorarbeitete, der im übrigen auch von dem Grafen Friedrich Leopold zu Stolberg unter Berufung auf Plato favorisiert wurde.

Im Platonismus, auf den Kant durchaus auch seinen eigenen Begriff der Idee bezog, erschien ihm doch die Gefahr gerade dieses Stückes der Vernunftleistung, sich anstelle der unerreichbaren Anschauung symbolisch-metaphorische Substitutionen nicht nur zu verschaffen, sondern auch beim Wort zu nehmen, bestätigt, die Angewiesenheit der Vernunft auf Erfahrung mißachtet und übersprungen, um hinter den Erscheinungen Kenntnis von jenem Seiendseienden zu gewinnen, welches Plato in den Ideen hypostasiert hatte. Was die platonische Lehre von der Anamnesis noch mit der Vorsicht einer nicht unmittelbaren Gegebenheit der Urbilder behandelt hatte, war spätestens durch die Rolle der Ideenschau in der Paideia des Staatsdialogs vergessen und endete im Mystizismus des umstrittenen siebten platonischen Briefes, der wohl vor allem die Art von Philosophie repräsentiert, gegen die sich Kant in der Polemik zu Schlosser und Stolberg wendet. Da ist der Begriff der Enthüllung nicht mehr der einer Aufklärung dessen, was sich hinter Trugbildern und Schleiern verbirgt, sondern der Zentralbegriff einer Philosophie, die durch die Erscheinungen hindurch und über sie hinweg zum Eigentlichen vordringen zu können meint: *Der Namen der Philosophie ist, nachdem er seine erste Bedeutung: einer wissenschaftlichen Lebensweisheit, verlassen hatte, schon sehr früh als Titel der Ausschmückung des Verstandes nicht gemeiner Denker in Nachfrage gekommen, für welche sie jetzt eine Art von Enthüllung eines Geheimnisses vorstellte.*[9] Das liege im Versprechen intellektueller Anschauung, den Gegenstand unmittelbar und auf einmal zu fassen und darzustellen. Es sei vor allem eine Philosophie ohne Arbeit, gleichsam eine, die sich im Besitz eines inneren Orakels glaube.

Für Plato war der Endpunkt des Weges zur Wahrheit, der Paideia, der Blick des Adepten in die unverhüllte Sonne gewesen. Das wagt der neue Platoniker nicht mehr; er läßt die gefühlige Ahnung der Sonne hinter den Wolken dem Anspruch auf das Jenseits

9 [Kant,] WW VIII 389.

der Sinne genügen. Die Sonne müsse geahnt werden? Niemand, kontert Kant, *kann doch eine Sonne ahnen, wenn er nicht sonst schon eine gesehen hat.* Was bei ständig bedecktem Himmel und regelmäßiger Abfolge von Helligkeit und Dunkelheit allein möglich wäre, müßte als *Annehmung einer Hypothese von einem solchen Himmelskörper* bezeichnet werden, die glücklich zutreffen, aber auch die Wahrheit verfehlen könnte. Richtig bleibt nur, daß der ekstatische Weg der Blendung durch die unverhüllte Sonne nicht gangbar ist; das ist dem Kritiker mit dem Mystagogen gemeinsam. Der kritische Philosoph höhnt über die Bildersprache des *platonisirenden Gefühlsphilosophen*, in der dieser unerschöpflich sei; etwa darin, seine Philosophie könne der Göttin der Weisheit so nahekommen, daß das Rauschen ihres Gewandes zu vernehmen sei, und da er den Schleier der Isis nicht lüften könne, gebe er doch vor, ihn so dünn zu machen, daß unter ihm die Göttin zu ahnen sei. So dünne? Wie dünne, repliziert Kant, werde nicht gesagt: *vermuthlich doch noch so dicht, daß man aus dem Gespenst machen kann, was man will: denn sonst wäre es ein Sehen, welches ja vermieden werden sollte.*[10]

Was aber wäre hinter dem Schleier der Isis, ließe er sich lüften, statt nur dünner gemacht zu werden für Ahnungen? Indem Kant das Gefühlsmäßige der neuartigen Philosophie als eine bloße Verkennung der Eigentümlichkeit darstellt, in der sich das moralische Prinzip dem Menschen zu erkennen gibt, ohne jemals seiner Erfahrung unmittelbar zugänglich zu sein, will er die Polemik in einen Friedensschluß ausmünden lassen, und dies schon deshalb, weil er sich des Anteils seiner Kritik der Vernunft an der Ausweichbewegung in die platonisierende Emotionalität durchaus bewußt ist. Der Schleier hindert zwar, die Göttin zur Erscheinung zu bringen, nicht aber, ihre Stimme als die des moralischen Gesetzes zu hören. Der Kult am Mysterium ist ein gemeinsamer, nur die Erwartungen auf die Offenbarung der Gottheit sind verschiedene: *Die verschleierte Göttin, vor der wir beiderseits unsere Kniee beugen, ist das moralische Gesetz in uns in seiner unverletzlichen Majestät.* Der Schleier ist gnädig; er verhüllt das *tremendum* der Gottheit. Aber er ist auch gefährlich, denn er entzweit die zu ihrem Kult Bereiten hinsichtlich der Erwartung der Gunst, die sie ihnen daraufhin bezeigen wird. *Wir vernehmen zwar ihre Stimme und verstehen auch gar wohl ihr*

10 [Kant,] WW VIII 399.

Gebot; sind aber beim Anhören im Zweifel, ob sie von dem Menschen aus der Machtvollkommenheit seiner eigenen Vernunft selbst, oder ob sie von einem Anderen, dessen Wesen ihm unbekannt ist, und welches zum Menschen durch diese seine eigene Vernunft spricht, herkomme. Im Grunde thäten wir vielleicht besser uns dieser Nachforschung gar zu überheben …[11] Die nackte Wahrheit, hier wäre sie ganz sinnlos, denn an dem, was zu tun ist, änderte ihr Besitz nichts. Allerdings ist philosophisch allein *das didaktische Verfahren, das moralische Gesetz in uns auf deutliche Begriffe nach logischer Lehrart zu bringen*, während es zu personifizieren und *aus der moralisch gebietenden Vernunft eine verschleierte Isis zu machen* für ebendenselben Gegenstand nur die ästhetische Art der Vorstellung sein kann, deren man sich besser erst bedienen sollte, um die schon gewonnenen Ideen durch sinnlich-analogische Darstellung ›zu beleben‹. Ahnung kann nur Vorahnung sein; ästhetische Darstellung nur nachfolgende Belebung. Ein entscheidender Unterschied, durch dessen Beachtung die Gefahr zumindest verringert wird, *in schwärmerische Vision zu gerathen, die der Tod aller Philosophie ist.*[12]

Die Metaphorik der nackten Wahrheit ist auch bei Kant die Metapher für die Problematik des Bedarfs und Gebrauchs von Metaphern selbst in der Philosophie. Zwar drängt Kant seinen platonisierenden Gegner J.G. Schlosser, der die Jugend des ausgehenden Jahrhunderts vor der Kritik der Vernunft bewahren wollte und ihr an deren Stelle die Ahnungen einer unverhüllten Wahrheit versprach, zum philosophischen Frieden durch Anerkennung des gemeinsamen Primats der Moralität als der empirisch unerreichbaren Reinheit der Vernunft; aber diese Hintanstellung des theoretischen Aspekts läßt zugunsten der Eintracht vergessen, daß die reine Vernunft als theoretische von Kant gänzlich um ihren Anspruch gebracht worden war, etwas von dem zu wissen und zu sagen oder auch nur zu ahnen, was hinter den Erscheinungen als dem einzigen Gegenstand der Erfahrung liegen und die Wißbegierde reizen mochte. Man darf aber nicht vergessen, daß die »Kritik der reinen Vernunft« auch darüber belehrt, daß ein hinter den Erscheinungen Stehendes, wie immer benannt und benennbar, ›Ding an sich‹ oder ›Noumenon im negativen Verstande‹, nicht nur die Erfahrung überforderte oder unbefriedigt ließe, nicht nur

11 [Kant,] WW VIII 405.
12 [Ebd.]

zu nebulös, ungreifbar, schwammig, bestimmungsarm, chaotisch, ätherisch wäre, sondern als außerhalb der Bestimmbarkeit durch die Stammbegriffe des Verstandes die Identität des Subjekts als das vom Ich-denke nicht mehr Erreichbare zerstören müßte. Deshalb gibt es keine innere Erfahrung der Freiheit als eines Noumenon im positiven Verstande, sondern nur deren Erschließung von ihrer *ratio cognoscendi* her. Deshalb enthält der Begriff der Erscheinung bei Kant keine Minderung seines Realismus, keine Anwendbarkeit des von Lukrez gegebenen Spruches: *Eripitur persona manet res.* Im »Opus postumum« zitiert Kant diesen Spruch im unmittelbaren Zusammenhang einer Aussage über Gott: *Gott ist kein durch Sinne des Menschen erkennbares Wesen. – Ob also ein Wesen Gott sey als Phänomen hat kein kennbares Merkmal. Gott ist eine bloße Vernunftidee aber von der größten inneren u. äußeren practischen Realität.*[13] Das Abreißen der Maske ist ein Topos aller Realismen, die daran glauben, unter den Masken werde die Wirklichkeit kommen, sonst hätte die Maske ihren Sinn nicht. Die Maske abzulegen, ist ein Befehl von anderer Provenienz als der, sie abzureißen; er gehört in die Moralistik und verbindet sich mit der Vorstellung, daß der Mensch als öffentliches Wesen nicht alles von sich preisgeben will und kann, dies aber dennoch nicht in jeder Beziehung, und zumal nicht vor sich selbst, durchhalten und verfestigen darf. Die Ausnahme der Selbsterkenntnis ist noch ganz arglos und harmlos gemacht, wie es aus unserer ganzen Tradition heraus sanktioniert ist: *Erkenne dich selbst moralisch erforsche dich selbst was du für ein Mensch nach deiner moralischen qualität bist lege die Maske in der Theatervorstellung deines Characters ab und siehe ob du nicht vielleicht Ursache habest dich zu hassen ja wohl gar zu verachten.*[14] Außer auf die Selbsterkenntnis ist der Spruch des Lukrez von Kant noch bezogen auf den Tod[15] und auf das Geschlechterverhältnis, in welchem nach Kants dafür bekannt pessimistische Auffassung von dem Übergewicht der Einbildungskraft über die Sinnlichkeit in der Produktion von Vorstellungen bestimmt wird, weshalb denn auch der zum Spruch des Lukrez gehörige realistische Akt in der Ehe

13 [Kant,] WW XXI 142 [Opus postumum, 1. Convolut.]

14 [Kant,] WW XXIII 403 [Vorarbeiten zu Elementarlehre 1 (Metaphysik der Sitten).]

15 [Kant,] WW XXIII 267 [Vorarbeiten zur Einleitung in die Rechtslehre.]

besteht: *Denn diese ist Wahrheit* …[16] In allen drei Anwendungen des Lukrez-Verses ist die Beziehung der Maske auf Selbsterhaltung, ihrer Entreißung auf Störung oder Zerstörung eines konsolidierten Zustandes offenkundig. Wie zynisch immer der Philosoph werden mag, wenn er die Entlarvung markiert, er ist nur der Zuschauer bei gelegentlicher Lüftung oder Verundichtung einer im übrigen gnädigen und lebensdienlichen Vorrichtung.

Kant hat in seinem mit Papier durchschossenen Exemplar der 1764 erschienenen »Beobachtungen über das Gefühl des Schönen und Erhabenen« noch etwa zwei Jahre danach Bemerkungen eingefügt, ohne damit die zweite Auflage von 1766 anzureichern oder zu verändern. Schon zu diesem frühen Zeitpunkt muß also eine Notiz geschrieben worden sein, die mit fast zynischer Härte für die Funktion des Scheins die absolute Metapher in der Geschlechtsbeziehung findet: *Man verliebt sich nur in den Schein, man liebt aber die Wahrheit. Wenn man den Schein der meisten Menschen entdecken sollte, so würden sie wie jene Braut erscheinen, von welcher man sagt, daß sie schöne seidene Augenbrauen, ein paar elfenbeinerne Zähne, einige Tücher, die den Busen stützeten, vortreffliche Haarlocken abgelegt und ihre Schminke abgewischt hatte, ihrem bestürzten Liebhaber.*[17] Nun ist freilich, sich in den Schein zu verlieben, noch nicht in jeder Beziehung geringer, als die Wahrheit zu lieben; der Schein muß allerdings auf seine Funktion beschränkt bleiben, wie es aus zwei weiteren Notizen Kants auf demselben Blatt hervorgeht: *Der Schein, wenn ihn der, so ihn intendiert, vor die Sache selbst hält, ist der Wahn. Der Schein, den das Frauenzimmer intendiert, als ein Mittel zu Erreichung der Eheliebe, ist kein Wahn, aber außer dieser Bedingung wohl.*[18] Nun ist um sogleich der Überziehung der Metapher Einhalt zu gebieten, bei Kant die Erscheinung kein Schein; sie ist es allerdings nur deshalb nicht, weil es für den Menschen die Wahrheit nicht gibt, die er statt der Erscheinung lieben könnte. [Sie] für die Sache selbst zu halten, ist hier nichts anderes, und deshalb dieses nichts anderes als die Sache selbst, für die jenes obskure ›Ding an sich‹

16 [Kant,] WW VII 180 (Anthropologie § 33). [Siehe] Lukrez[, De rerum natura] III 58, wo es sich auf die Todesfurcht bezieht, die ihre Macht erst im äußersten Unglück offenbart, wenn der Mensch immer noch das elende Leben dem leichtesten Tod vorzieht.

17 [Kant,] WW XX 181; Schreibung normalisiert.

18 [Ebd.]

nicht einstehen kann, weil es dabei den Intellekt zerstören würde, dem es als Sache selbst gelten könnte. Der Wahn findet niemals statt, und deshalb kann, die Erscheinung für die Sache selbst zu halten, hier nicht Wahn sein. Nur der Gedanke an die Möglichkeit eines urtypischen Intellekts, dem seine Gegenstände nicht durch Synthese von Mannigfaltigkeit gegeben wären, läßt es dennoch als sinnvoll erscheinen, einem anderen Subjekt etwas zuzuschreiben, was für das eigene tödlich wäre. Die theoretischen Rollen sind metaphysisch und endgültig verteilt und können daher niemals von ein und demselben Subjekt gespielt werden. Die nackte Wahrheit ist ein Stück in der Fortsetzung der Tradition jener alten negativen Theologie. Die These Kants, auch der inneren Erfahrung sei nichts als nur Erscheinungen gegeben, erweist sich als von höchster und auf alles andere ausstrahlender Bedeutung; besäße das Subjekt eine Reflexion von adäquater Selbstgegebenheit, würde es sich eo ipso aufheben, und das heißt: nicht nur wegen der Schrecknisse, die dem moralischen Subjekt bei entblößter Konfrontation mit sich selbst bevorstehen mögen. Kant notiert sich für die Preisfrage nach den »Fortschritten der Metaphysik«: *Wenn ich mich erkennte, wie ich bin, nicht wie ich mir erscheine, so würde meine Veränderung einen Widerspruch in mir machen. Ich würde niemals derselbe Mensch sein. Die Identität des Ich wäre aufgehoben.*[19] Es darf keinen Realismus der Selbsterkenntnis geben, die Phänomenalität ist ihr letzter Schutz. Das ist, was schon an den Paralogismen der metaphysischen Psychologie in der Dialektik der Vernunftkritik einzusehen gewesen war: das Subjekt darf sich schon deshalb nicht als das, was es ist, selbst erkennen, weil sowohl die Evidenz seiner Sterblichkeit wie die seiner Unsterblichkeit es moralisch ruinieren müßte. Solche Selbsterkenntnis würde das Subjekt derart verändern, daß es nicht mehr das wäre, was es zuvor gewesen war. In der Selbsterkenntnis liegt insofern eine Antinomie, die durch die Fundierung der inneren Erfahrung auf Erscheinungen ausgeschaltet wird. Was für die Unsterblichkeit gilt, gilt spätestens für Kants Religionsschrift für den Ursprung des Hangs zum Bösen im Menschen: Er selbst muß verantwortlich sein für diesen Hang, weil er sonst nicht moralisch einschlägig wäre, darf und kann aber zugleich nicht wissen, wie er zu dieser Schuld gekommen ist. Er kann es nicht wissen, weil

19 [Kant,] WW XX 338[; Schreibung normalisiert.]

sie in die intelligible Vorgeschichte des Subjekts gehört; er darf es nicht wissen, weil die Kenntnis dieses moralischen Primäraktes, der nicht unter Weltbedingungen gestanden haben kann, jedes moralische Selbstvertrauen in die Reduktion des Sollens auf das Können vernichten müßte. Das moralische Subjekt der Religionsphilosophie Kants darf keine Anamnesis haben; biblisch gesprochen, darf es sich nicht an die Geschichte des Sündenfalls erinnern können, weil sie im Paradies und damit aus reiner, weltunabhängiger Bosheit geschehen sein muß. Auch diese nackte Wahrheit muß gnädig verhüllt bleiben.[20]

Bei Kants Auseinandersetzung mit dem grassierenden Gefühlsplatonismus seines letzten Jahrzehnts darf nicht vergessen werden, daß allein der Begriff der Erscheinung in Kants Kritik als eine platonische Anspielung genommen werden mußte und als solche leicht die Differenz übersehen ließ, daß Platos Erscheinungen Abbilder von Urbildern waren und als solche zwar legitimiert durch die Urbilder, aber auch durch deren unvermeidliche Depravierung gekennzeichnet, so daß dort die Erscheinung als solche den Rückgang auf ihr urbildliches Sein herausforderte. Ebendiesen Rückgang auf irgend etwas, was von der Art der Erscheinung, bloß von größerer Reinheit und Beständigkeit wäre, schließt Kants Begriff gerade aus und erfüllt damit Erwartungen nicht, die er wecken mußte. Deshalb sind nicht nur seine Gegner, sondern auch seine Anhänger und Jünger nicht von ungefähr geneigt, den zumindest verbalen Platonismen in Kants Werk selbst nachzugehen. So mag es nicht zufällig sein, daß aus diesem Kreis heraus Kant eben die Metaphorik zugetragen wurde, die er dann in der Replik auf den neuen Ton in der Philosophie ironisch verwendete.

Er sei der erste, schrieb am 17. September 1792 der Göttinger Privatdozent der Philosophie Friedrich Bouterwek an Kant, *der es wagt, auf dieser Georg-Augusts-Universität, wo so ein Unternehmen in mehr als einer Rücksicht g e w a g t heissen kan, Kritik der reinen Vernunft nach Ihrem System öffentlich vorzutragen.*[21] Dem Brief beigefügt war die »Anzeige einer Vorlesung über die Kantische Philosophie von Michaelis 1792 bis Ostern 1793«. Den Ton

20 Das Zitat [Kant,] WW XX 338 stammt aus den Notizen, die sich Kant für die Bearbeitung der Preisschrift der Preußischen Akademie in Berlin gemacht hatte und deren Kompilation erst im Jahr seines Todes 1804 publiziert wurde.

21 [Friedrich Bouterwek an Immanuel Kant. In: Kant,] WW XI 368.

dieser Ankündigung hatte der Briefschreiber selbst als *Ton eines gedämpften Instruments* bezeichnet, und dies mochte sich vor allem auf den mangelnden Optimismus des Schlusses bezüglich des endlichen Obsiegens der kantischen Partei im Streit beziehen. Bouterweks Argument ist sogar, gerade die angenommene Richtigkeit der Philosophie Kants schließe die Erwartung ein, daß die dialektische Natur der Vernunft, ihre Grenzen zu überschreiten, nicht zur Ruhe gebracht werden könne und *sie Anhänger finden wird bis ans Ende aller menschlichen Dinge.*[22] So würden die Köpfe auch künftig durch zweierlei Art von Philosophie in Bewegung gehalten wie in einem demokratischen System, für das *der freigesinnte Verehrer der Vernunft … begreift, daß Tories und Whigs nöthig sind, wann kein Despotismus einreissen soll*, so daß sich derselbe einsichtige Verehrer der Vernunft über diese Aussicht der bleibenden Parteiungen in der Philosophie von Herzen freuen müsse, daß dieselbe Vernunft *ihre Geneigtheit nicht verlieren* wird, *sich selbst zu blenden mit ihren dialektischen Schlüssen.*[23] Bouterweks erster Brief an Kant schließt mit der nachträglich überraschenden Ankündigung, für den Fall der Anerkennung des Meisters zu seiner »Anzeige« würde er den Plan verfolgen, *in der Form platonischer Dialogen* eine populäre Fassung des Systems der Vernunftkritik, *denen in die Hände zu spielen, die zurückbeben vor dem festen Schritte der systematischen Darstellung.*[24] Man wird den Vorschlag der platonisierenden Form nicht ohne Zusammenhang mit der eigentümlichen Prognose der »Anzeige« für die weitere Parteiung der Philosophie bis ans Ende der Zeiten – und darin begründet die Notwendigkeit, im Dialog und seiner Dialektik denken zu müssen – lesen können.

Schon im folgenden Jahr überreicht Bouterwek mit einem weiteren Brief Kant seine »Aphorismen, den Freunden der Vernunftkritik nach kantischer Lehre vorgelegt«, von ihm selbst charakterisiert als ein Werkchen, das umgeben sei durch eine *leichte Guirlande von Blumen der Phantasie.*[25] Dies sind noch nicht die verheißenen platonischen Dialogen, wohl aber die Ankündigung von zwei für die Zeitgenossen bezeichnenden Widerständen gegen Kant: gegen

22 [Bouterwek. In: Kant,] WW XIII 329 (Anzeige S. 27 f.).

23 [Ebd.]

24 [Bouterwek. In: Kant,] WW XI 370.

25 [Bouterwek an Kant. In: Kant,] WW XI 446 (25. August 1793).

den Rigorismus seiner Ethik und gegen den Gefühlsmangel seiner Religionsphilosophie. Auch da war Bouterwek dem Meinungsdruck seiner Umgebung erlegen, von deren Urteil über die Religionsschrift er Kant mit dem Pathos einer großen metaphorischen Replik berichtet: *So überall aufklären, meinen diese Herren, stehe nur einem Leibniz wohl, und bedenken nicht, daß eben die Fackel, bei deren Licht die ganze Leibnizische Monadenwelt wie ein Dunst erscheint, ihre Strahlen unvermeidlich nach allen Seiten wirft.*[26] Wie zum Beleg dieser Ausbreitung des Lichtes erwähnt er in einem einzigen Satz den Namen, der am Ort kaum zu den Erzeugern jenes Meinungsdrucks gehört haben konnte: *Einer Ihrer wahrhaftigsten Verehrer hier ist unser trefflicher Lichtenberg.*

Zwei Jahre später folgt nun wirklich der platonische Dialog unter dem zeitgemäßen Titel »Paullus Septimius, oder das lezte Geheimniß des eleusinischen Priesters«. Die Lehre Kants von theoretischer und praktischer Vernunft wird einem jungen Römer als Einweihung von dem Priester Theophranor zuteil, der ein wenig die Züge Jacobis zu tragen scheint. Auf dieses vom Autor als lange und wohl durchdacht dem Meister vorgestellte Werk – keins der Übereilung wie jene zurückliegenden Aphorismen – bezieht sich nun die Metaphorik der nackten Wahrheit und spielt sogleich auf jenen Dunstkreis der Mysterien an, auf den nur wenige Monate später schon Kant seine Polemik gegen Schlosser anspielungsreich halten wird. Bouterwek hatte über die platonische Dialogform seines Werkes geschrieben: *Ueber das Kleid zu disputiren, das ich der Wahrheit umzuhängen gewagt habe, werde ich nicht nöthig haben, wenn nur die Wahrheit nicht durch dieses Kleid entstellt ist. Aber wird die reine und entkleidete Wahrheit, die Unsichtbare und Unsterbliche, die Ihnen erschien, als Sie den Begriff einer reinen Erkenntnisform fanden und die Tafel der Categorien aufstellten, wird diese sich erkennen in der Lehre meines eleusinischen Priesters?*[27] Darf vermutet werden, Kant hätte nicht auch dem Schreiber dieses Briefes in seinem Aufsatz eine Antwort geben wollen, da dieser doch selbst den Zweifel hat, ob in seinem Werk nicht *eine Verirrung der Speculation über die Gränze* vorliege, die der Vernunft von Kant vorgezeichnet worden sei: *Wenn ich doch darüber die Wahrheit selbst fragen könnte! Oder*

26 [Bouterwek an Kant. In: Kant,] WW XI 446.
27 [Bouterwek an Kant. In: Kant,] WW XII 44 (Darmstadt, 29. September 1795).

wenn ich von Ihnen hören könnte, ob Sie die Abweichungen der Lehre Theophranors von Ihrer Critik der r.V. für ganz grundlos erkennen! Es handelt sich da vor allem um die Zurückführung des Leibniz-Glaubens an die beste Welt auf eine Evidenz des Gefühls. Und das an den Meister, von dem nur vier Jahre zuvor alle philosophischen Versuche in der Theodizee für mißlungen erklärt worden waren.

Trotz der Kommentarbedürftigkeit seines Werkes hat es Kant an Kommentatoren ersten Ranges gemangelt. Selbst der bedeutendste Kommentar zur »Kritik der reinen Vernunft«, der Hans Vaihingers, ist nicht weiter gekommen als die erste Lektüre Kants im allgemeinen zu kommen pflegt. Vaihinger hat Kant als den großen Verschleierer des Sachverhalts gesehen, daß er immer noch und mit Vorrang Metaphysiker war. Daß er ein Aufklärer mit Vorsicht war, charakterisiert ihn noch nicht durch Ängstlichkeit; [da] er wußte, wie leicht und schnell die Chance der Erhellungen durch Aufklärung vertan war, wurde dem Gemüt allzu rigider Verzicht zugemutet. Verschleierung ist Rücksicht auf die Schwäche der Aufklärung gegenüber dem, was die Vernunft im Überziehen ihrer Möglichkeiten dem menschlichen Gemüt versprochen hatte. Vaihingers 1902 geführte Auseinandersetzung mit Paulsens Darstellung[28] ist so etwas wie die früheste Sternstunde der Metaphorologie. Vaihinger beanstandet nicht nur, daß Friedrich Paulsen den Metaphysiker Kant gegen den Kritiker ausspielt, um die gerade einsetzende Aufmerksamkeit auf Kants Metaphysik-Vorlesungen zu einer neuen Angemessenheit an Kants Selbstverständnis und seine Einschätzung der negativ-vorbereitenden Funktion der »Kritik der reinen Vernunft« zu beleuchten. Da erlaubt gerade die Metaphorik von Verhüllung und Enthüllung Vaihinger den nuancierten Widerspruch dagegen, die »Kritik der reinen Vernunft« jetzt als Aphel in der Bahn der kantischen Denkbewegung von ihrem Zentrum hinzustellen. Aber: *die Dinge thun uns nicht immer den Gefallen, so einfach zu liegen.* Paulsens Darstellung sei eben deshalb nicht zutreffend, weil er *dasjenige, was Kant unter tausend Verklausulierungen versteckt, nun seinerseits offen und nackt hinstellt.* Da kann mit den

28 [Hier hat Blumenberg an den Rand des Typoskripts handschriftlich ein Fragezeichen hinzugefügt. Dies könnte sich auf eine Datierungsunsicherheit beziehen. In der Tat ist der Text zum ersten Mal zwei Jahre früher in einer Festschrift erschienen, vgl. Benno Erdmann (Hrsg.), Philosophische Abhandlungen. Christoph Sigwart zu seinem 70. Geburtstage, 28. März 1900. Tübingen 1900, 133-158.]

Zwischentönen und Halbwerten von Schleier und Schimmer gearbeitet werden: Paulsen stelle in das hellste Tageslicht, was Kant *nur durch einen Schleier hindurchschimmern lässt*, [er stelle es] eben ohne diesen *k r i t i s c h e n Schleier* ans Licht. Aber der Schleier ist nicht nur ein Rest der Unaufgeklärtheit, nicht nur die verbliebene Hülle des schmerzhaften Prozesses der Enthüllung: *Der Schleier, den Kant so vor dieser intelligiblen Welt vorzieht, ist ein notwendiger Bestandteil seines kritischen Systems. Paulsen zieht den Schleier einfach weg: in demselben Augenblick ist aber auch der eigentliche Kriticismus Kants nicht mehr ganz da. Dass Kant jene intelligible Welt so discret durch den Schleier zugleich verhüllt und durch denselben verhüllenden Schleier doch wieder hindurchschimmern lässt, darin eben ist das Charakteristische seines Kriticismus zu suchen.*[29]

Vaihinger hat nicht nur die Metapher der nackten Wahrheit für Kant verwendet, um die Komplexität von Kritizismus und Metaphysizismus als das Grundproblem seiner Ausleger zu vergegenwärtigen; er hat auch diese Komplexität als orientiert an den metaphorischen Hintergründen von Enthüllung und Unenthüllbarkeit festgestellt und darin Kant selbst den Verbund von Metaphysik und Metaphorik zugeschrieben. Ebendieser Verbund gestattet ihm, nicht alsbald von der Stufe des Kritikers auf die des Dogmatikers zurückzufallen. Darin ist Kant, und das ist Vaihingers Pointe, bei aller Ablehnung der Platonismen der Zeitgenossen seiner späten Lebensjahre selbst Platoniker. Zu dieser Einsicht ist freilich nötig, Plato selbst als den zu sehen, bei dem der Kritiker dem Dogmatiker schon entgegentritt mit der Einlassung, daß *für die letzten und höchsten Probleme uns nur Metaphern übrig bleiben …*[30] Mag Plato diese Metaphern Mythen nennen und Kant sie als Analogien oder Symbole bezeichnen, es ändert die Differenz der Namen nichts an dieser Bezüglichkeit in der Sache, die über die bloße Rezeption des Ausdrucks ›Ideen‹ weit hinausgeht. Es geht um das Paradox einer ermutigenden Resignation in der Frage nach der Erreichbarkeit letzter Resultate in der Philosophie: *Dies Bewusstsein war eben bei Kant nicht minder stark, als bei Platon. Dem Schlagwort: ›Kant ein Metaphysiker‹ kann man das gleichwertige gegenüberstellen: ›Kant ein Metaphoriker‹.*[31]

29 Hans Vaihinger, Kant – ein Metaphysiker? In: Kant-Studien 7, 1902, 111.

30 Vaihinger, a. a. O., 117.

31 Ebd.

Ausgerüstet mit dieser Einsicht – oder wenigstens: Vorsicht –, kann man sich den forscheren Formeln Kants nähern, die von Entkleidungen sprechen. Am berühmtesten ist die herausfordernde des Briefes an Moses Mendelssohn vom 8. April 1766, wo Kant seine Unwertschätzung der Metaphysik der zeitgenössischen Schulen ausspricht, daß er *die aufgeblasene Anmaßung gantzer Bände voll Einsichten dieser Art so wie sie jetziger Zeit gangbar sind mit Wiederwillen ja mit einigem Hasse ansehe …*[32] Die gänzliche Vertilgung solcher eingebildeten Einsichten könne nicht so schädlich sein wie die darin erträumte Wissenschaft *mit ihrer so verwünschten Fruchtbarkeit.* Mendelssohn hatte in einer Rezension in der »Allgemeinen deutschen Bibliothek« die Tonart von Kants »Träumen eines Geistersehers« beanstandet: Der *scherzende Tiefsinn* lasse den Leser im Zweifel zurück, *ob Herr Kant die Metaphysik hat lächerlich, oder die Geisterseherey glaubhaft machen wollen.*[33] Auf diese ›Befremdung‹ läßt sich Kant ein und erklärt, noch der Unwille seines Rezensenten über die Zweideutigkeit des Ausdrucks sei ihm *schätzbar und angenehm*; dieser werde auch niemals Veranlassung haben, von seinem Eindruck abzugehen. Zwar werde Kant niemals etwas sagen, was er nicht denke, aber er denke *vieles mit der allerkläresten Überzeugung und zu meiner großen Zufriedenheit was ich niemals den Muth haben werde zu sagen …*[34] Dieses Konzept von Aussage und Verhehlung ist also ausdrücklich über den Swedenborg-Anlaß hinaus zum Lebensprogramm erklärt und erklärt seinerseits vieles an Kants Stil und Zurückhaltung in der Sache. Offen fügt er das Eingeständnis hinzu, es sei ihm schwer geworden, *die Methode zu ersinnen nach welcher ich meine Gedanken einzukleiden hätte ohne mich dem Gespötte auszusetzen.*[35] Was Kant sich selbst auferlegt, gilt freilich nicht gleichermaßen für das Genie, an das er sich wendet und dem er zugesteht, eben in der so desolaten Metaphysik *eine neue Epoche zu machen, die Schnur gantz aufs neue anzulegen und den Plan zu dieser noch immer aufs bloße Gerathewohl angebauten disciplin mit Meisterhand zu zeichnen.*[36] Für ihn selbst bleibe hingegen, sich dem öffentlichen Bestand des vermeintlichen Vorrats an

32 [Immanuel Kant an Moses Mendelssohn, 8. April 1766. In: Kant, WW X 69.]

33 Zitiert [nach Kant,] WW XIII 35 [Anmerkungen zu Brief 38a].

34 [Kant an Moses Mendelssohn. In: Kant,] WW X 69.

35 [Ebd., 69 f.]

36 [Ebd., 70.]

Wissen in dieser Wissenschaft zuzuwenden, von der er objektiv so hoch denkt, daß *sogar das wahre und dauerhafte Wohl des Menschlichen Geschlechts auf ihr ankomme*. Dazu sei aber, um der neuen Grundlegung durch den anderen die Möglichkeit zu geben, *nichts ratsamer*, als ebenjenem vorliegenden Wissensbestand *das dogmatische Kleid abzuziehen und die vorgegebene Einsichten sceptisch zu behandeln* …[37] Auch das Zugeständnis an den Adressaten, diesem stände es zu, in der Physik die neue Epoche zu machen, erhält die vom Rezensenten beanstandete ironische Zweideutigkeit durch die der Entkleidungsmetapher nachfolgende Mitteilung, er selbst, Kant, sei zu wichtigen Einsichten in dieser Disziplin gelangt, um deren Verfahren festzusetzen und nicht bei allgemeinen Aussichten stehenzubleiben, so daß seine Einsichten – und nun folgt ein Stück aus derselben Metaphorik, die er Mendelssohn zum Selbstverständnis angeboten hatte – *in der Anwendung als das eigentliche Richtmaas brauchbar* seien.[38]

Man wird, nach all diesem, nicht von der Metapher vom Abziehen des dogmatischen Kleides erwarten dürfen, daß nichts anderes als die nackte Wahrheit unter ihm und danach übrig bleiben werde. Was aber wäre gewesen, wenn Kant jenes Mendelssohn bekannte Lebensprogramm der Zweideutigkeit aufgegeben und sich hinsichtlich seines metaphysischen Unveräußerlichen bestimmt geäußert hätte? Diese Frage ist hier nicht als eine solche der Kanthermeneutik zu besprechen. Nur die mögliche Spannweite zwischen Äußerung und Vorbehalt ist für einen Augenblick vorzustellen – am härtesten mit dem einen Satz seines scharfsinnigsten Kommentators, der zugleich ein Licht wirft auf die Hinterhältigkeit jener »Träume eines Geistersehers«, die Mendelssohn gestört hatte: Kants Anschauung von der Natur des ›wirklich Wirklichen‹ ist im Grunde zu allen Zeiten unverändert geblieben: *Die Wirklichkeit an sich ein System seiender, durch teleologische Beziehungen zur Einheit verknüpfter ›Gedankenwesen‹, die von dem göttlichen Intellekt anschaulich gedacht und eben dadurch als wirklich gesetzt werden* …[39]

Man sieht, daß der Weg von dem Punkt, wo man nicht sagt, was man denkt, bis zu dem anderen, wo man sagt, was man nicht

37 Ebd., 70.

38 Ebd., 71.

39 Vaihinger, a. a. O., 110 f.

denkt, nicht so weit ist, wie es in Kants Wahrhaftigkeitsbeschwörung gegenüber Mendelssohn aussieht.

Kants Lebensprogramm des intellektuellen Vorbehalts und der Ironie im präzisen Wortsinne wird man im Ohr behalten müssen, wenn man noch einen Blick auf eine wiederum dem letzten Jahrzehnt des Jahrhunderts angehörige Äußerung aus dem Konflikt mit dem Wolffianer Johann August Eberhard wirft, der in seinem »Philosophischen Magazin« der Vernunftkritik Kants das Nachsehen gegenüber Leibniz hatte geben wollen. Für Kant war das »Magazin« nicht nur, nicht einmal vorwiegend eine Herausforderung in der Sache, die noch dazu im ›übermüthigen Charlatanston‹ gehalten war, sondern das Organ der sich gegen ihn formierenden Front der Philosophie, die nicht weniger als das Symptom für den Fehlschlag des großen Jahrzehnts seiner Lebensarbeit und damit der Vernunftkritik war. Kants Überraschung und die daraus resultierende Reizung kann man nur im Rückblick auf seine Erwartungen für die Vernunftkritik verstehen, was hier nicht erwartet werden wird.[40] Hier interessiert noch, daß Kant, seiner Äußerung gegenüber Reinhold nach, in Eberhard einen Mann der ›Hinterlist‹ sah, mit welcher *dieser in keinem Stücke aufrichtige Mann alles, sowohl worinn er selbst schwach, als wo sein Gegner stark ist, in ein zweydeutiges Licht zu stellen aus dem Grunde versteht.*[41] Mit dieser Einschätzung der Person verbindet sich zwanglos die Akzentuierung eines seiner von Leibniz herkommenden Lehrstücke: die für Mathematik und Metaphysik gleichartige Verbildlichung intellektueller Gegenstände. Obwohl Kant im Interesse seines Werkes und aus Altersgründen lieber seinem Schüler Reinhold die sich in Hitzigkeit steigernde Kontroverse überlassen hätte, greift er schließlich doch selbst ein und veröffentlicht zur Ostermesse 1890 gleichzeitig mit der »Kritik der Urteilskraft« seine Streitschrift gegen Eberhard »Über eine Entdeckung, nach der alle neue Kritik der reinen Vernunft durch eine ältere entbehrlich gemacht werden soll«. Eberhard hatte die

40 [Hier macht Blumenberg eine Anmerkung, »LN«, und setzt eine Leerstelle, als habe er eine Seitenzahl nachtragen wollen. »LN« steht in seiner eigenen Siglenliste sonst für »Die Legitimität der Neuzeit«. Der Vermerk könnte ein Verweis sein auf: Blumenberg, Die Legitimität der Neuzeit. Erneuerte Ausgabe. Frankfurt a.M. 1988, 503-509.]

41 Kant an Carl Leonhard Reinhold[. In: Kant,] WW XI 33-40 (12. Mai 1789)[, hier 34.]

Vorstellungen von Raum und Zeit als dem Menschen anerschaffene ›unbestimmte Bilder‹ bezeichnet und darin Übereinstimmung mit der Ästhetik der ersten Kritik unterstellt. Da widerspricht ihm Kant aufs heftigste, da Raum und Zeit schon vorausgesetzt sein müßten, um darin allererst Bilder möglich sein zu lassen, und zudem ›das unbestimmte Bild‹ immer schon den Begriff voraussetze, dessen Darstellung es sein solle, etwa wenn ein Dreieck ohne Bestimmung seiner Seiten und Winkel zur bloßen Verdeutlichung des Begriffs vorgestellt wird. Eberhard habe also dem Bildlichen eine Ursprünglichkeit in der Konstitution des Erkenntnisvermögens zugeschrieben, die jedenfalls mit Kants Position nicht vereinbar sei: *Er hat sich in das trügliche Spielwerk, statt s i n n l i c h den Ausdruck b i l d l i c h zu brauchen, so hinein gedacht, daß er ihn allenthalben begleitet.*[42] Was für Kant erst Gegenstände der reinen Anschauung in Raum und Zeit sein konnten, sollte für Eberhard schon Raum und Zeit selbst sein. Als sich auch der Königsberger Hofprediger und Professor der Mathematik Johann Schultz in die Kontroverse mit Eberhard einschaltete, gibt Kant ihm einiges aus Eigenem anhand, dessen Kern die Klarstellung seiner Kritik an aller dogmatischen Metaphysik ist, daß die Widerspruchsfreiheit in der Bestimmung eines Begriffs noch nicht *für etwas Mögliches und also für ein Ding anzunehmen berechtigt …*[43] Damit ist auch das Verhältnis von Bildlichkeit und objektiver Realität hereingezogen, das für Eberhards Einführung der Möglichkeit einer Erkenntnis dessen, was nicht Objekt der Erfahrung werden kann, so leistungsfähig sein sollte. Nachdem Kant in seiner Streitschrift gegen Eberhard wenige Wochen zuvor nur den ersten Band des »Magazins« angegriffen hatte, kam es jetzt darauf an, den zweiten Band auf die Widersprüche Eberhards in der Gegenwehr gegen die Verteidiger der Vernunftkritik nachzuweisen. Das operative Ziel formuliert Kant zu Beginn des Briefes an Schultz vom 29. Juni 1790, mit dem er ihn weiteres zur Stützung der Rezension überreicht: *Das Blendwerk von dem ›bildlichen‹, mit dem Eberhard immer um sich wirft, scheint nöthig zu seyn aufzudecken, imgleichen auch die letzte*

42 [I. Kant,] Über eine Entdeckung, [nach der alle neue Kritik der reinen Vernunft durch eine ältere entbehrlich gemacht werden soll] I; [in: Kant,] WW VIII 222.

43 [Kant,] WW XX 381 [Handschriftlicher Nachlaß: Zur Rezension von Eberhards Magazin (II. Band)].

Aufforderung, um ihn so geschwinde als möglich zu nöthigen, sich in seiner Blöße darzustellen.[44]

Über das Bildliche Eberhards hat Kant in der seinem Kollegen Schultz zugereichten Tischvorlage den einen, alles beschließenden Satz: *Was aber dieses Bildliche sey, das mag der Himmel wissen.*[45]

44 [Immanuel Kant an Johann Schultz. In: Kant,] WW XI 183 (29. Juni 1790).

45 [Kant,] WW XX 392; dort auch der Satz über *die vermeynte Versinnlichung des Intellectuellen, oder die Intellectuirung des Sinnlichen*, wodurch Eberhard Mathematik und Metaphysik zu vereinigen beabsichtige.

XXIII
Die Aufklärung

Nacktheit ist keine Konstante, als Metapher für die Wahrheit erst recht nicht. Es geht dabei nicht einmal um die bloße Proportion von Verhüllung und Entblößung, sondern durchaus um die Qualität der Mittel, mit denen sie betrieben werden. Wie durchsichtig muß, wie undurchsichtig darf die Wahrheit eingekleidet sein, um sowohl durch- als auch anzukommen?

Die Fabel nach Art des Äsop – wohl die längste und kontinuierlichste Tradition aller literarischen Gattungen in unserer Geschichte – erscheint den einen als Inbegriff listiger Verkleidung der Wahrheit, erschließbar erst durch angehängte *Epimythia*, den anderen als frühester Ausdruck einer erbarmungslos nüchternen Mitteilung nackter Wahrheiten. Neuerdings hat man geglaubt, es käme auf das Publikum an, dem solche Dinge dargeboten werden; erdacht von einem phrygischen Sklaven, wäre eben die zumeist aus Tiergestalt kommende Wahrheit zugänglich nur und gerade für die Genossen dieser Klasse. Zulässig ist allenfalls noch die Vermutung, schon damals hätte es hier und da die Spezies des intellektuellen Verbündeten der Unterdrückten gegeben, der auch verstanden habe, was unter dem Geschmack der hohen Herren und ihres Epos hindurchgelaufen sei. Eine der ewigen Anwendungen des Prinzips, Gleiches werde nur von Gleichem aufgefaßt und angeeignet – immer auch die Verkennung der rätselhaften ästhetischen Lust derer, die angeblich gemeint sein sollen, an der gegen sie gerichteten List. Solche Theoreme befriedigen nur die, die nichts anderes erwartet hatten, nicht einmal anderes erwarten durften.

Die Herrschaft der Fabel über die Gemüter hat verwickelte innere wie harmlose äußere Gründe. Zu den harmlosen äußeren gehört, daß die Kürze der Texte und die Einfachheit der Spruchlagen ideale Vorgaben für Übungen in der Übersetzung wie in der Versifizierung anbieten. Es gibt einen heimlichen Wettbewerb der Formen und Stoffe, so früh wie möglich an die noch unbesetzte menschliche *memoria* heranzukommen; wer zuerst da ist, placiert sich zuerst.

Eine eher romantische Vermutung über die Affinität des Gemüts zur Fabel ist das Zurückreichen ihrer Tradition bis in die Urzeiten der Menschheit – womöglich bis in jenes Paradies, in dem die Tiere nicht nur ihre Namen bekommen hatten, sondern auch sprachen. Durch den todesbereiten Sokrates gehört Äsop in die Geschichte der Philosophie, zweifellos; aber auch dadurch, daß unter seinem Namen vielleicht älteste Menschheitsweisheit erhalten und überliefert worden wäre? Läßt die Ähnlichkeit der moralistischen Tiergeschichte bei fast allen uns literarisch bekannten Völkern auf einen archaischen Fundus schließen, der von der Disjunktion Verhüllung oder Nacktheit gerade deshalb noch so weit entfernt gewesen wäre, weil diese eine Sache kultureller Spätzeit geworden ist?

Cette ancienne sagesse est simple et nue dans le premier auteur.[1] Voltaires Satz in dem Stückchen seines »Philosophe ignorant«, das er dem Äsop einräumt, geht auf den ursprünglichen Zustand der Wahrheit, nicht auf den, der ihr durch die Aufklärung erst gegeben werden muß. Sowenig Voltaire die Geschichte der Menschheit als eine des Niedergangs von anfänglicher Höhenlage aufzufassen vermochte, so selbstverständlich ist ihm doch, daß es eine Verbindung von vor- oder außerkultureller Ursprünglichkeit und Unbefangenheit für die Wahrheit gibt. Der Aufklärungsbedarf ist zwar nicht allein, doch auch durch die Geschichte entstanden; sonst könnte es den ratlosen Blick des edlen Wilden auf die Skurrilitäten der europäischen Zivilisation nicht geben. Die äsopische Fabel enthält keine Allegorese der Physik Newtons, aber die ewige und doch so leicht vergessene Lehre der Gerechtigkeit. Sie ist einfach und doch rhetorisch: *c'est la vérité elle-même avec le charme de la fable.*[2]

Es ist erstaunlich, daß der Begründer der Geschichtsphilosophie des Fortschritts mit dem Gedanken einer ursprünglichen Freundlichkeit der Wahrheit für den Menschen so umzugehen vermag, auch wenn es ihm unvermeidbar erschien, die ihm sonst mehr als suspekte Pascal-Metapher des ›Abgrunds‹ eigens einzuführen, um auf jene Zeitenferne zu verweisen, aus der die Tierfabel kommt: *... que l'origine s'en perd dans une antiquité dont on ne peut sonder l'abyme.*[3] Ein Abgrund ist, bei Pascal wie bei Voltaire trotz ihres Antagonismus, was alles erklärt und nicht erklärt zu werden braucht. Das alte Chaos, aus dem die Ureltern der Götter empor-

1 [Voltaire,] Le Philosophe ignorant XLVII[. In: Voltaire,] WW XLIV 148.

2 [Ebd.]

3 [Ebd.]

stiegen, war ein klaffender Abgrund. Alles danach ist begreiflich, dieses nicht. Aus dieser Unbestimmtheit kommt die Fabel her, und sie bedarf der Hüllen nicht, um ihre Sache zu sagen. Es ist ein spätes und pedantisches Mißverständnis, daß die Fabel noch nicht sage, was zu sagen sei, und es ihr als Moral nachgeschoben werden müsse. Daher wollen die Moralen so selten ›passen‹. Die Tradition der Fabel ist bestimmt durch die Unterstellung, sie verhülle ihre Wahrheit – gerade weil sie in unfaßbarer Weise ›nackt‹ war, suggerierte man mit dem *Epimythion*, sie sei es nicht.

Aber sie ist eben auch von Natur moralisch. Wie steht es mit den Wahrheiten der Aufklärung, die zumindest im Verdacht stehen, der Moral den Boden zu entziehen? Da geht es wieder darum, wieviel Hülle man der Wahrheit lassen muß, soll nicht alles an menschlicher Ordnung zusammenstürzen, da doch diese Ordnung, wie man wiederum bei Pascal hatte lernen können, auf dem Schein und nicht auf der Wahrheit beruht. Darf der Aufklärer alles sagen, was er zu sagen hat? Dieses Problem ließ sich aufs deutlichste erörtern am Grenzfall: an der moralischen Zuverlässigkeit des Atheisten. Voltaire war der Ansicht, der Atheismus sei für die Moral fast so gefährlich wie der Fanatismus. Der Adressat seiner »Lettre sur Spinosa« sei von diesen beiden Extremen, so fingiert Voltaire, gleichermaßen entfernt, und deshalb könne man ihm all das sagen, was er zu sagen habe und schon gesagt habe – etwa so, als hätte Voltaire seinen Brief an einen ungenannten Fürsten etwa mit den Worten geschlossen: Ich hätte Ihnen das alles, wenn ich es recht überlege, nicht sagen dürfen, aber man kann doch auf Ihre Diskretion vertrauen? Seinen Adressaten in der gleichen Entfernung von Fanatismus und Atheismus – also doch wohl in der Mitte zwischen beiden? – zu sehen, habe ihn zur Entblößung der Wahrheit ermutigt: *c'est ce qui autorise la liberté que j'ai prise de mettre la vérité sous vos yeux sans aucun deguisement.*[4] Es gibt keine generelle Aufklärung, keine öffentliche Vorführung der nackten Wahrheit; der Aufklärer muß sich der Fähigkeit seines Konfidenten versichern, eine Prozedur zu ertragen, aus der die Bedenklichkeit seiner eigenen Stellung hervorgehen könnte. Nichts könnte rhetorischer sein als dieser Kunstgriff, die Erwägung über die Rezeptionsfähig-

4 [Voltaire,] WW LXIX 52[, Lettres à S.A. Mgr. Le Prince de *** sur Rabelais, et sur d'autres auteurs accusés d'avoir mal parlé de la religion chrétienne, »Lettre X. Sur Spinosa«].

keit des Adressaten einer Folge von Briefen über die Verächter des Christentums von Rabelais bis Spinoza an deren Schluß zu stellen – nachdem alles gesagt war, die Frage aufzuwerfen, ob es hätte gesagt werden dürfen, und sie nun positiv zu bescheiden. Die Umständlichkeit der Konfidenz macht das Angebot der Aufklärung unwiderstehlich: Sein Adressat ist justiert als genau derjenige, der die Höchstdosis verkraften konnte, die Wahrheit ganz enthüllt zugeführt zu bekommen. Da der Korrespondenztypus fiktiv ist, sieht sich jeder Leser in der Rolle des Verschworenen. Ich führe dies an, um zu zeigen, daß die Technik der Vernunft eine andere Sache ist als ihr Begriff.

Mitte zwischen Atheismus und Fanatismus? Doch nicht ganz, wenn man weiter auf Voltaires Werk sieht. Zwar seien, läßt er den Helden von »Jennis Geschichte« sagen, dies die beiden Pole eines Weltalls voller Wirrnis und Schrecken, und die schmale Zone der Tugend liege zwischen den Polen von Atheismus und Fanatismus; aber man könne, wie er immer beobachtet habe, den Atheisten kurieren, den Fanatiker nicht. Denn der Atheist sei ein Ungeheuer, das alles verschlingt, um seinen Hunger zu stillen, der Fanatiker aber ein Ungetüm, das die Menschen aus Pflichtgefühl zerreißt. Es gibt also doch keine Symmetrie, auf deren Achse man sich zu halten hätte. Der Grund dafür ist, daß der Atheist ein Merkmal mit dem Aufklärer teilt: das des Selbstdenkens, während der Fanatiker von fremden Gedanken beherrscht wird, deren Vollstreckung ihm zur Pflicht geworden ist: *l'athée est un homme d'esprit qui ce trompe, mais qui pense par lui-même; le superstitieux est un sot brutal qui n'a jamais eu que les idées des autres.*[5] Diese Asymmetrie scheint schon zu den Wahrheiten zu gehören, die nicht allerwärts entblößt werden können.

Die Natur liebe es, sich zu verbergen, soll der dunkle Heraklit gesagt haben. Es wird eine lange Geschichte sein bis zu der umfassenderen und schrecklichen These nach dem Ende der Philosophie, das Sein selbst gehe aus freien Stücken in die Verborgenheit. Etwas von diesem Problem hatte die Aufklärung, denn sie mußte zu sagen versuchen, wie es so lange an ihr gefehlt haben konnte. In der »Voyage de la Raison« läßt Voltaire die Vernunft zu ihrer Tochter, der Wahrheit, sagen, ihre Herrschaft könne nach

5 [Voltaire,] Histoire de Jenni XI; WW LXVI 154.

einer so langen Gefangenschaft nun wohl beginnen. Es müsse da einige Propheten geben, die sie in ihrer Verborgenheit besucht hätten und daraufhin mit Wort und Werk sehr erfolgreich gewesen seien. Es komme alles spät, und der Weg habe durch Abgründe der Unkenntnis und der Lüge geführt. Darin teile man, was der Natur zugestoßen sei, die während unzähliger Jahrhunderte durch einen scheußlichen Schleier bedeckt und entstellt gewesen sei, bis schließlich Galilei, Kopernikus und Newton gekommen seien, *qui l'ont montrée presque nue, et qui en ont rendu les hommes amoureux.*[6] Wer die Natur verschleiert und entstellt hatte, bleibt offen, weder sie selbst noch andere scheinen daran beteiligt. Entscheidend ist aber die leichte Erotisierung des Vorgangs: Der Schleier hatte die Natur entstellt und häßlich gemacht; ihre fast unverhüllte Darstellung hatte nicht nur ein falsches Bild berichtigt, sondern auch die Menschen zu Liebhabern der Natur gemacht. Die Vernunft, die in Figur ihre so lange in der Tiefe eines Brunnens verstoßene Tochter endlich zurückkehren sieht in ihr Lichtschloß *(palais de lumière)*, liest am Schicksal der Natur das der Wahrheit ab, das mit einer Verzögerung jenem zu folgen scheint: *Vous voyez que tout vient tard ... II nous arrivera ce qui est arrivé à la nature ...*[7]

Voltaire kennt den Fanatismus auch als erbitterte Gegnerschaft von philosophischen Schulen, zumal der Cartesianer gegen den Newtonianismus, also auch dort, wo empirische Entscheidungen möglich zu sein schienen. Sein Zuständigkeitsgebiet ist aber vor allem das Reich des Unentscheidbaren, wo Kants letzte Auflösung durch die transzendentale Dialektik noch nicht in Sicht ist. Als 1751 der erste Band der »Enzyklopädie« erschien, hatte der Abbé Yvon den Artikel über die Seele dazu geliefert; aber Diderot hatte seinen gefürchteten Zuschuß, immer durch einen Asteriskus gezeichnet, daran gehängt. Voltaire nahm 1770 in den »Questions sur l'Encyclopédie« auch zu diesem Artikel Stellung. Es verstehe sich, daß dieser wie alle auf die Metaphysik bezügliche Artikel sich zunächst den unbezweifelbaren Dogmen der Kirche zu unterwerfen habe: *La révélation vaut mieux, sans doute, que toute la philosophie.*[8]

6 [Voltaire,] Voyage de la Raison. Discours prononcé dans une académie de province; WW LXVI 282.

7 [Ebd.]

8 [Voltaire,] Dictionnaire Philosophique, ed. R. Naves. [Paris 1954,] 424-428[, hier 424.]

Neigte man dazu, dies beim Wort zu nehmen, so müßte man die Ironie des folgenden Satzes übersehen, in dem der Name der Aufklärung gerade auf der Seite dessen erscheint, wozu sich nur die Haltung der Unterwerfung empfehlen ließ, während die Systeme der Philosophie in der niederen Funktion des bloßen intellektuellen Trainings erscheinen: *Les systèmes exercent l'esprit, mais la foi l'éclaire et le guide.*[9] Aber dieser Gegensatz beherrscht gar nicht den Text, sondern der zwischen der Unfruchtbarkeit theoretischer Verhandlungen über derartige Gegenstände und der Unbedenklichkeit der praktischen Ausübung und Einübung ihrer Fähigkeiten. So wird gesagt, daß in einigen Werkstätten die Handwerker ihren Maschinen die Eigenschaften des Seelischen *(la qualification d'âme)* zu geben vermöchten, ohne daß man sie jemals über dieses Wort disputieren hörte, wie es bei den Philosophen üblich sei.[10] Wir kennten den Geist so wenig, daß wir ihn als Substanz bezeichneten, und das bedeute ›etwas darunter‹. Solches Dahinter und Darunter aber falle ins Geheimnis der Schöpfung, das uns für immer entzogen bleibe: *mais ce dessous nous sera éternellement caché.*[11] Darin sei der Geist nicht rätselhafter als die Materie, also die Erkenntnis der Natur nicht weniger betroffen als die Metaphysik. Diese Gleichsetzung von Materie und Geist, Physik und Metaphysik, schlägt nach beiden Seiten derart aus, daß sie von Zudringlichkeiten der Erklärungsbedürfnisse geschützt bleiben. Habe man tüchtig über den Geist und über die Materie disputiert, verstehe man sich schließlich selbst nicht mehr; und da sei eben die Natur ganz anders, die wirke statt zu streiten: *Aucun philosophe n'a pu lever par ses propres forces ce voile que la nature a étendu sur tous les premiers principes des choses; ils disputent, et la nature agit.*[12] Was Kant ein Jahrzehnt später zugunsten der reinen praktischen Vernunft feststellen sollte, daß es nämlich für sie keine Unsicherheit ihrer Prinzipien geben könne und dürfe, während die Aussperrung der theoretischen Vernunft von der Einsicht in das, was hinter den Erscheinungen liegt, unter Kriterien der zureichenden Versorgung des Lebewesens Mensch mit Einsicht in die Bedingungen seiner Existenz durchaus hingenommen werden könne, spricht Voltaire mit dem Blick auf

9 [Ebd.]
10 [Ebd.,] 424.
11 [Ebd.,] 426.
12 [Ebd.,] 428.

die »Enzyklopädie« als Gnädigkeit der Natur selbst aus, sich derart in ihren letzten Gründen vor dem Menschen zu verhüllen, daß die Philosophen aus eigenen Kräften nicht weiter kämen, um zugleich mit ihrer Verhüllung gegen den theoretischen Anspruch dem Menschen das Vorbild ihrer ständig präsenten Wirksamkeit zu geben. Es ist die ewige Wiederkehr der einen Grundformel, die Voltaire am Ende des »Candide« mit dem Entschluß zur Gartenpflege des Helden proklamieren läßt und der Kant die nicht weniger bildkräftige Prägung geben wird: *Wenn Diogenes anstatt sein Faß zu wältzen den Acker gebauet hätte so wäre er groß gewesen.*[13]

Auch Voltaire hat eine Variante der letzthin so beliebten soziologischen Funktionsdeutung der Fabel geliefert, und zwar nicht im eigens so benannten Artikel über die Fabel seines »Dictionnaire Philosophique«, sondern in den »Questions sur l'Encyclopédie«. Hier nimmt er den Ursprung der Fabel in Asien an, weil ihre Voraussetzung die Erfindsamkeit unterjochter Völker sei. Freie Menschen hätten nämlich niemals die Besorgnis gehabt, die Wahrheit zu verhüllen *(des hommes libres n'auraient pas eu toujours besoin de déguiser la vérité)*; gegenüber einem Tyrannen aber kann man nur in Parabeln sprechen, und sogar diese Umständlichkeit ist noch gefährlich.[14] Voltaire scheint zu schwanken, ob er einer ursprünglichen Vorliebe der Menschen für die Geschichten vor aller Geschichte, für Bilder und Gleichnisse, die größere Wichtigkeit bei der Urzeugung der Fabel geben soll oder der ›Sklavensprache‹ unter der Tyrannis. Jedenfalls ist der Zusammenhang von Einbildungskraft und Freiheit die Dienstbarkeit noch des Unnützesten für das Überleben des Wesentlichen, in diesen Andeutungen eindrucksvoll hergestellt. Die Wahrheit überlebt durch Verkleidung, und ununterscheidbar mit ihr die äußerlich verlorene Freiheit. Diese Koppelung ist so selbstverständlich, daß die Frage nicht einmal gestellt zu werden braucht, was die Bildwelt der Unfreiheit am Tage der Befreiung noch zu bedeuten haben kann: Vor wem muß sich die Wahrheit fortan verkleiden? Etwa vor denen selbst, die frei geworden waren, aber nun dennoch oder erst recht nicht den unverhüllten Anblick dessen ertragen konnten, was sie zuvor nur den Tyrannen zu verbergen hatten?

13 [I. Kant,] Bemerkungen zu den Beobachtungen über das Gefühl des Schönen und Erhabenen; [in: Kant,] WW XX 104.

14 [Voltaire,] Dictionnaire Philosophique, ed. R. Naves, 530.

XXIV
Kierkegaard

Unter der Herrschaft des Begriffs, wenn diese endgültig geworden ist, gibt es die nackte Wahrheit nicht mehr, da es keine ihrer Gegenformen von Verhüllung und Umkleidung, von Umwegigkeit und Veranschaulichung mehr zu geben braucht. Nur noch eine Geschichte von Geschichten solcher Metaphorik könnte erzählt werden, sofern sich dafür einer erwärmen ließe – aber wozu noch? Nicht einmal der Versicherung halber, wie weit man es und von woher gebracht hätte. War die Schönheit der Schleier gewesen, hinter oder unter dem sich die Wahrheit verbarg, so schloß dies ein, daß Kunst niemals die Form sein kann, in der sich Wahrheit endgültig darstellt, und daß ihr die Herrschaft des Begriffs tödlich werden muß. Hat man dieses Ende schon in Reserve, wirft man leicht die Verhüllungen hin, um die Endgültigkeit zu suggerieren – wie könnte Nacktheit das Vorletzte sein? Hegel hat, gerade durch Thematisierung der Geschichte des Begriffs in ihrer Logik, die Geschichtlichkeit des Begriffs wie seiner präsumptiven Platzhalter zum Verschwinden gebracht, indem er sie dessen, was er *ihre äußerliche Gestaltung* nennt, zugunsten der *Stufen der Bestimmung der Idee selbst in ihrem logischen Begriffe,* ›entkleidet‹.[1] Solche Entkleidung freilich läßt sich nur vollziehen von einem Standpunkt her, der schon zum Anachronismus gemacht hat, was da als Einkleidung jemals aufgetreten ist. Daher denn auch der Vollzug solcher Enthüllung nur bezogen auf das Vergangen-Vorläufige aus dem Endgültigen heraus.

Die Statik von Luthers *deus nudus* widerstrebt Hegel, weil die Endgültigkeit der Offenbarung, die Gott seiner Verhülltheit enthebt, die Geschichte auf den einen biblischen Termin, der dieses sich ereignen ließ, fixiert – nach diesem wäre ›nichts mehr passiert‹. Das ist unerträglich und erzwang von Hegel, was er die Erschwerung der Theologie nannte: *die Theologen, die kritisches Bauzeug zur Befestigung ihres gotischen Tempels herbeischaffen, in ihrem Ameisen-*

1 [G.W.F. Hegel,] Vorlesungen über die Geschichte der Philosophie. Wintersemester 1820/21, ed. Hoffmeister[. Leipzig 1940], 34.

Eifer soviel (als) möglich zu stören, ihnen alles (zu) erschweren, (sie) aus jedem Ausfluchtswinkel herauszupeitschen, bis sie keinen mehr fände(n) und sie ihre Blöße dem Tageslicht ganz zeigen müßten.[2]

Gewahrt man die statische Historizität des *deus nudus* als des *deus revelatus* als zentrales Ärgernis der Theologie für die Philosophie, wie Hegel sie prägte, so ergibt sich die Umbesetzung ihrer Stelle folgerichtig durch das, was seine Geschichte als die Geschichte in Verkennung durch Verhüllung gehabt, aber eben niemals nicht gehabt hatte: durch die Logik. Das *Reich des reinen Gedankens* hat sein Drängen auf Vollendung nicht angehalten, in keiner Urkunde zum Stehen gebracht, den unbegreiflich erstarrten Gott der Offenbarung zu der ihm angemessenen Ständigkeit seiner Selbstmitteilung gebracht: *Dieses Reich ist die Wahrheit, wie sie ohne Hülle an und für sich selbst ist. Man kann sich deswegen ausdrücken, daß dieser Inhalt die Darstellung Gottes ist, wie er in seinem ewigen Wesen vor der Erschaffung der Natur und eines endlichen Geistes ist.*[3]

Kierkegaard wußte allererst durch Hegel genauer, was es bedeutete, die Geschichte zum Gang der Selbstentblößung des Begriffs zu machen. Es bedeutete vor allem, dem einmaligen und momentanen Akt einer hilfreichen oder fordernden Offenbarung seinen Platz nicht zu lassen. Im Januar 1837 schrieb Kierkegaard einen Satz ins Tagebuch, der in seinem ersten Teil wie ein Hegelianismus aussieht, um mit einer ironischen Wendung zu verspotten, was jeweils aus dem Schritt der Geschichte sogleich wird: *Die Philosophie wirft bei jedem Schritt, den sie macht, eine Haut von sich, und in die kriechen die dümmeren Anhänger hinein.*[4] Das Bild der Häutungen hat seine Pointe vor allem darin, daß es das glückliche Ende der nackten Wahrheit nicht gibt, weil Leben selbst nur im Fortbestand seiner Häutungen besteht, zugleich aber die Weltgeschichte scheinbelebt wird durch die Wiederbenutzung der leeren Hüllen gewesenen Lebens als der Larven des Überlebens jeweils gewesener Zustände.

Nacktheit ist weniger der endgültige Status der Wahrheit als der vorläufige des Menschen. Das Attribut darf nicht ›verbraucht‹ werden für vage Erwartungen. Die Nacktheit des Menschen ist nicht die seiner paradiesischen Unschuld, sondern die des Schiffbrüchi-

2 [G.W.F. Hegel,] Briefe, ed. Hoffmeister[. Hamburg 1952], I 16f.

3 [G.W.F. Hegel, Wissenschaft der] Logik[. Leipzig 1934,] I, 31; II, 356 [Einleitung. Hegel, Gesammelte Werke. Hamburg 1978, Bd. 11, 21; Bd. 12, 129f.].

4 [S. Kierkegaard, ed.] Haecker, 76.

gen, der nur um den Preis der Zurücklassung seiner Kleider das rettende Ufer erreichen konnte, nun aber den Preis seiner optischen Hilflosigkeit in der Situation seiner Rettung zu erlegen hat. Die elfte der fünfzehn Thesen Kierkegaards zur Erlangung des Magistergrads seiner Dissertation über den Begriff der Ironie des Sokrates stellt diesem entgegen, er habe alle Menschen gleichermaßen ihrem Wesen nach nackt wie aus einem Schiffbruch ans Ufer des Daseins geworfen sein lassen und damit habe er die Realität umgekehrt, die Idealität nur von ferne erblickt, nur berührt und nicht erreicht: *Socrates omnes aequales ex substantialitate tanquam ex naufragio nudos expulit, realitatem subvertit, idealitatem eminus prospexit, attigit non occupavit.*[5] Als Formel für die menschliche Existenz war das in Vergessenheit geraten, denn Erasmus von Rotterdam kann keinen Unterschied sehen zwischen der geläufigen Redensart für die Übertreibung von einem armen Teufel, er sei entblößt von allem, wie er zur Welt gekommen war, und der anderen antiken Formel, einer sei nackt wie aus dem Schiffbruch errettet.[6] Kierkegaard kann die Nivellierung der Daseinsmetapher zur Armutsmetapher auf seinem Sokrates nicht sitzen lassen, auch wenn er ihn sogleich des mangelhaften Vollzugs der Metapher bezichtigen muß.

Die Nacktheit wird zum Ideal, wenn sie als Bedingung dafür erfaßt wird, die nackte Wahrheit, ihr sich angleichend, zu erreichen. Nackt mußten die Toten im Mythos des Sokrates vor ihre Richter treten, die nackt waren wie sie. 1854 schreibt Kierkegaard ins Tagebuch: *Die Wahrheit ist nackt. Um zu schwimmen, kleidet man sich nackt aus; um nach der Wahrheit zu trachten, muß man in einem weit innerlicheren Sinn sich ausziehen, von sich tun eine weit innerlichere Bekleidung von Gedanken, Vorstellungen, Selbstsucht u.ä., ehe man nackt genug wird.*[7] Auch als Daseinsmetapher ist die Imagination aufgegeben zugunsten einer die Selbstentäußerung antreibenden Idealität: Nicht aus dem Schiffbruch auftauchend, läßt der Elende alles von sich und zurück, sondern um einzutauchen in ein Medium, das ihm nach der Wahrheit zu gelangen gestattet, vollzieht er eine vielfältige innere Katharsis. Es ist einer der Anwendungsfäl-

5 [S. Kierkegaard,] Über den Begriff der Ironie mit ständiger Rücksicht auf Sokrates, dt. H.H. Schaeder. München, Berlin 1929, XI.

6 [Erasmus von Rotterdam,] Adagia II 8, 44. [In: ders., Ausgewählte Schriften, Bd. 7. Darmstadt 1972, 539.]

7 [Kierkegaard, ed.] Haecker, 638.

le des alten vorsokratischen Prinzips der Erkenntnis, in ihr werde Gleiches nur durch Gleiches erfaßt: hier die nackte Wahrheit nur durch den Nackten. Diese geforderte Parität des Sich-Zeigenden und des Sich-Nahenden ist einzigartig in der Geschichte der Metapher, aber zugleich auch bezeichnend dafür, daß sich nicht verändert, was über die Wahrheit sich sagen ließe, sondern nur das, was über den sich sagen läßt, der es mit ihr zu tun bekommen hat oder will. Der Wahrheitssucher muß nackt sein.

Dies ist eine Notiz schon aus dem letzten Lebensjahr; damit wohl auch ein Reflex der eigenen Entblößung, die nicht zuletzt im Schwund des vom Vater hinterlassenen Lebenskapitals bestand. Die Umwendung der Nacktheitsmetapher von der Wahrheit auf die, die sich ihr nahen, war schon in der Eintragung vom 13. November 1850 vorbereitet: *Nein, anstatt wie jener Jüngling den Schleier von der Gottheit reißen zu wollen, will ich den Schleier reißen von all dem menschlichen Gewäsch und der menschlichen Einbildung und Selbstgefälligkeit, die sich und anderen einbilden wollen, daß der Mensch so gerne die Wahrheit erkennen wolle. Nein, jedem Menschen ist mehr oder weniger bange vor der Wahrheit; und dieses ist das Menschliche, denn die Wahrheit verhält sich zu ›Geist‹-Werden – und das ist sehr schwer für Fleisch und Blut und sinnliche Wissenslust. Zwischen dem Menschen und der Wahrheit liegt das Absterben – siehe, darum ist uns allen mehr oder weniger bange.*[8]

Das Risiko, vor dem jedem Wahrheitssucher bange werden muß, das des Eigenschwundes, kann nicht zur Sache der Geschichte werden. Was Kierkegaard von Hegel trennt, ist die Unmöglichkeit des Aufgehens aller Logik in Geschichtsphilosophie. Mehr noch: die Unmöglichkeit der Zuständlichkeit jedes Wahrheitsgewinns, die doch immer seine Mitteilung im identischen Medium der Einsicht voraussetzt, in dem des Begriffs. Was Kierkegaard mit dem platonischen Sokrates verbindet, ist die Zuflucht zur Mittelbarkeit der Mitteilung, wie es bei jenem im Grenzfall des begrifflichen Versagens der Mythos gewesen war. Kierkegaard scheut nicht davor zurück, sich mit Sokrates zu vergleichen, obwohl er sich ein entscheidendes seiner Rechte absprechen und versagen muß: das des Martyriums. Das Verbindende liegt in der Art, die Sagbarkeit des Unsagbaren hinterlistig – denn das heißt ›Ironie‹, wie Sokrates sie erfunden ha-

8 [Kierkegaard, ed.] Haecker, 489.

ben sollte – sagbar zu machen: *Etwas Sokratisches habe ich, das kann man sagen.*[9] Und was war, das ihn an sich selbst sokratisch dünkte? *Indirekte Mitteilung*, lautet seine Erläuterung, und diese sei seine *Naturbestimmung*. Mittelbarkeit heißt, daß er dem Begriff nicht zutraut, was Hegel ihm zugetraut hatte. Den Mythos wagt er nicht, einzig ausgenommen den des Don Juan als den einer Unendlichkeit, von der Sokrates noch nichts gewußt haben konnte.

›Indirekte Mitteilung‹ ist der Ausdruck dafür, daß es einen einzigen Vorbehalt für direkte Mitteilung gibt: das historische Faktum einer Offenbarung. Ohne diese gäbe es nur Grund zum Mißtrauen in das Instrument aller Mitteilung: *Wäre ich ein Heide, ich würde sagen: daß ein ironischer Gott den Menschen die Gabe der Sprache geschenkt habe, um seinen Spaß zu haben, diesen Selbstbetrug zu sehen.*[10] Aber eben nur, wer nicht daran glaubt, daß ein einziges Mal die Sprache dennoch der Wahrheit dienstbar gemacht werden konnte, kann diesen neuen und erst das kommende Jahrhundert beherrschenden *genius malignus* auch nur ins Auge gefaßt haben. Doch gerade wegen ihres erwiesenen Dienstes beim einen Mal ist die Sprache in allem übrigen ambivalent und der Mensch als das Wesen, das nach alter Defintion den Logos hat, mit ihr: *Vielleicht treffe ich es doch nicht am unglücklichsten, wenn ich sage: der Mensch ist ein Schwätzer – und das ist er mit Hilfe der Sprache.*[11] Daß er es nicht nur mit ihrer Hilfe, sondern geradezu durch sie ist, sagt Kierkegaard nicht, obwohl er sich als den platonischen Sokrates sieht, der mit der Sophistik der dänischen Staatskirche, mit ihrer ausweichenden ›Rhetorik‹ im Streit auf Leben und Tod gelegen hat, so daß er sich ihren wie seinen Gott als einen vorstellt, der das Resultat seiner Gabe der Sprache an den Menschen ›mit Trauer‹ sieht.

Wie aber kann Sokrates dann der Held Kierkegaards sein, wenn er doch mit jenem Gott des Mythos, der den Selbstbetrug durch die Sprache mit Spaß betrachte, eben die Ironie gemeinsam hatte, die sich zum Zuschauer der Verirrung aus dem Hinterhalt macht? Das Problem dieser Affinität ist viel schwerer zu behandeln, als es auf viele erste Blicke scheinen wollte. Die Kunst der indirekten Mitteilung ist ohne den Hinterhalt der Ironie nicht möglich, sobald der Mythos unmöglich geworden ist oder geworden sein soll.

9 [Kierkegaard, ed.] Haecker, 427 (1849).
10 [Kierkegaard, ed.] Haecker, 633 (1854).
11 [Ebd.]

Sokrates hatte aufgehört, Ironiker zu sein, sobald er Zuflucht beim Mythos suchte; da erzählte er schlicht und liebte die zusätzliche Fiktion, nur zu erzählen, was er selbst erzählen gehört hatte, wie beim Mythos von der Erlösung der Schicksalswahl am Ende der »Politeia«. Doch sonst ist die Dialektik des Sokrates ein Hineintreiben in Sackgassen. Darin ist sich Kierkegaard mit Sokrates einig, daß der Mensch seine rationale Schwäche auf keine andere Weise zuzugeben genötigt werden kann als dadurch, daß er sie erlebt, in ihr zu versinken droht, aus ihr keinen Ausweg mehr weiß – und dies gerade dadurch und dann, wenn er sich stark fühlt. Ein solcher, der sich inmitten seiner eigenen Dialektik stark fühlt, ist für Kierkegaard Hegel; und er selbst gestattet sich bei dessen Anblick etwas, was er sich zumeist versagt und erst recht seinem über das Resultat der Sprache trauernden Gott nicht zutraut: das Lachen, was er sonst nur den mythischen Göttern über Hegel gestattet: *Aber Hegel! – o laß mich griechisch denken! – Wie haben die Götter gelacht! Ein solcher ekler Professor, der ganz und gar aller Dinge Notwendigkeit durchschaut hatte und das Ganze zum Herplappern einrichtete: ihr Götter!*[12] Das eben hatte er, fast mit denselben Worten, 1850 für sich beansprucht: *Mir ist es überhaupt nicht möglich, das Lachen zu lassen, sobald ich an Hegels Begreifen des Christentums denke, das ist etwas sehr Unbegreifliches. Und wahr ist und bleibt doch, was ich immer gesagt habe: Hegel war Professor der Philosophie, nicht Denker … Die Zeit wird doch gewiß einmal kommen, wann dieser Begriff ›Professor‹ für eine komische Person stehen wird. Man denke sich das Christentum! Ach wie anders seit der Zeit, da es unbeugsame Confessores hatte, und jetzt, wo es Professoren bekam, beugsam in alle casus.*[13] Der Niedrige darf lachen über den, der sich im Bewußtsein seiner intellektuellen Einigkeit mit der Weltvernunft erhaben dünkt, seit die thrakische Magd über den milesischen Philosophen Thales gelacht hatte – aber Plato hatte seinen Sokrates nicht mit der Lachenden, sondern mit dem Lächerlichen identifiziert. Seine Blöße war die, den Realismus seines Verhaltens nicht vorweisen, nicht um sich einhüllend ausbreiten zu können. Sokrates hatte daraus das Wissen des Nichtwissens gemacht.

Wie konnte er dann aber für eine Wahrheit gestorben sein, die

12 [Kierkegaard, ed.] Haecker, 604 (1854).
13 [Kierkegaard, ed.] Haecker, 448 f. [1850.]

er gar nicht besaß? Im Grunde war Sokrates nur dafür gestorben, wissen zu dürfen, daß er nichts wisse. Denn diese Resignation gestattete ihm, in anderem fast so zu sein und zu leben, als wisse er: in dem, wofür er sich die Mythen der Unsterblichkeit bereithielt, die er für mehr als bloß wahrscheinlich annahm. Insoweit man doch die Wahrheit hat inmitten des Wissens von der Unwissenheit, stirbt man für sie, weil man nur mit ihr sterben kann. Diese Verbindung mußte sich für Kierkegaard gelöst haben; das Wissen des Nichtwissens machte für etwas Platz, was sich gar nicht mit dem vergleichen ließ, was das Wissen gewesen wäre, hätte man es. Diese Art von Übergewißheit ist es aber, für die keiner mehr sterben darf, nachdem ein für allemal für sie gestorben worden ist: prototypisch durch Sokrates, real durch Christus.

So wie Plato den einstigen und darin sich nie ganz verleugnenden Sophisten Sokrates zum eingeschworenen Gegner der Rhetorik stilisierte, liegt auch in Kierkegaards Selbstbezug auf Sokrates ein Mißverständnis erster Ordnung. Am greifbarsten an der symptomatischen Äußerlichkeit, daß einer, der lebenslang nichts anderes getan hatte als zu schreiben, keinen Anstand nimmt, sich auf den zu projizieren, der nichts geschrieben hat. Dazu kommt, daß Kierkegaard im Gegensatz zu Sokrates auf den Straßen und Plätzen Athens kein Publikum hat, für das er schreibt; er sei, gesteht er sich unter der Diskretion des Tagebuchs selbst ein, *eigentlich Schriftsteller für Schriftsteller.*[14] Er wollte ganz darin aufgehen, Stimme zu sein, und gerade darin lag nichts Sokratisches. Sokrates hatte sein *daimonion*, das ihm nichts anderes zuflüsterte als Warnungen; Kierkegaard tendiert immer darauf, als Stimme nicht Urheber des Gesagten zu sein; nur die Scheu vor der Einzigartigkeit der einen Inspiration hindert ihn daran, das Bild der Stimme auf den Begriff zu bringen. Die Grunderfahrung, auf die er dieses Bild stützt, ist die schlichte Überraschung, mit der er sich selbst hört: Im Unterschied zu den Predigern sei er eine Stimme, die beständig einen Zuhörer mehr habe als jene, nämlich sich selbst, den von sich Überraschten.[15]

Für seine Wahrheitsmetaphorik ist solche ›Überraschung‹ aufschlußreich. Er spricht nicht aus, was er sieht. Er ist für die nackte Wahrheit nicht nackt genug, obwohl er von sich in Erinnerung an

14 [Kierkegaard, ed.] Haecker, 430 (1849).
15 [Kierkegaard, ed.] Haecker, 433 [1849.]

die Trennung von Regine Olsen gesagt hatte, er müsse sich wieder in das offene Meer stürzen.[16]

Die metaphorische Vorstellung von der Nacktheit der Konfrontation zwischen der Wahrheit und dem sie Suchenden hat eine platonische Implikation, die Kierkegaard vermeidet: entweder die der Präexistenz und ihrer im Leib verhüllten Erinnerung oder die der ekstatischen Unmittelbarkeit in den Augenblicken der Evidenz des intellektuellen Lebens. Für Kierkegaard ist die Entblößung des Subjekts ein Prozeß, der seine Konvergenz mit der Wahrheit auf einen dem Leben nicht mehr immanenten Punkt hin hat. Das Ekstatische ist ihm nicht nur fremd, sondern in einer Umkehrung gegenwärtig, die das Leben von Vater und Sohn überschattete: Jener war beim Hüten der Schafe auf der jütländischen Heide gegen die Härte seines Gottes ergrimmt und auf einen Hügel gestiegen, um seinen Fluch gegen Gott zu schleudern. Die Handlung des Zwölfjährigen war der mythische Gründungsakt zweier Existenzen gewesen, denn der Vater hatte noch seinen späteren geschäftlichen Erfolg als Fingerzeig der göttlichen Verwerfung empfunden, den er nicht von sich abwenden konnte; der Sohn hatte vom Ertrag jenes Erfolges ein ganzes Leben bestritten. 1840 sucht er die Plätze auf, an denen der Vater die Schafe gehütet hatte, *die Stellen, nach denen ich auf Grund seiner Beschreibung Heimweh gehabt habe.*[17] Er erfüllte damit den letzten Wunsch eines Vaters, von dem er sagte, von ihm habe er gelernt, was Vaterliebe sei und den Begriff der göttlichen Vaterliebe als dem einzig Unerschütterlichen im Leben gewonnen, *dem wahren Archimedischen Punkt.* Und bei dieser Heimkehr an den Ursprungsort seiner persönlichen Metaphysik hat er das Erlebnis der Nacktheit, in der der Vater unter das Auge Gottes getreten zu sein geglaubt hatte: *Die Heide muß recht geeignet sein, kräftige Geister zu entwickeln; hier liegt alles nackt und entschleiert vor Gott, und hier sind nicht die vielen Zerstreuungen zu Hause, die vielen Winkelzüge, wo das Bewußtsein sich verbergen kann, und von wo aus der Ernst es so oft schwer hat, die zerstreuten Gedanken einzuholen. Hier muß das Bewußtsein fest und peinlich genau sich um sich selbst schließen. ›Wohin sollte ich fliehen vor Deinem Antlitz‹, muß man wohl mit Wahrheit hier auf der Heide sagen.*[18] Der Sohn wird den mythi-

16 [Kierkegaard, ed.] Haecker, 255 (20. Januar 1847).

17 [Kierkegaard, ed.] Haecker, 136 [1840.]

18 [Kierkegaard, ed.] Haecker, 137 (Juli 1840).

schen Vorgang in einer anderen Art wiederholen, indem er durch die Lösung der Verlobung mit Regine den Fluch ihrer Familie auf sich zieht, in einer Weise von unbegründetem Absolutismus, die das Erschreckende jenes Fluches auf der Heide zur Symmetrie der Umkehrung bringt: *mit eines Mädchens Anklage gegen mich, daß es ihr Tod sein würde, eines Vaters Kummer, als ob sie bereits stürbe, einer Familie Fluch, die menschliche Sprache und alles gegen mich!*[19]

Der platonischen Versuchung der nackten Unmittelbarkeit zwischen Subjekt und Wahrheit entspricht eine andere Form der Ungeduld, der Überstürzung auf Symptome der Eschatologie hin: die der Ritualisierung von Nacktheit. Am 29. Oktober 1838 notiert Kierkegaard etwas über die *große Neigung bei exaltierten Parteien, auch im Äußeren sich in dem Negligé zu zeigen, in welchem ihre Gedanken immer auftreten: die Adamiten … meinten, daß man, um vollkommen frei zu sein, splitternackt gehen müsse …*[20] Sie hätten wohl gemeint, daß darin die spezifische Verschiedenheit zwischen dem Zustand des paradiesischen und des späteren Menschen liege. Eine domestizierte Variante sieht Kierkegaard bei seinen Zeitgenossen vor sich: *Leute mit bloßem Halse, um den nordischen Geist zu restituieren, sind ja in diesem Augenblick recht in Schwang.*[21] Ein bißchen vom großen Ritual der Entblößung, so viel, wie gerade genügt, um irgendeine Differenz zum Bestehenden anzuzeigen und dem Zeitgeist ein neues Aussehen zu geben.[22]

19 [Kierkegaard, ed.] Haecker, 418 (1849).

20 [Kierkegaard, ed.] Haecker, 109 [1838.]

21 [Ebd.]

22 *Das Furchtbare mit dem Mann, der einmal als kleiner Knabe, da er auf der jütländischen Heide ging und Schafe hütete, viel Schlimmes litt, hungerte und herabgekommen war, auf einer Anhöhe aufstand und Gott fluchte – und der Mann war nicht imstande, das zu vergessen, als er 82 Jahre alt war.* [Kierkegaard, ed.] Haecker, 200 (7. Februar 1846).

XXV
Lichtenberg

Wie Reimarus konnte auch Lichtenberg der große Aufklärer nicht sein, weil die Masse des Materials seiner Gedanken erst für eine späte Nachwelt erschlossen wurde, für die es mehr auf den intellektuellen Witz als auf die Erhellung fortbestehender Finsternisse ankam. Lichtenberg schrieb seine Hefte voll mit Notizen, die er nur zu einem kleinen Teil für Beiträge zu seinem Göttingischen Almanach verwertete, der allzu grelle Aufklärungen nicht austragen konnte, wohl auch nicht sollte, denn Lichtenberg traute der Vernunft zumeist nur in ihrer wissenschaftlichen Verfassung und damit für Adressaten, die zu lernen gelernt hatten, was nur wenigen zugänglich war. Nicht einmal an sich selbst machte Lichtenberg die Erfahrung, daß eine gehörige Zufuhr von Wahrheiten über die Welt genüge, um einen Geist von Zuflüsterungen abwegiger Annahmen endgültig zu befreien; für einige Finsternis war am Rande der größten Helligkeit offenbar immer noch Raum genug. Lichtenberg setzte auf die Erkenntnisse, deren sich schnell mehrende Fülle ihm als dem Herausgeber des meistbenutzten Lehrbuchs der Physik zufloß, kein letztes Vertrauen, obwohl er Ersatz weder anbot noch duldete.

Im Rahmen eines so gedämpften Wahrheitsoptimismus muß auch gesehen werden, wenn Lichtenberg keine eindeutige Erwartung auf die Entkleidung der Wahrheit von ihren schönen poetischen und rhetorischen Gewändern setzte. Er war sich nicht sicher, ob die Wahrheit ansehnlich und erfreulich genug sein würde, jener Verhüllungen nicht zu bedürfen. Dazu kam sein sicheres Empfinden für die Abhängigkeit jeder Vermittlung der Wahrheit von der Sprache. Sie war es, die allein Gewöhnung an die bloßen Inhalte unserer Kenntnis von der Welt zu verhindern vermochte. Es kam schließlich nicht auf die bloße Neuheit von Aussagen an, wenn es schon längst gegeben hatte, was sie mitzuteilen hatten; aber es gab das Vergessen und, noch schonungsloser, die Gewöhnung ans Allzuwahre. Das Alter war eine Gefahr für die Wahrheit. Sie bedurfte, um zu wirken, nicht nur der Bedeutungsfülle, sondern der Auffrischung ihrer verblaßten und verwischten Farben [und] Profile.

Was als klassisches Mittel der Einkleidung sonst allzu nüchterner Inhalte gilt, die Metapher, ist für Lichtenberg nicht eine erste Stufe der Künstlichkeit gegenüber der bloßen Natur dessen, was schlicht und einfach gesagt werden könnte; im Gegenteil, die Metapher gilt ihm als *eine Art einer natürlichen Sprache, die man sich aus den willkürlichen aber bestimmten Wörtern baut.*[1] Erstaunlicher noch als diese These, ist der Satz, den ihr Lichtenberg abschließend hinzufügt: *Deswegen gefällt sie so sehr.*[2] Denn gerade die Künstlichkeit des Schmucks der Rede sollte doch ihre Gefälligkeit für ein Publikum herstellen und damit die Eingängigkeit der Wahrheit – im sophistischen Falle auch der Lüge – sichern. Nicht zufällig schreibt Lichtenberg auf dem Höhepunkt des deutschen Sturm und Drang diese Verbindung eines Kunstmittels mit der Natürlichkeit nieder und scheint nicht zu zweifeln, daß gerade die Metapher die Wendung gekünstelter Schulsprachen wie rokokomäßiger Geziertheiten zur Natur mehr als begünstige, nämlich selbst darstelle. Lichtenbergs Paradox ist: Nacktheit ist nicht die Natürlichkeit der Wahrheit.

Das widerspricht allen Empfehlungen der Philosophen, metaphorischen Ausdruck gefälligst zu meiden, wie sich versteht, um der Präzision willen. Aber gerade die den großen und erhabenen Programmen dienstbaren Wörter erfahren eine Alterung, die ihnen jede Kraft nimmt. Das Wort ›vernünftig‹ habe *fast sein ganzes Gepräge verloren*, man wisse die Bedeutung noch, aber man fühle sie nicht mehr; dazu habe es schon zu viele Vernünftige – oder zumindest diesen Titel Führende – gegeben: *Ein vernünftiges Kind ist ein schlaffer frommer Taugenichts von einem Anbringer, ein unvernünftiger Junge ist viel besser.* Das so exemplifizierte Schicksal der Wörter erfordert eine Gegenwirkung, soll nicht Resignation die Programme mit ihren Absichten zunichte machen. Dazu muß der Begriff gleichsam in das Bett seines Ursprungs zurückgelegt, aus dem imaginativen Feld seiner Vorstellungen neu gestärkt hervorgebracht werden: *Schimpft nicht auf unsere Metaphern, es ist der einzige Weg, wenn starke Züge in einer Sprache zu verbleichen anfangen, sie wieder aufzufrischen und dem Ganzen Leben und Wärme zu geben.*[3] Man könnte es pathologisch ausdrücken: Die Wahrheit erträgt nicht, nackt zu gehen, weil sie dabei allzu rasch erkaltet und ihre Wirkung abnutzt.

1 [Lichtenberg,] WW I 301 (D 468; 1773/75).
2 Ebd.
3 [Lichtenberg,] WW I 411 (E 274; 1775/76).

Wo kommt die Metapher her und wie verhält sie sich zu dem Gedanken, dem sie zur Ansehnlichkeit aufhelfen soll? Schon im zweiten Heft seiner »Sudelbücher« aus den Jahren 1768/71 hat Lichtenberg das Bruchstück eines Dialogs zu dieser Frage aufgeschrieben. Es beginnt: *Lieber Freund, du kleidest deine Gedanken so sonderbar, daß sie nicht mehr aussehen wie Gedanken.* Darauf die Erwiderung mit dem Angebot des äußersten Gegenzuges: *Sage mir ob dieser nicht seltsam gekleidet ist und du sollst alle die meinigen nackend sehen ehe sie noch meine Sinnen mit ihrer Livree bedecken.*[4] Jeder übernehme mit der Sprache ein gebrauchtes Werkzeug, und zwischen Gebrauch, Verbrauch und Mißbrauch sind offenkundig die Grenzen fließend. Gerade für diesen Gedanken selbst greift Lichtenberg nach der Drastik der seltsamen Einkleidung, die er angekündigt hat; die meisten unserer Wörter seien solche *mißbrauchte Werkzeuge, die oft noch nach dem Schmutz riechen, in dem sie die vorigen Besitzer entweihten.* Dagegen gibt es nur ein Mittel, den Entschluß: *Ich will mit neuen arbeiten …*[5] Dazu eben ist nötig, die Gedanken noch vor ihrer Einkleidung, die als das Verhältnis von Sinnlichkeit zur Geistigkeit gesehen wird, vorzuführen. Es mag sein, daß dieser Dialog nur ein Selbstgespräch ist, denn im letzten Satz des Fragments wird – vielleicht als Beschreibung der Funktion der Sudelbücher – der Entschluß zur Erneuerung mit der Alternative versehen, *nur mit sich selbst in alle Ewigkeit sprechen* zu wollen.[6] Dann wäre die Form, in der der Gedanke noch bei sich selbst ist, dem Verschleiß der Sprache noch nicht unterzogen, die fragmentarische Momentaufnahme des Notizbuches. Dann hätte Lichtenberg sich selbst mit der Anrede des Fragments gemeint und ermahnt. Dann bliebe die Metapher von der Nacktheit der Gedanken durch die Intimität des inneren Dialogs aufgehoben. Die tagebuchartige Notiz hebt etwas von der vorsprachlichen Fassung des Gedankens auf, von den Mitteln, die der auf Perfektion zielende Autor vor seinem Publikum verbirgt, indem er nicht die Metapher mitteilt, aus der sein Gedanke hervorgegangen ist, sondern die, in die er eingegangen ist und mit der er eingehen soll.

Damit wäre die frühe Notiz von derselben Ablehnung einer rhe-

4 [Lichtenberg,] WW I 136 (B 346; 1768/71).

5 Ebd.

6 Ebd. [Blumenberg gleicht hier grammatikalisch an, im Original heißt es: *nur mit mir selbst in alle Ewigkeit sprechen.*]

torisch-didaktischen, aufklärerischen Nacktheit, die Lichtenberg in seiner Ablehnung der Physiognomik praktiziert, die den ›Vorhang‹ vor der Seele der Mitmenschen wegziehen will.[7] Es ist ganz konsequent, auch den Gedanken nur in der eigenen Optik als einen nackten zuzulassen. Für sich selbst muß man sich damit abfinden, sich entblößt zu sein – den Triumph der Selbsterkenntnis, den sich die Erkenntnistheorie mit ihrem unerschütterlichen Fundament verschafft zu haben glaubte, gibt es für den Moralisten nicht, denn er weiß, was es zu ertragen gilt, wenn es solche Erkenntnis geben sollte.

In diesen Zusammenhang gehört der Plan einer Selbstdarstellung, wie er in den Notizbüchern sich findet. Er habe schon lange an einer *Geschichte meines Geistes so wohl als elenden Körpers*[8] geschrieben, und das solle mit einer größeren Aufrichtigkeit geschehen, als vielleicht irgendeiner seiner Leser glauben werde. Mit anderen Worten: Es gibt kein Kriterium für Aufrichtigkeit, das der Leser gebrauchen könnte, während nur der Autor wissen kann, wie groß sie ist. Was aber kann dann, wenn die Entblößung der Wahrheit nicht das Stigma der Wahrheit sein kann, Zweck und Absicht einer solchen Selbstdarstellung werden? Lichtenbergs schlichte Beschreibung der Wirkung, auf die es ihm ankäme, ist, jene Aufrichtigkeit werde *vielleicht manchem eine Art von Mitscham erwecken.*[9] Man wird sagen dürfen, dieser Gedanke sei zuvor noch nicht gedacht worden, und dies gerade deshalb, weil die Autoren der rückhaltlosen Selbstdarstellung immer davon überzeugt waren, die Evidenz ihrer Rücksichtslosigkeit gegen sich selbst werde für die Wahrheit sprechen. Daß demjenigen, der sich selbst darstellt, gerade am meisten die Voraussetzung dafür fehlen könnte, ist ein erst allmählich durch Nietzsche und Freud den Ausgang des folgenden Jahrhunderts beherrschender Gedanke. Worauf es Lichtenberg ankommt, ist nicht der Zweifel an dem Entsetzen, das er über sich selbst empfindet, sondern die Skepsis hinsichtlich der Übertragbarkeit auf den Leser. Denn dieser vollzieht ja etwas, was der Physiognomik nicht unähnlich ist, die bei Lichtenberg selbst immer wieder durchbricht, obwohl er im Vollbesitz ihrer theoretischen Verachtung ist. Glaubt er an die von ihm erfundene ›Mitscham‹ der anderen, wenn sie ihn lesen werden?

7 Lichtenberg, WW I 548 (F 637; 1777).
8 [Lichtenberg, WW] I 575 (F 811).
9 [Ebd.]

Die Schöpfung des Wortes schon ist etwas, was in seine eigene Sprachtheorie fällt: im Grunde eine Metapher, eine Übertragung der im Begriff der Sympathie steckenden Möglichkeiten auf diejenige Spezialität des emotionalen Lebens, von der am ehesten und meisten gesagt werden müßte, daß sie Einfühlung und Mitvollzug ausschließt. Mag es Mitleid geben, Mitscham wäre der unerreichbare Grenzwert, den eben nur dieses neue und neuartige Stück Literatur anstreben dürfte, von dessen Aufrichtigkeit Lichtenberg eine seiner Innenwelt entnommene Vorstellung hat. Jedenfalls läßt diese Prägung aufhorchen, wie überspannt ihr Anspruch auch immer sein mag, und um solche Auslösung von Aufmerksamkeit geht [es] vor allem, wenn der Abnutzung der Sprache entgegengewirkt werden soll. Lichtenberg hat da eine einschlägige Theorie der Sprachgeschichte und damit der Einzigartigkeit und Exemplarität der frühesten Literatur der Griechen und Römer: Sie konnten sich alles leisten, weil in ihrer Sprache noch alles ungesagt war: *Die Alten schrieben zu einer Zeit, da die große Kunst schlecht zu schreiben noch nicht erfunden war, und bloß s c h r e i b e n hieß g u t s c h r e i b e n. Sie schrieben wahr, wie die Kinder wahr r e d e n.*[10] Gegen den verbrauchten Sprachbestand anzugehen und *noch wieder die eigene Haushaltung der Natur anzufangen, erfordert sicherlich mehr Kraft als in den ersten Zeiten der Welt, natürlich zu schreiben, jetzt da natürlich schreiben, möcht ich sagen, fast unnatürlich ist.* Wie bei der Metapher kommt es zum Paradox der bewußten Natürlichkeit: *Unsere heutigen guten Schriftsteller müssen alle die fatale Kunst lernen: z u w i s s e n, daß s i e g u t s c h r e i b e n.*[11]

Das Problem der Physiognomik hat zwei gegenläufige Aspekte: das der Zulässigkeit eines fremden Willens, sich über die symptomatischen Merkmale eines Gesichts Zugang zu den verborgenen Eigenschaften eines Menschen zu verschaffen; dann die Problematik jedes dieser Prozedur gegebenenfalls Ausgesetzten, den Zugang zu verweigern und sich bei Kenntnis des Katalogs signifikanter Merkmale verzweifelt deren Abwesenheit zuzulegen. Lichtenberg wird, was das erste Problem angeht, gegen die Zudringlichkeit der Physiognomik alle polemischen Mittel aufbieten; hinsichtlich des Rechts aber, sich anders zu geben als man ist, alle Abweisungen fremder Zudringlichkeit ins Innere zu praktizieren, nennt [er] es

10 [Lichtenberg, WW II 155 (G 117).]
11 [Ebd.]

die entsetzliche Abneigung des Menschen, sich zu zeigen, wie er ist, und sich darin jeder Genossenschaft mit den physischen Körpern zu entziehen, die wechselseitig für einander das sind, was sie sein können. Der Mensch ist es nicht: *Er scheint mehr d a s z u s e i n, was er nicht sein sollte. Die Kunst sich zu verbergen, oder der Widerwille, sich geistlich oder moralisch nackend sehen zu lassen, geht bis zum Erstaunen weit.*[12] Lichtenberg hat in der entblößenden Selbstbeschreibung nicht ein Mittel der Selbstanalyse und der Selbstbefreiung gesehen, sondern sich auf das uralte Theologumenon berufen, daß Gott in die Herzen blickt und kraft dieser Nacktheit vor ihrem Richter die Menschen gleich seien, ihre Einstellung zueinander auf dieser Gleichheit allein beruhen kann und beruhen muß. Aufhören würde die Differenz zwischen der Äußerlichkeit des Gehabes und der Innerlichkeit einer Realität, die allein für sich selbst zu kennen dem einzelnen nicht die Möglichkeit gibt, an seine Gleichheit mit den anderen zu glauben, die sich ihm in ihrer ritualisierten Ehrbarkeit darstellen. Wegen dieser Enttäuschung, die jeder mit sich selbst auszutragen hat, gebricht es am Willen zur Selbsterkenntnis: *Wir kennen uns nur selbst, oder vielmehr, wir könnten uns kennen, wenn wir wollten; allein die andern kennen wir nur aus der Analogie, wie die Mondbürger.*[13] Die Selbstbeschreibung als literarische Erscheinung einer neuen Aufrichtigkeit, von der Lichtenberg durch Rousseau als Kennzeichen der eigenen Zeit überzeugt zu sein scheint, weckt das Erstaunen davor, daß andere auch nicht anders sind: *So lange wir nicht unser Leben so beschreiben, alle Schwachheiten aufzeichnen, von denen des Ehrgeizes bis zum gemeinsten Laster, so werden wir nie einander lieben lernen. Hiervon hoffe ich eine gänzliche Gleichheit. Je härter es wider den Strich geht, desto getreuer muß man gegen sich selbst sein. Dieses scheint unsern Zeiten aufbehalten zu sein.*[14] Für den Philosophen gehe es um ein Opfer seines weltlichen Kredits für die Philosophie, und vor Gott sei damit doch nichts schlimmer zu machen. Lichtenberg hält es nicht für wahrscheinlich oder bedrohlich, daß es mit der Kenntnis, die ein jeder von sich selbst hat, nicht besser bestellt sein könnte als mit der, die er von anderen hat. Und wenn ihm da ein Verdacht kommt, genügt ihm immer der Gedanke, man befinde sich noch in

12 [Lichtenberg,] WW II 144 (G 56).
13 [Lichtenberg,] WW II 148 (G 83).
14 Ebd.

der ›Kindheit der Welt‹, und alles sei noch möglich und alles noch zu tun. Auch und sogar in der Physiognomik, deren Erkenntnisprinzip Lichtenberg insgeheim billigt, obwohl er sich über ihren Hauptvertreter so unerbittlich lustig macht – wohl eben gerade deshalb, weil er ihren Zustand für ein Stück Kindheit der Welt hält. Ihre große Chance liegt nicht nur im Prinzip der Gleichheit, sondern in dem der gleichen Qualität. In einer Notiz zur Verteidigung der Vorteile, die uns unsere Unwissenheit gewährt, steht der Satz: *Ich glaube die vollkommenste Physiognomik wird endlich dahin führen, wo uns jetzt schon analogische Schlüsse hinführen: es ist alles gut. Schwerlich würde es aber menschliche Physiognomik so bald dahin bringen …*[15] Dennoch gilt gerade hier, wo nur die Selbsterkenntnis in Selbstdarstellung übergehen und dem Prinzip der Gleichheit aufhelfen kann, ebenso der Schutz des anderen vor der Art von Einblick, über die jeder nur für sich selbst verfügt und die er nur aus seiner Freiheit preisgeben kann: *Den Vorhang, der über der Seele unserer Neben-Menschen hängt, muß man so gut wie den der unser Schicksal betrifft nicht aufzuziehen trachten. Auch werden die Bemühungen alle vergeblich sein.*[16] Das wird es also nicht sein können, da beide Sätze in derselben Notiz stehen, was am Ende einer Fortbildung der Physiognomik stehen würde. Der Vorzug unserer Unwissenheit ist zugleich der Schutz, der uns gegenüber anderen gewährt ist und den wir allein, sofern Philosophen, als Opfer an die Philosophie aufreißen können – doch wohl nur eine Empfehlung an den Philosophen, der in der Nähe des Todes für sein Leben davon keine Nachteile mehr zu befürchten braucht?

Nicht zufällig vergleicht Lichtenberg die Lage des entschlossenen Menschenkenners, zugespitzt in der des Physiognomikers, mit der nur imaginären Situation, in die wir gegenüber den Bewohnern des Mondes kämen, gleichgültig ob diese uns oder wir sie besuchten. Wir könnten gar nicht anders, als sie nach Analogie der Kenntnis einzuschätzen und zu behandeln, die wir einzig von uns selbst besitzen. Eine Physiognomik könnte nur dann Erfolg haben, wenn sich bei diesen Weltfremden eine empirische Zuordnung zwischen Ausdruck und Verhalten allmählich herstellen ließe, was beim Menschen doch vor allem deshalb scheitert, weil jeder, der eine solche Zuordnung kennt, sie selbst als Mittel zu be-

15 [Lichtenberg,] WW I 548 (F 637; 1777).
16 Ebd.

herrschen lernt, um denjenigen Eindruck zu bewirken, den er als Ausdruck für ein bestimmtes absehbares Verhalten schon kennt. Diese Verfügbarmachung des Ausdrucks als Mittel zum Eindruck macht die Aussichten der Physiognomik gerade in dem Maße zunichte, wie sie sich einem Erfolg nähern würde – und das wird Lichtenberg gemeint haben, wenn er seine Überzeugung auf die kurze Formel bringt, *die Physiognomik werde in ihrem eigenen Fette ersticken.*[17] Es ist also nicht das schlichte Versagen einer Kunstfertigkeit der Deutung von Ausdruck, die beim Eindringen in die Hintergründe des anderen gleichsam steckenbliebe; vielmehr ist es die archaische Fähigkeit des zum Bewußtsein seiner selbst vordringenden menschwerdenden Lebewesens, jede seiner Wirkungen in Ausdruck und Gestus auf das Verhalten anderer seinesgleichen umsetzen zu können in Mittel, dieselben Wirkungen zu erzielen, ohne daß die inneren Äquivalente des Ausdrucks und damit das jenen konkludente Verhalten vorhanden wären oder zustande kämen. Mit dieser Trennbarkeit von Einstellung und Ausdruck, von Intimität und Anschaubarkeit ist der Mensch potentiell ein hinterhältiges, sich vorenthaltendes und ständig den Vorbehalt des anderen aufzulösen gewilltes Wesen. Darauf beruht die Vergeblichkeit der Physiognomik, die Lichtenberg mit den Spekulationen eines seiner frühesten Genossen in Sachen der Aufklärung über die Befahrbarkeit des Weltraumes gleichsetzt: *Die Hoffnung, die man sich von Physiognomik macht, hat sehr viel mit den Träumen Fontenelles gemein, der von dem Fliegen in der Luft auf das Fliegen nach dem Monde fällt. Die Damen glaubten ihm auch.*[18] Physiognomik wäre, am Ziel ihrer Vollendung angelangt, eine Art von Wissen, das sich im Maße ebendieser Vollendung selbst zerstören müßte, weil es eo ipso als Fremderkenntnis zur Technik der Selbstdarstellung würde. Nichts könnte es vor diesem Schicksal bewahren.

Dies ist nun eine Zwangsläufigkeit, deren Ähnlichkeit mit dem Schicksal sprachlicher ›Natürlichkeit‹ als alter oder erneuerter Bilderfrische nicht zu übersehen ist. Für die Geschichte der Naturwissenschaft hat Lichtenberg sowohl die Unentbehrlichkeit der Metapher für die Begriffsbildung als auch ihre Bedenklichkeit und Gefährlichkeit gesehen, angesichts dieser Ambivalenz die Schärfe des Urteils ihrer berühmten Kritiker vermieden. In dem von

17 [Lichtenberg,] WW II 150 (G 95).
18 [Lichtenberg,] WW II 150 (G 94).

J.Chr.F. Erxleben 1772 begründeten und nach seinem Tod 1777 mit der dritten Auflage übernommenen und allmählich durchdrungenen Lehrbuch »Anfangsgründe der Naturlehre« hat Lichtenberg eine seiner mit der vierten Auflage beginnenden Anmerkungen und Zusätze dem Sprachproblem der Physik zugewendet. Die Bildung des anschaulichen Ausdrucks der ›Attraktion‹ war ein Glücksgriff, doch zugleich die Versuchung, darin eine Erkärung zu finden und das ›offenbare Geständnis einer gänzlichen Unwissenheit‹ zu vermeiden. Es sei gut, den unbekannten Ursachen Namen zu geben, dürfe aber nicht vergessen lassen, daß es nur Namen und keine Erklärungen sind: *So wie Bildersprache Aberglauben erzeugt, so erzeugen Metaphern in der Physik bey dem unbehutsamen Denker oft ähnliche Irrthümer, die der Philosophie so schädlich seyn können, als jene der Religion. Was würde nicht mancher daraus gefolgert haben, wenn Newton diese Erscheinung Sehnsucht genannt hätte!* Das Wort darf nicht zum Argument werden und braucht es nicht zu werden, *denn es ist kaum möglich noch einen Augenblick zu streiten, sobald man das nackte, unläugbare Phänomen ansieht, ohne sich die unphilosophische Mühe zu geben, Folgerungen aus der bloßen Benennung zu ziehen.*[19] Freilich ist es mit der Kritik am Wort noch nicht getan, da nur zu leicht uns oft unvermerkt über das alte Bildwerk ein neues gebreitet wird. Haller habe zwar gesagt, unser Auge stoße sich am Kleid der Dinge, doch hat man sich zu hüten, wie Lichtenberg hinzufügt, *über dieses Kleid noch andere zu ziehen, an denen sich die Einbildungskraft stößt noch ehe das Auge bis zu jenem undurchschaubaren eindringt.*[20] Vorschriften würden freilich wenig helfen, da sie sich auch gegen das durchzusetzen hätten, was sich den Sinnen darstellt, wie im Falle der Attraktion die Näherung der Körper durch Kräfte unmittelbar anschaulich darzubieten scheint, wie sie *sich einander ziehen, sich nach einander sehnen, gegen einander gestoßen werden, gegen einander zu fallen (man nehme welchen Ausdruck man will) …*[21] So heißt auch die begrifflich erscheinende Rede, die Körper hätten eine ›anziehende Kraft‹, nichts anderes als: man *bricht ebenfalls die Untersuchung ab*, im Glauben, man habe das Phäno-

19 [Johann Christian Polykarp] Erxleben, Anfangsgründe der Naturlehre. [Mit Verbesserungen und vielen Zusätzen von G.C. Lichtenberg.] IV § 113 b, Anmerkung. Göttingen 1794, 85-88 [hier 86.]

20 [Ebd.]

21 [Ebd., 87.]

men erfaßt, und in Vermeidung des ›offenherzigen Geständnisses der Unwissenheit‹. Entscheidend ist die Beobachtung, daß Kritik an der einen Einkleidung des Phänomens noch nicht die Gewähr dafür gibt, nicht eine andere Einkleidung an deren Stelle zu setzen, weil es offenkundig die größten Schwierigkeiten bereitet, das Phänomen nackt vorzuweisen und dennoch darüber zu sprechen.

Lichtenberg gehört zu den Urahnen der philosophischen Sprachkritik. Wittgenstein hat ihn gelesen und hat vor allem den berühmtesten Text aus dem Sudelbuch der Jahre 1784-1788 in Varianten nachgesprochen: *Unsere falsche Philosophie ist der ganzen Sprache einverleibt; wir können so zu sagen nicht raisonnieren, ohne falsch zu raisonnieren ... Unsere ganze Philosophie ist Berichtigung des Sprachgebrauchs, also, die Berichtigung einer Philosophie, und zwar der allgemeinsten.*[22] Darin steckt aber schon das Problem, in welcher Sprache denn die Berichtigung des Sprachgebrauchs vorgenommen werden kann, und bei diesem Problem gibt es kein Ausweichen vor dem Sachverhalt, den schon Lichtenberg festgestellt hat: *Es wird also immer von uns wahre Philosophie mit der Sprache der falschen gelehrt.*[23] Doch da sitzt auch zugleich die Vereinfachung gegenüber Einsichten, die Lichtenberg im Zusammenhang mit dem anderen Sprachproblem, dem der Auffrischung einer durch Geschichte und Gewohnheit abgebrauchten Sprache, sich gestellt hat. Dabei kann getrost zugestanden werden, daß das erfrischende Element der Sprache noch etwas falscher ist als alles, zu dessen Erfrischung es dient. Die Metaphorik, derart gegen die geschichtliche Selektion des Brauchbaren und Fungiblen eingesetzt, enthält alle Gefahren der Verleitung und Mißweisung zum Fehlverstand dessen, was nicht dazu bestimmt sein kann, beim Wort genommen zu werden.

Dieses Paradox löst sich erst auf, wenn man bemerkt, daß die Berichtigung des Sprachgebrauchs als Inbegriff der Philosophie es zu schwer hat, sich an der gewöhnlichen Falschheit der Alltags- und Schulsprachen zu betätigen, weil diese in ihrer Verschliffenheit der Aufmerksamkeit keine ausreichenden Konturen anbieten. Man kann sagen, daß die Einführung von Metaphern in die abgelebte Sprachwelt so etwas ist wie das Präparat in aller morphologischen Erkenntnis: Überdeutlichkeit. Die vorbegriffliche Metapher der ›Anziehungskraft‹, für das Verhältnis der Sonne zu ihren Planeten

22 [Lichtenberg,] WW II 197f. (H 146).

23 Ebd.

gebraucht, ist zunächst einmal eine Übertreibung für ein Verhältnis unterschiedlicher Massen gegeneinander, bei dem die weit überwiegende Zentralmasse als alleiniger Träger der Anziehungskraft für das System erscheint, während doch tatsächlich die Anziehungskräfte der kleinen Körper gegenüber der Zentralmasse wie untereinander nicht weniger vorhanden sind, aber für die Konstitution des Systems eine vernachlässigungsfähige Größe darstellen. Daß dies systematische Konzept in der Natur nicht allein herrschend ist, wurde erst durch Entdeckung der Doppelsternsysteme sinnenfällig. Für die Kritik der metaphorisch ansetzenden Begriffsbildung war es unerläßlich, darauf zu bestehen, daß nicht nur die Erde den fallenden Apfel anzieht, sondern auch der fallende Apfel die Erde, mag niemals einer imstande sein, dies empirisch zu beweisen: die Größenordnung des Verhältnisses wird angebbar. Aber die neue Metapher der Anziehungskraft machte eine gänzlich überlebte und durch Systemdogmatik entselbstete Metapher hinfällig, die der Rede von den natürlichen Örtern und dem freien Fall als hervorgehend aus der Hinneigung eines Körpers zu jenem natürlichen Ort als seiner Heimat, seiner Zugehörigkeit zu einem Ganzen, dessen irgendwann einmal abgelöster Teil er sein muß. Die neue Metapher ersetzt nicht einfach eine alte und macht sie ›richtiger‹, sondern sie indiziert vor allem und zunächst an dieser Stelle den Metapherngebrauch als solchen und offenkundig noch unentbehrlichen, fortan aber als solchen im Bewußtsein gezeichneten.

Die unverkennbare Antinomie zwischen der geschichtlichen Auffrischungsbedürftigkeit der Sprache durch Einschüsse metaphorischer Erfrischungen einerseits und der unvermeidlichen Irreführung durch jede Art imaginativer Belebungen andererseits kommt bei Lichtenberg der Auflösung näher, wenn man die Formel von der ›Berichtigung‹ der Sprache nicht als Empfehlung zur Herstellung einer fortan unanfechtbaren Orthosprache auffaßt. Die Sprache zu berichtigen heißt nicht, sie zu ersetzen. Hinter der These von der falschen Philosophie der Sprache verbirgt sich noch einmal der *genius malignus* des Descartes; und noch einmal der Vernunftglaube, es sei noch mit einer Macht der universalen Irreführung fertig zu werden – und gerade dies das Wesen der Vernunft. Der Unterschied ist, daß gegen den Trug der Sprache Beweise nichts mehr helfen (abgesehen davon, daß sie schon gegen den *genius malignus* nichts geholfen hatten, obwohl helfen sollten). Lichtenberg empfiehlt auch nicht, eine andere Sprache zu sprechen. Für ihn ist das zugleich überraschende und eindrucksvolle Resultat der kopernikanischen Reform, daß ihr vollständiger Sieg bis in das Alltagswissen der Leute hinein nichts an dem Fortbestand der vorkopernikanisch verfahrenden Sprache zu ändern vermochte. Der Grund ist klar: Die Wahrnehmung wird niemals kopernikanisch. Dasselbe gilt nun für die Erkenntnistheorie. Nichts ist leichter einzusehen, als daß die Rede von der Erkenntnis äußerer Gegenstände einen Widerspruch enthält und es dem Menschen unmöglich ist, aus sich herauszugehen. Hier ist die Sprache nicht nur, wie es bei der Wirkungslosigkeit des Kopernikanismus scheinen könnte, durch Trägheit beharrlich; sie ist es durch die Macht der Natur selbst, die die Menschen daran hindern muß, sich als innerlich einzuverleiben, was doch seiner Verfügung entzogen ist, und dadurch eine bedrohliche Illusion für sein Handeln entstehen zu lassen. Unsere Sprache dürfe *in diesem Stücke nicht philosophisch sein, so wenig als sie in Rücksicht auf das Weltgebäude kopernikanisch sein darf.*[24] Das ist die eine Seite, die der Lebensdienlichkeit eines Irrtums, der durch seine sprachliche Impertinenz nicht sinnlos herrscht, sondern eine Art höchster Bewährungsprobe hinter sich zu haben manifestiert. Die andere Seite ist, daß *des Menschen höherer Geist* gerade daraus hervorleuchtet, daß er *sogar den Betrug ausfindig zu machen weiß, den ihm gleichsam die Natur spielen wollte*[25] – und mußte, hätte Lichtenberg hinzufügen dürfen. Es sei eben kein Betrug mehr, sobald ich es weiß. Daraus folgt die Lizenz, in der Klammer einer Art früher phänomenologischer Reduktion so weiter zu sprechen wie bisher: *Die Philosophie ist, wenn sie spricht, immer genötigt, die Sprache der Unphilosophie zu reden.*[26] Wenn aber dies, dann deren ›frischeste‹ Sprache, die eine Art Ironie gegen sich selbst insofern enthält, als sie durch die Innovationen ihrer Metaphorik erkennen läßt, daß keines ihrer Bilder sie zur Endgültigkeit eines bestimmten Irrtums zu verdammen vermag. Hierauf konvergieren die beiden Linien der Sprachkritik, die an der Alterung und die an der Verführung. Die Sprache ist ein Kleid, unter dem es keine Nacktheit gibt. Da wußte Lichtenberg schon zu viel von der Verzweiflung im Begriff des ›Ding an sich‹.

24 [Lichtenberg,] WW II 200 (H 151).
25 Ebd.
26 Ebd.

Jetzt ist ins Auge zu fassen, daß die schon behandelte Notiz von der Einkleidung der Gedanken, daß sie nicht mehr wie solche aussehen, und dem Versprechen,[27] dem fiktiven Dialogpartner solche nackend zu zeigen, gerade zwei Jahrzehnte älter ist und die Problematik der Sprache erst im rhetorischen Ornatus sieht, noch nicht aber in der Wesentlichkeit der niemals adäquaten Sprache für den Gedanken, in ihrem wesentlichen Betrug[28] und der natürlichen Funktion desselben für die Selbsterhaltung. Die Nacktheit verschwindet im Maße, wie die Sprache nichts übrig läßt, was sich außerhalb ihrer Gewandungen zeigen könnte. Die Gedanken sind niemals nackt, also auch ursprünglich nicht nackt; sie werden nicht erst durch die Sprache bekleidet, sondern allenfalls sprachlich umgekleidet – und alles kommt darauf an, diesen Moment zu erfassen, nicht um die Lücke zu erspähen, die den Voyeur ins Bild setzt, sondern um die Kontingenz der sprachlichen Investitur zur Erfahrung zu machen, die immer nur auf der Frische der jeweils eingeführten Mittel beruhen kann. Das Gegenangebot an jenen fiktiven Dialogpartner, die eigenen Gedanken vor ihrer Einkleidung zu zeigen, erweist sich im nachhinein als unsolides Versprechen. Und sollte Lichtenberg in seinen Kant so weit vorgedrungen sein, daß er auch die innere Erfahrung als Erscheinung durch Selbstaffektion schon akzeptiert hatte, mußte er inzwischen auch resigniert eingestanden haben, daß selbst das ewige Gespräch mit sich selbst keine Ausnahme von der Unzugänglichkeit der nackten Wahrheit zuläßt. Dieses Theorem der kantischen Philosophie verdient größere Beachtung als ihm durch die allzu schlichte Unterstellung zugebilligt worden ist, es diene einer bloßen systematischen Ausgleichung und Konsistenz.

Die andere Gruppe der Notizen, die sich mit der erfreulichen Auffrischung der Gedanken durch Metaphern beschäftigen, liegen zeitlich genau in der Mitte zwischen dem frühen inneren Monolog mit dem Versprechen der zu zeigenden Nacktheit und dem späten sprachkritischen Stück Vor-Wittgenstein mit seiner Konsequenz der Unmöglichkeit der Anschauung des nackten Gedankens. In dieser mittleren Gruppe der Texte, die vom Verschleiß der Wörter ausgeht, vom bloßen Wissen der Bedeutungen ohne lebendiges

27 [Im Typoscript heißt es: »und mit dem Versprechen«.]
28 [Im Typoscript heißt es: »ihres wesentlichen Betruges«.]

Gefühl für sie,[29] wird die Einführung neuer Metaphern statt alter Wörter zum Programm, um die fest eingeschliffenen, dem Begriff der Assoziation vorgreifenden Verbindungen aufzuheben und neue Gedanken durch neue Verbindungen zumindest möglich zu machen. Lichtenberg hat dafür eine Metapher, der man ansieht, daß sie aus seinen frühen elektrischen Versuchen gewonnen ist und auf die Neigung elektrischer Ladungen hinblickt, sich zur Entladung jeweils ihre Wege neu zu suchen: *Wenn man ein altes Wort gebraucht, so geht es oft in dem Kanal nach dem Verstand den das ABC-Buch gegraben hat, eine Metapher macht sich einen neuen, und schlägt oft grad durch.*[30]

Schließlich ist noch an Lichtenbergs Einsichten beachtlich, daß er die Metapher zum Paradestück dessen heraushebt, was wir inzwischen einen ›hermeneutischen‹ Gegenstand zu nennen uns geneigt haben. Die Metapher ist der Inbegriff eines sprachlichen Mittels, das einen Überschuß über die Intention seines Autors enthalten kann und diesen Überschuß denen anbietet, die nicht zufrieden wären mit der Beantwortung der historischen Frage, was die Intention des Autors denn gewesen sei – [und] statt dessen lieber fragen wollen, was die Intention hätte sein können oder müssen und was sie gewesen wäre, wäre sie nicht durch faktische historische Umstände auf die Bedingtheit ihres Ursprungs festgenagelt gewesen. Dazu genügt Lichtenberg, im Gegensatz zu seinen späten hermeneutischen Nachfolgern, ein einziger Satz: *Die Metapher ist weit klüger als ihr Verfasser und so sind es viele Dinge.*[31] Die Stärke der Metapher ist ihre Vieldeutigkeit. Dies zu sagen, ist identisch mit der anderen These, die Metapher sei wesentlich ästhetisch. Auch das ist wiederum nur ein anderer Ausdruck dafür, daß sie nicht so etwas wie die bloße Umhüllung des nackten Gedankens ist, an den man als an das letztlich und eigentlich zu erreichende Ziel ihrer Interpretation und Aufschließung ständig zu denken hätte. Wer ständig über sie hinausdenkt, verliert, was er hat, ohne zu bekommen, was er nicht haben kann.

29 [Lichtenberg,] WW I 409 f. (E 271).
30 [Lichtenberg,] WW I 477 (F 116).
31 [Lichtenberg,] WW I 512 (F 369).

Literatur

Nicht oder nicht sicher von Blumenberg selbst benutzte Ausgaben sind mit * vermerkt. Eine Ausnahme ist die deutsche Übersetzung von Pascals »Gedanken«, für die hier die Ausgabe aus Blumenbergs Bibliothek nachgewiesen ist, obwohl die benutzte Version leicht im Wortlaut abweicht. Für alle Hyperlinks war der letzte Zugriff am 24.5.2019.

Bayle, Pierre, Dictionnaire historique et critique. Seconde edition, revuë, corrigée & augmentée par l'Auteur. Rotterdam 1702. (Siehe auch ⟨https://reader.digitale-sammlungen.de/de/fs1/object/display/bsb10936629_00007.html⟩)

–, Herrn Peter Baylens, weiland Professors der Philosophie und Historie zu Rotterdam, Historisches und Critisches Wörterbuch, nach der neuesten Auflage von 1740 ins Deutsche übersetzt. Mit des berühmten Freyherrn von Leibnitz, und Herrn Maturin Veissiere la Croze, auch verschiedenen andern Anmerkungen, sonderlich bey anstößigen Stellen versehen, von Johann Christoph Gottscheden, Bd. 4 Q-Z. Leipzig 1744. (Siehe auch ⟨https://reader.digitale-sammlungen.de/de/fs1/object/display/bsb11196595_00001.html⟩.)

Blumenberg, Hans, Die Legitimität der Neuzeit. Erneuerte Ausgabe. Frankfurt a.M. 1988.

Briefe der Dunkelmänner. Hrsg. v. Peter Amelung, übers. v. Wilhelm Binder. München 1964.

Brod, Max: Franz Kafka. Eine Biographie. Dritte, erweiterte Auflage. Berlin, Frankfurt a.M. 1954.*

Buber-Neumann, Margarete, Milena, Kafkas Freundin. München 1979.

Burckhardt, Carl J., Der Honnête Homme. Das Eliteproblem im siebzehnten Jahrhundert. In: ders., Gestalten und Mächte. Reden und Aufsätze. Zürich 1941, 71-96.

–, Richelieu. Der Aufstieg zur Macht. München ^{12}1947.

Clark, Ronald W., Sigmund Freud. Übers. v. Joachim A. Frank, Frankfurt a.M. 1981.

Daunicht, Richard (Hrsg.), Lessing im Gespräch. Berichte und Urteile von Freunden und Zeitgenossen. München 1971.

Erasmus von Rotterdam, Adagiorum chiliades (Adagia selecta) / Mehrere tausend Sprichwörter und sprichwörtliche Redensarten (Auswahl).

Übers., eingeleitet u. mit Anm. vers. von Theresia Payr. In: ders., Ausgewählte Schriften. Ausgabe in acht Bänden. Lat. u. dtsch. Hrsg. v. Werner Welzig, Bd. 7. Darmstadt 1972, 357-633.

Erxleben, Johann Christian Polykarp, Anfangsgründe der Naturlehre, mit Verbesserungen und vielen Zusätzen von G.C. Lichtenberg. Göttingen 1794.

Fontane, Theodor, Sämtliche Werke. Abt. II: Aufsätze, Kritiken, Erinnerungen. Bd. 2: Theaterkritiken. Darmstadt 1969 [zitiert als Fontane, WW].

Fontenelle, Bernard Le Bovier de, Œuvres de Fontenelle. Des Académies Françoise, des Sciences, des Belles-Lettres, de Londres, de Nancy, de Berlin et de Rome. Paris 1790 [zitiert als Fontenelle, WW, ed. Bastien]. (Siehe auch: ⟨https://reader.digitale-sammlungen.de/de/fs1/object/display/bsb10603107_00001.html⟩.)

–, Herrn Bernhards von Fontenelle Auserlesene Schriften, nämlich von mehr als einer Welt, Gespräche der Todten, und die Historie der heydnischen Orakel; vormals einzeln herausgegeben nun aber mit verschiedenen Zugaben und schönen Kupfern vermehrter ans Licht gestellt von Johann Christoph Gottscheden. Leipzig 1760 [zitiert als Fontenelle, ed. Gottsched]. (Siehe auch ⟨https://reader.digitale-sammlungen.de/de/fs1/object/display/bsb11251501_00005.html⟩.)

–, Textes choisis. 1638-1702. Extraits, texte integral. Introduction et notes par Maurice Roelens. Paris 1966.

–, Œuvres. Bd. 2. Ed. par Georges Bernard Deppins. Paris 1818.

Freud, Sigmund, Gesammelte Werke, chronologisch geordnet. London [zitiert als Freud, WW].

–, Die Traumdeutung. Gesammelte Werke, Bd. II/III. London 1942, 1-642.

–, Vergänglichkeit. Gesammelte Werke, Bd. X: Werke aus den Jahren 1913-1917. London 1946, 357-361.

–, Vorlesungen zur Einführung in die Psychoanalyse. Gesammelte Werke, Bd. XI. London 1944.

–, Goethe-Preis 1930 – Brief an Dr. Alfons Paquet. Ansprache im Frankfurter Goethe-Haus. Gesammelte Werke, Bd. XIV: Werke aus den Jahren 1925-1931. London 1948, 543-550.

–, Die Traumdeutung. Frankfurt a.M. 1979.

–, Vorlesungen zur Einführung in die Psychoanalyse. Frankfurt a.M. 1977.

–, Briefe an Wilhelm Fließ 1887-1904. Ungekürzte Ausgabe, hrsg. v. Jeffrey Moussaieff Masson, dt. Fassung v. Michael Schröter. Frankfurt a.M. 1986.

Grossner, Claus, Verfall der Philosophie. Politik deutscher Philosophen (Hans Albert, Ernst Bloch, Hans-Georg Gadamer, Max Horkheimer,

Georg Picht, Karl R. Popper u. a.), mit Gesprächen und Originalbeiträgen. Reinbek 1971.

Hebbel, Friedrich, Tagebücher. In: ders., Werke. Bd. 4. München 1966.

Hegel, Georg Wilhelm Friedrich, Dissertatio philosophica de orbitis planetarum / Über die Planetenbahnen. Lat. u. dtsch. In: ders., Sämtliche Werke I: Erste Druckschriften. Hrsg. v. Georg Lasson. Leipzig 1928, 347-401.

–, Wissenschaft der Logik. 2 Bde. Hrsg. von Georg Lasson. Leipzig 1934.

–, Vorlesungen über die Geschichte der Philosophie. In: ders., Sämtliche Werke XVa (System und Geschichte der Philosophie). Vollständig neu nach den Quellen hrsg. v. Johannes Hoffmeister. Leipzig 1940.

–, Briefe. Bd. 1: 1785-1812. Hrsg. v. Johannes Hoffmeister. Hamburg 1952.

–, Gesammelte Werke. In Verbindung mit der Deutschen Forschungsgemeinschaft hrsg. v. der Rheinisch-Westfälischen Akademie der Wissenschaften. Hamburg 1968 ff. [zitiert als: Hegel, Gesammelte Werke].*

–, Dissertatio philosophica de orbitis planetarum. Gesammelte Werke, Bd. 5, 1998, 233-253.*

–, Wissenschaft der Logik 1. Gesammelte Werke, Bd. 11, 1978.*

–, Wissenschaft der Logik 2. Gesammelte Werke, Bd. 12, 1981.*

Heine, Heinrich, Sämtliche Werke. Hrsg. v. Klaus Briegleb. Darmstadt 1971 [zit. als Heine, WW].

–, Die Romantische Schule. Sämtliche Werke, Bd. III, 357-504.

–, Ludwig Börne. Eine Denkschrift. Sämtliche Werke, Bd. IV, 7-148.

–, Shakespeares Mädchen und Frauen. Sämtliche Werke, Bd. IV, 171-294.

–, Neue Gedichte. Sämtliche Werke, Bd. IV, 295-434.

–, Deutschland. Ein Wintermärchen. Sämtliche Werke, Bd. IV, 571-646.

Herz, Markus, Briefe an Ärzte. 2 Bde. Berlin ^{2}1784. (Siehe auch ⟨https://gdz.sub.uni-goettingen.de/id/PPN653903618⟩.)

Hofe, Harold von (Hrsg.), Briefe von und an Ludwig Marcuse. Zürich 1975.

Janouch, Gustav, Gespräche mit Kafka. Anmerkungen und Erläuterungen von Alma Urs. Erw. Ausgabe Frankfurt a.M. 1968.*

Kafka, Franz, Betrachtungen über Sünde, Leid, Hoffnung und den wahren Weg. In: ders., Gesammelte Werke. Hochzeitsvorbereitungen auf dem Lande. Hrsg. v. Max Brod. New York 1953, 39-54.

Kant, Immanuel, Kant's gesammelte Schriften. Hrsg. v. der Königlich Preußischen Akademie der Wissenschaften (Akademie-Ausgabe, AA), Berlin 1900 ff. [zitiert als Kant, WW]. (Siehe auch ⟨https://korpora.zim.uni-duisburg-essen.de/Kant/verzeichnisse-gesamt.html⟩.)

–, Anthropologie in pragmatischer Hinsicht. In: AA, Bd. VII. Berlin 1917, 117-335.
– Von einem neuerdings erhobenen vornehmen Ton in der Philosophie. In: AA, Bd. VIII. Berlin, Leipzig ²1923, S. 387-406.
– Über eine Entdeckung, nach der alle neue Kritik der reinen Vernunft durch eine ältere entbehrlich gemacht werden soll. In: AA, Bd. VIII. Berlin, Leipzig ²1923, 185-251.
–, Logik. In: AA, Bd. IX. Berlin, Leipzig 1923, 1-150.
–, Briefwechsel, Bd. I (1747-1788). In: AA, Bd. X. Berlin, Leipzig ²1922.
–, Briefwechsel, Bd. II (1789-1794). In: AA, Bd. XI. Berlin, Leipzig ²1922.
–, Briefwechsel, Bd. III (1795-1803). In: AA, Bd. XII. Berlin, Leipzig ²1922.
–, Briefwechsel, Bd. IV (Anmerkungen und Register). In: AA, Bd. XIII. Berlin, Leipzig 1922.
–, Handschriftlicher Nachlaß, Bd. VII. In: AA, Bd. XX. Berlin 1942.
–, Handschriftlicher Nachlaß, Bd. VIII (Opus postumum, 1. Hälfte). In: AA, Bd. XXI. Berlin, Leipzig 1936.
–, Handschriftlicher Nachlaß, Bd. X (Vorarbeiten und Nachträge). In: AA, Bd. XXIII. Berlin 1955.
Kierkegaard, Sören, Die Tagebücher 1834-1855. Ausgewählt und übertragen von Theodor Haecker. Kempten ⁴1953 [zitiert als Kierkegaard, ed. Haecker].
–, Über den Begriff der Ironie mit ständiger Rücksicht auf Sokrates. Übersetzt von Hans Heinrich Schaeder. München, Berlin 1929.

Lessing, Gotthold Ephraim Lessing, Briefe. In: ders., Gesammelte Werke, Bd. IX. Berlin 1957.
Lichtenberg, Georg Christoph, Schriften und Briefe, Bd. 1 und 2: Sudelbücher. München 1968 [zitiert als Lichtenberg, WW].
Locke, John, Versuch über den menschlichen Verstand in vier Büchern. Übers. v. Julius Heinrich von Kirchmann. Bd. 2. Berlin 1873. (Siehe auch ⟨https://reader.digitale-sammlungen.de/de/fs1/object/display/bsb11163790_00001.html⟩.)*
Löwith, Karl, Hegel und die Sprache. In: Neue Rundschau 76, 1965, 278-297.
–, Hegel und die Sprache. In: ders., Sämtliche Schriften. Hrsg. v. Klaus Stichweh und Marc B. de Launay. Bd. I: Mensch und Menschenwelt. Beiträge zur Anthropologie. Stuttgart 1981, S. 373-398.*
Lübbe, Hermann, Religion nach der Aufklärung. In: Zeitschrift für philosophische Forschung 33, 1979, 165-183.

Nietzsche, Friedrich, Gesammelte Werke (Musarion-Ausgabe, MusA). 23 Bände. München 1920 ff. [zitiert als: Nietzsche, WW].

–, Über Ethik. In: MusA, Bd. I.: Jugendschriften. 1922, 405 f.
–, Geburt der Tragödie. MusA, Bd. III. 1920.
–, Vorlesung »Die vorplatonischen Philosophen«. MusA, Bd. IV. 1921, 247-366.
–, Über Wahrheit und Lüge im aussermoralischen Sinne. MusA, Bd. VI. 1922, 75-91.
–, Unzeitgemäße Betrachtungen 3/4. MusA, Bd. VII. 1922.
–, Menschliches, Allzumenschliches 1. MusA, Bd. VIII. 1923.
–, Morgenröthe. Gedanken über die moralischen Vorurteile. MusA, Bd. X. 1924, 3-356.
–, Aus der Zeit der Morgenröte. MusA, Bd. XI. 1924, 3-128.
–, Die Fröhliche Wissenschaft. MusA, Bd. XII. 1924.
–, Einzelbemerkungen aus den Jahren 1882-1884. MusA, Bd. XIV. 1925, 5-104.
–, Jenseits von Gut und Böse. MusA, Bd. XV. 1925, 1-268.
–, Zur Genealogie der Moral. MusA, Bd. XV. 1925, 269-450.
–, Nietzsche contra Wagner. Aktenstücke eines Psychologen. MusA, Bd. XVII. 1926, 275-302.
–, Der Wille zur Macht 3/4. MusA, Bd. XIX. 1926.
–, Die Vorreden des Jahres 1886. Zur Neuauflage der »Fröhlichen Wissenschaft«. MusA, Bd. XXI, 155-166.
–, Werke in drei Bänden. Bd. III. Hrsg. v. Karl Schlechta. München 1956.
–, Sämtliche Werke. Kritische Studienausgabe in 15 Einzelbänden. Hrsg. v. Giorgio Colli u. Mazzino Montinari. München, Berlin 1980 [zitiert als KSA].*
–, Sämtliche Briefe. Kritische Studienausgabe in 8 Bänden. Hrsg. v. Giorgio Colli und Mazzino Montinari. Berlin, New York 1986 [zitiert als KSA Briefe].*
–, Frühe Schriften, München 1994 (Fotomechanischer Nachdruck der Ausgabe: Friedrich Nietzsche, Werke und Briefe, München 1933-40) [zitiert als BAW].*

Orieux, Jean, Das Leben des Voltaire. Aus dem Französischen von Julia Kirchner. 2 Bde. Frankfurt a.M. 1968.

Pascal, Blaise, Pensées de Blaise Pascal. Nouv. éd., collationnée sur le manuscrit autographe et publ. avec une introd. et des notes par Léon Brunschvicg. München 1930 [zitiert als Pensées].
–, Gedanken. Nach der endgültigen Ausgabe übertragen von Wolfgang Rüttenauer. Mit Einführung von Romano Guardini, Leipzig 1937 [Exemplar in der Bibliothek von Hans Blumenberg, die hier zitierten Passagen weichen aber von dieser Ausgabe leicht ab; zitiert als Gedanken].

–, Œuvres complètes III: Les pensées, les opuscules, la correspondance. Publiées par Fortunat Strowski. Paris 1931.

Rathenau, Walther, Vom Schriftgelehrten und von der Wahrheit. In: ders., Gesammelte Schriften IV. Berlin 1925, 353-356.
Rousseau, Jean-Jacques, Confessions. In: ders., Œuvres complètes. Ed. publ. sous la dir. de Bernard Gagnebin. Paris 1959 ff. (Bibliothèque de la Pléiade).

Scheler, Max, Über Scham und Schamgefühl. In: ders., Gesammelte Werke, Bd. 10: Schriften aus dem Nachlaß 1. Zur Ethik und Erkenntnislehre. Hrsg. v. Maria Scheler. Bonn ^{2}1957, 65-154.
Schivelbusch, Wolfgang, Intellektuellendämmerung. Zur Lage der Frankfurter Intelligenz in den zwanziger Jahren. Frankfurt a.M. 1982.
Schopenhauer, Arthur, Sämtliche Werke. Textkritisch bearbeitet und hrsg. v. Wolfgang Frhr. von Löhneysen. Stuttgart, Frankfurt a.M. 1968 [zitiert als Schopenhauer, WW].
–, Die Welt als Wille und Vorstellung. Sämtliche Werke, Bd. I und II.
–, Über die Universitätsphilosophie. Sämtliche Werke, Bd. IV: Parerga und Paralipomena I.
–, Der handschriftliche Nachlaß in fünf Bänden. Hrsg. v. Arthur Hübscher. Frankfurt a.M. 1966-1975[zitiert als Nachlaß].
–, Frühe Manuskripte (1804-1818). Nachlaß, Bd. I. Frankfurt a.M. 1966.
–, Brieftasche. In: Nachlaß, Bd. III. Frankfurt a.M. 1970, 142-185.
–, Adversaria. In: Nachlaß, Bd. III. Frankfurt a.M. 1970, 399-665.
–, Cholerabuch. In: Nachlaß, Bd. IV/1. Frankfurt a.M. 1974, 72-110.
–, Pandectae II. In: Nachlaß, Bd. IV/1. Frankfurt a.M. 1974, 152-237.
–, Spicilegia. In: Nachlaß, Bd. IV/1. Frankfurt a.M. 1974, 238-313.
Seidel, Christa, Art. »Astronomie II«. In: Historisches Wörterbuch der Philosophie. Hrsg. v. Joachim Ritter. Bd. 1 (A-C). Darmstadt 1971, Sp. 590-593.
Spaemann, Robert, Die Frage nach der Bedeutung des Wortes »Gott«. In: Der fragliche Gott. Fünf Versuche einer Antwort. Hrsg. v. Joseph Kopperschmidt. Düsseldorf 1973, S. 45-66.
Staël-Holstein, Germaine de, De l'Allemagne. London 1813. (Siehe auch ⟨https://reader.digitale-sammlungen.de/de/fs1/object/display/bsb11150196_00007.html⟩.)
–, Über Deutschland. Vollständige und neu durchgesehene Fassung der deutschen Erstausgabe von 1814 in der Gemeinschaftsübersetzung von Friedrich Buchholz, Samuel Heinrich Catel und Julius Eduard Hitzig. Hrsg. v. Monika Bosse. Frankfurt a.M. 1985.*

Vaihinger, Hans, Kant – ein Metaphysiker?. In: Kant-Studien 7, 1902, S. 110-119.
Valéry, Paul, L'homme et la coquille. In: ders., Œuvres 1. Ed. établie et annotée par Jean Hytier. Paris 1959, 886-907.
–, Der Mensch und die Muschel. In: ders., Werke 4. Zur Philosophie und Wissenschaft. Frankfurt a.M. 1989, 156-180.*
Varnhagen von Ense, Karl August, Tagebücher. Aus dem Nachlaß Varnhagen's von Ense. Hrsg. v. Ludmilla Assing. Leipzig 1861 ff. [zitiert als: Varnhagen von Ense, Tagebücher].
–, Tagebücher, Bd. 2. Leipzig 1861. (Siehe auch ⟨https://reader.digitale-sammlungen.de/de/fs1/object/display/bsb10047783_00007.html⟩.)
–, Tagebücher, Bd. 9. Hamburg 1868. (Siehe auch ⟨https://reader.digitale-sammlungen.de/de/fs1/object/display/bsb11024063_00007.html⟩.)
–, Tagebücher, Bd. 10. Hamburg 1868. (Siehe auch ⟨https://reader.digitale-sammlungen.de/de/fs1/object/display/bsb11024064_00007.html⟩.)
–, Tagebücher, Bd. 11. Hamburg 1869. (Siehe auch ⟨https://reader.digitale-sammlungen.de/de/fs1/object/display/bsb11024065_00007.html⟩.)
–, Tagebücher, Bd. 13. Hamburg 1870. (Siehe auch ⟨https://reader.digitale-sammlungen.de/de/fs1/object/display/bsb11024067_00005.html⟩.)
Voltaire, Œuvres complètes. 100 Bde. Basel 1791 [zitiert als Voltaire, WW].
–, Le Philosophe ignorant. Œuvres complètes, Bd. XLIV, 79-154. (Siehe auch ⟨https://reader.digitale-sammlungen.de/de/fs1/object/display/bsb10603603_00087.html⟩.)
–, Histoire de Jenni. Œuvres complètes, Bd. LXVI: Romans III, 70-158. (Siehe auch ⟨https://reader.digitale-sammlungen.de/de/fs1/object/display/bsb10603624_00078.html⟩.) Voyage de la raison. Discours prononcé dans une académie de province. Œuvres complètes, Bd. LXVI: Romans III, 277-289. (Siehe auch ⟨https://reader.digitale-sammlungen.de/de/fs1/object/display/bsb10603624_00285.html⟩.)
–, Lettres à S.A. Mgr. Le Prince de *** sur Rabelais, et sur d'autres auteurs accusés d'avoir mal parlé de la religion chrétienne. Œuvres complètes, Bd. LXVIII: Mélanges littéraire I, 333-372. (Siehe auch ⟨https://reader.digitale-sammlungen.de/de/fs1/object/display/bsb10603626_00339.html⟩.)
–, Lettres à S.A. Mgr. Le Prince de *** sur Rabelais, et sur d'autres auteurs accusés d'avoir mal parlé de la religion chrétienne. Œuvres complètes, Bd. LXIX: Mélanges littéraire II, 13-54. (Siehe auch ⟨https://reader.digitale-sammlungen.de/de/fs1/object/display/bsb10603627_00013.html⟩.)
–, Dictionnaire Philosophique. Avec introduction, variantes et notes par Jean Benda, texte établi par Raymond Naves. Paris 1954.
–, Aus den Briefen an seine Hoheit Monseigneur le Prince de … Über Rabelais sowie andere Autoren, die man bezichtigt, sie hätten die christli-

che Religion verunglimpft. In: ders., Kritische und satirische Schriften. Übersetzt von Karl August Horst, Joachim Timm und Lieselotte Ronte. Nachwort von Fritz Schalk. München 1970, 386-427.

Voß, Johann Heinrich, Briefe. Nebst erläuternden Beilagen hrsg. v. Abraham Voß. Bd. 1. Halberstadt 1829.

Wieland, Christoph Martin, Ausgewählte Werke in drei Bänden. Hrsg. v. Friedrich Beißner. Darmstadt 1964.

–, Geschichte der Abderiten. Ausgewählte Werke in drei Bänden, Bd. 2: Romane, 579-903.

–, Göttergespräch. Ausgewählte Werke in drei Bänden, Bd. 3: Erzählende Prosa und andere Schriften, 633-766.

Wieser, Harald, Am Stammtisch der heimlichen Staatsanbetung. In: Michel, Karl Markus (Hrsg.), Kursbuch 56: Unser Rechtsstaat. Berlin 1979, 51-57.

Wittels, Fritz, Sigmund Freud. Der Mann, die Lehre, die Schule. Leipzig 1924.

–, Revision of a Biography. In: The Psychoanalytic Review XX, 1933, 361-374.

Nachwort des Herausgebers

Die nackte Wahrheit im Kontext der Metaphorologie Blumenbergs

Die Metaphorologie ist eines der zentralen Projekte in Hans Blumenbergs Philosophie, heute vielleicht sogar das prominenteste und wissenschaftlich folgenreichste. Ursprünglich ist es im Umfeld seiner Arbeiten zu einer Geistesgeschichte der Technik entstanden. Ludwig Landgrebe gegenüber hat Blumenberg noch im Mai 1958 die »begriffsgeschichtlichen und metaphorologischen Dinge« sogar als bloße »Hilfsarbeiten zu diesem Projekt« bezeichnet.[1] Daher findet sich die erste kurze metaphorologische Notiz auch in dem Vortrag »Technik und Wahrheit«, den Blumenberg zunächst 1952 vor Kollegen in Kiel, dann im August 1953 auf dem XI. Internationalen Kongreß der Philosophie in Brüssel gehalten hat und der noch im selben Jahr in den Kongreßakten erschienen ist.

Manfred Thiel, der Redakteur von *Studium generale*, jener interdisziplinären Zeitschrift, in der Blumenberg im Laufe der 1950er Jahre seine ersten wichtigen Fachartikel veröffentlicht hat, plante 1955 ein Heft mit dem Schwerpunkt »Sehen« und suchte dafür unter anderem nach Autoren zum Thema »Lichtsymbolik«. In diesem Zusammenhang fragte er seinen inzwischen bewährten Autor, ob er nicht solch einen Artikel für die Philosophie übernehmen könnte. Thiel verwies dabei explizit auf die Überlegungen in »Technik und Wahrheit«, die ihn zu seiner Anfrage angeregt hätten. Blumenberg sagte umgehend zu, und 1957 erschien im 10. Heft des Jahrgangs sein erster ausführlicher Text zur Metaphorologie: »Licht als Metapher der Wahrheit. Im Vorfeld der philosophischen Begriffsbildung«. Schon im Jahr darauf stellte er bei der Senatskommission

1 Blumenberg an Ludwig Landgrebe, 13.5.1958, DLA Marbach, A: Blumenberg. Vgl. dazu und zur Entwicklung von Blumenbergs Metaphorologie und Theorie der Unbegrifflichkeit ausführlicher: Rüdiger Zill, Nackte Wahrheiten. Zur Metaphorologie der Theorie der Unbegrifflichkeit bei Hans Blumenberg. In: Wolfgang Müller-Funk, Matthias Schmidt (Hrsg.), Blumenbergs Schreibweisen. Methodische und kulturanalytische Perspektiven im Ausgang von Hans Blumenberg. Würzburg 2019, 15-34.

für Begriffsgeschichte der Deutschen Forschungsgemeinschaft den Entwurf für eine umfangreichere Arbeit vor, deren Druckfassung dann 1960 unter dem Titel »Paradigmen zu einer Metaphorologie« in *Archiv für Begriffsgeschichte* veröffentlicht wurde.[2] Die Resonanz war zunächst verhalten, auch wenn gerade dieser Text später zu einer von Blumenbergs meistrezipierten Arbeiten geworden ist.

In den folgenden Jahren schoben sich zwar andere Themen in den Vordergrund, dennoch wurde die Metaphorologie nicht ganz aufgegeben. So überarbeitete und erweiterte Blumenberg zum Beispiel das vorletzte Kapitel der Paradigmen – »Metaphorisierte Kosmologie« – für den abschließenden Teil seines ersten eigentlichen Buchs, der Aufsatzsammlung *Die kopernikanische Wende*, die 1965 erschien. Zentrale Texte wurden in den Folgejahren dann auch die »Beobachtungen an Metaphern« von 1973 und ein 1976 erschienener Aufsatz zur Philosophie Georg Simmels, »Geld oder Leben«.[3]

Schon seit den späten 1960er Jahren dachte Hans Blumenberg über eine ausführliche Neufassung seiner Metaphorologie nach; so schreibt er im Februar 1967 an Harald Weinrich, daß er, sobald die »Paradigmen« vergriffen seien, an eine überarbeitete Version gehen wolle, da er zu dem ursprünglichen Ansatz inzwischen ein distanziertes Verhältnis habe. Und im November 1971 erwähnt er auch gegenüber Fritz Schalk diesen Plan und konkretisiert ihn sogar so weit, daß er nicht nur noch einmal auf die Licht-Thematik zurückkommen wolle, sondern zudem ein neues Kapitel zur Zuschauer-Metaphorik im Auge habe.[4]

Seit dieser Zeit versah er die Metaphorologie darüber hinaus stärker mit anthropologischen Vorzeichen und erweiterte den

2 Diese Diskussion ist inzwischen gut rekonstruiert bei Margarita Kranz, Begriffsgeschichte institutionell. Die Senatskommission für Begriffsgeschichte der Deutschen Forschungsgemeinschaft (1956-1966). Darstellung und Dokumente. In: Archiv für Begriffsgeschichte 53 (2011), 153-226.

3 Vgl. Hans Blumenberg, Beobachtungen an Metaphern. In: Archiv für Begriffsgeschichte 15 (1971), 161-214; ders., Geld oder Leben. Eine metaphorologische Studie zur Konsistenz der Philosophie Georg Simmels. In: Ästhetik und Soziologie um die Jahrhundertwende: Georg Simmel. Hrsg. v. Hannes Böhringer und Karlfried Gründer. Frankfurt a.M. 1976, 121-134, wieder abgedruckt in: ders., Ästhetische und metaphorologische Schriften. Hrsg. v. Anselm Haverkamp. Frankfurt a.M. 2001, 177-192.

4 Hans Blumenberg an Harald Weinrich, 21.2.1967; Hans Blumenberg an Fritz Schalk, 12.11.1971 (DLA Marbach, A: Blumenberg).

Fokus gleichzeitig mit dem Ziel einer allgemeinen Theorie der Unbegrifflichkeit, wovon eine im Sommersemester 1975 an der Universität Münster gehaltene Vorlesung Zeugnis gibt.[5] Auf dieser Grundlage kam es dann ab 1976 zu Verhandlungen mit dem Suhrkamp Verlag über die Frage, wie eine Aktualisierung der Metaphorologie in Buchform aussehen könnte. Weil andere Arbeiten seine Zeit stark beanspruchten, sah sich Blumenberg nicht in der Lage, in einem Zug an der Neufassung zu arbeiten. Man einigte sich daher auf eine Publikation in mehreren Fortsetzungen, wobei pro Jahr ein Band erscheinen sollte.[6]

Parallel dazu trat Ende der 1970er Jahre der Ullstein Verlag mit der Idee einer Neuauflage der »Paradigmen« in der Reihe »Materialien« an Blumenberg heran. Er zog das zunächst ernsthaft in Erwägung, fühlte sich aber verpflichtet, seinen eigentlichen Verleger, Siegfried Unseld, zu fragen, ob etwas gegen eine solche Publikation spräche. Unseld hatte keine prinzipiellen Einwände gegen die Idee, fand sie sogar sehr gut, hätte den Band nur lieber im Suhrkamp Verlag selbst publiziert. Diese Anregung wollte Blumenberg aber nicht aufnehmen, denn die Distanz zu dem alten Text war eher noch gewachsen, eine Wiederauflage war nur unter sehr bestimmten, eingeschränkten Bedingungen für ihn denkbar. In einem anderen Verlag hätte der Paradigmen-Band einen dokumentarischen Charakter und damit auch einen historischen Index erhalten. Bei Suhrkamp wäre aber die Anmutung einer aktuellen Arbeit nicht zu vermeiden gewesen und der Reprint in Konkurrenz zum Neuansatz geraten. So ließ Blumenberg die Idee einer Neuauflage insgesamt fallen.[7]

Die mit Siegfried Unseld vereinbarte Neufassung der Metaphorologie sollte schließlich drei Bände umfassen.[8] Der erste Band erschien 1979 als *Schiffbruch mit Zuschauer*, eine verhältnismäßig schmale Studie, die aber mit einem verallgemeinernden »Ausblick

5 Vgl. Hans Blumenberg, Theorie der Unbegrifflichkeit. Hrsg. v. Anselm Haverkamp. Frankfurt a.M. 2007.

6 Vgl. Hans Blumenberg, Telefonnotiz zu einem Gespräch mit Gottfried Honnefelder, 18.11.1976; Hans Blumenberg an Siegfried Unseld, 15.11.1978; Siegfried Unseld an Hans Blumenberg, 4.12.1978 (DLA Marbach, A: Blumenberg).

7 Vgl. Hans Blumenberg an Siegfried Unseld, 21.6.1979 und 7.7.1979 (DLA Marbach, A: Blumenberg).

8 Siehe dazu auch das Nachwort von Ulrich von Bülow und Dorit Krusche in: Hans Blumenberg, Quellen, Ströme, Eisberge. Berlin 2012, 271-292, hier 283-285.

auf eine Theorie der Unbegrifflichkeit« abschließt, dem theoretischen Kondensat seiner Ideen, das Blumenberg ursprünglich für den von Anselm Haverkamp herausgegebenen Sammelband *Theorie der Metapher* geschrieben hatte.[9] Da sich das Erscheinen dieses Readers, für den er ausnahmsweise doch den Nachdruck einiger Passagen aus den »Paradigmen« erlaubte (und so seine Theorie in einer Art Vorher-Nachher-Bild präsentierte), aber verzögerte, hatte sich Blumenberg vorausschauend den anderweitigen Gebrauch des Texts vorbehalten. So konnte er ihn in den ersten Band seiner neuen Metaphorologie in Gestalt eines Anhangs mit aufnehmen und das alte Projekt nicht nur praktisch, sondern in einer ersten Skizze auch theoretisch reformulieren.

Als zweiter Band der geplanten Trilogie erschien 1981 – nun schon deutlich umfangreicher – *Die Lesbarkeit der Welt.* Ein dritter Band sollte kurz darauf folgen. Für dessen Thema gab es aber wechselnde Kandidaten. Zunächst ist in der Korrespondenz mit dem Verlag ein Band zum Bereich der nackten Wahrheit in der Diskussion.[10] Später tritt dann etwas zur Metaphorik von Quellen und Strömen in den Vordergrund, wovon Blumenberg etwa 1981 in einem Brief an Hans-Georg Gadamer spricht.[11] Dieses Metaphernfeld hatte er schon in einem Abschnitt seines Aufsatzes »Beobachtungen an Metaphern« untersucht.[12]

Keiner der beiden Bände ist jedoch zu Lebzeiten erschienen, ohne daß die Gründe dafür deutlich geworden sind. Blumenberg hatte die Idee jedoch nicht ad acta gelegt, sondern weiter an dem Projekt gearbeitet; einige Indizien sprechen dafür, daß er dabei die Konzeption noch einmal verändert hat und nun sogar von einem auf fünf Bände erweiterten Projekt ausging. Als sein amerikanischer Übersetzer Robert Wallace, nachdem er die großen wissenschaftshistorischen Hauptwerke von Blumenberg ins Englische übertragen hatte, 1985 darüber nachdachte, ob er nun eine englische Version der *Lesbarkeit der Welt* folgen lassen sollte, berichtete er seinem Autor von dieser Idee in einem Brief, verbun-

9 Vgl. Anselm Haverkamp (Hrsg.), Theorie der Metapher. Darmstadt 1983.

10 Hans Blumenberg an Siegfried Unseld, 17.1.1979 (DLA Marbach, A: Blumenberg).

11 Vgl. Hans Blumenberg an Hans-Georg Gadamer, 30.10.1981 (DLA Marbach, A: Blumenberg).

12 Vgl. Hans Blumenberg, Beobachtungen an Metaphern, 190-195.

den mit der Überlegung, zur Einstimmung der angelsächsischen Leserschaft einen anderen Band vorzuschalten: eine Sammlung mit verschiedenen kleineren Texten. Im Zentrum sollte eine Version der »Paradigmen« stehen, gekoppelt vielleicht mit dem Aufsatz »Anthropologische Annäherung an die Aktualität der Rhetorik«[13] und dem kurzen Buch »Schiffbruch mit Zuschauer« mit dem darin enthaltenen »Ausblick«.

Blumenberg winkt aber nicht zuletzt wegen der »Paradigmen« ab; er erwähnt Wallace gegenüber seine Ablehnung einer Neuauflage im Suhrkamp Verlag, an die er sich nun auch mit Blick auf andere Verlage gebunden fühlt. Sein inhaltliches Urteil über die alte Arbeit fällt inzwischen sogar noch schärfer aus: »Nicht nur, daß dieser Text überholt ist – nach einem Vierteljahrhundert! –, er ist auch schlecht.« Dann aber weiht er Wallace in den Stand seiner Pläne ein: Er will den »Ausblick auf eine Theorie der Unbegrifflichkeit« zum Ausgangspunkt »einer erneuerten Metaphorologie im Rahmen der Theorie der Unbegrifflichkeit [...] machen. Aber anders als für den Leser, wie Sie sein Interesse an vorausgehender Information über die Theorie sehen, möchte der Autor zuerst mehr konkrete Stücke des Konzepts erarbeitet und vorgelegt haben, ehe er ›seine‹ Theorie daraus zieht. Mein Plan ist daher, zunächst (1986) die ›Höhlenausgänge‹ drucken zu lassen (die nahezu fertig sind), dann ›Quellen und Ströme‹ (1987) – bereits als Vorlesung fertig –, schließlich den großen Komplex der ›Wahrheitsmetaphorik‹ (1988), der auch in kleineren Portionen in den Hörsaal gekommen ist (und wo der Rückstand der ›Paradigmen‹ von 1960 peinlich spürbar wird). Danach wäre es so weit, die theoretische Summe dieser Arbeiten zu ziehen und die ›Paradigmen‹ endgültig zu ersetzen.«[14]

Als Blumenberg 1985 im Brief an Wallace sein Vorhaben skizzierte, war der Band über die Wahrheitsmetaphorik also noch am wenigsten weit fortgeschritten. Er hat die Arbeit daran aber in den folgenden Jahren weiter vorangetrieben. Im Nachlaß findet sich ein umfangreiches Typoskript von 161 Seiten mit der Sigle DNW, das nun dieser Edition zugrunde gelegt ist.

Wie üblich hat Blumenberg wohl auch für diesen Text seine

13 Vgl. Hans Blumenberg, Anthropologische Annäherung an die Aktualität der Rhetorik, in: ders., Wirklichkeiten, in denen wir leben, Stuttgart 1981, 104-136.

14 Hans Blumenberg an Robert Wallace, 2. 5. 1985 (DLA Marbach, A: Blumenberg).

Gedanken zunächst vor Publikum ausprobiert. Zur »Metaphorologie« hat er in Münster eine Zeitlang jeden zweiten Winter eine Vorlesung angeboten: die erste im Wintersemester 1978/79, dann 1980/81 und schließlich 1982/83. An Wallace schrieb Blumenberg, daß er in dieser Vorlesung »in kleineren Portionen« auch schon über die nackte Wahrheit gesprochen habe. Das war vermutlich im Wintersemester 1982/83 der Fall, denn auf den Rückseiten der Karteikarten, auf denen er sein Material sammelte und die die Vorstufe zu dem Manuskript bilden, stehen als Benutzungsvermerk Daten, die in diese Zeit fallen. Diese Karteikarten verweisen auf ein nicht überliefertes kürzeres Manuskript von 32 Seiten, das auch schon die Sigle DNW getragen haben muß. Die dort im einzelnen besprochenen Autoren sind im wesentlichen dieselben, die im späteren, längeren – und hier zugrunde gelegten – Manuskript behandelt werden, sogar in derselben Reihenfolge der Kapitel. So beginnen die Vermerke auf den Karteikarten im August 1982 mit vier Seiten zu Nietzsche, werden im September mit vier Seiten Freud fortgesetzt und erstrecken sich dann kontinuierlich über die Wintermonate bis in den Februar 1983, für den zwei Seiten zu Voltaire verzeichnet sind. Im Juli 1984 folgt als Nachzügler sogar eine Seite zu Kierkegaard. Nur die im endgültigen Typoskript enthaltenen Kapitel über Kafka, Pascal und Lessing haben in der Karteikartensammlung noch keine Spuren hinterlassen. Das mag aber einfach daran liegen, daß die entsprechenden Karten dazu an einer anderen Stelle absortiert sind, etwa weil Blumenberg sie noch für einen weiteren Kontext benutzen wollte, denn für die Seiten DNW 10/11 und 19/20 gibt es keine Vermerke auf den Karteikarten. Plausibel ist hingegen, daß sich noch nichts zu Lichtenberg finden läßt, denn alles deutet darauf hin, daß Überlegungen zu diesem Abschnitt in der Tat erst in eine spätere Zeit fielen.

Zu den Datierungen auf den Karteikarten passen allerdings die Angaben in den Produktionslisten nicht. Blumenberg führt zwischen 1971 und 1985 tag- und seitengenau Buch über den Fortgang seiner Manuskripte. In diesem Verzeichnis sind die ersten Vermerke für DNW auf den 13.9.1982 datiert, also einen Monat später als auf den Karteikarten. Auch an dem dort verzeichneten Manuskript arbeitet Blumenberg in Abständen immer wieder bis zum 14.1.1983, danach folgen nur noch vereinzelte Einträge: 21.3.1983, 23.7.1984, 1.8.1984 und 7.8.1984.

Man kann also vermuten, daß es zunächst ein kürzeres Manuskript für den Gebrauch in den Vorlesungen gab – wie weit es ausformuliert war, bleibt unklar –, Blumenberg sich aber nur wenig später an die Abfassung des längeren, uns überlieferten Manuskripts gesetzt hat. Demnach hätte er bis zum 30.12.1982 am Nietzsche-Kapitel gearbeitet, ab Januar 1983 dann am Freud-Teil, wenn auch nun mit geringerer Intensität. Wann die ausformulierten Passagen der späteren Fassung entstanden sind, lässt sich nicht mehr rekonstruieren, da die Produktionslisten im Oktober 1985 enden.

Unklar ist auch, inwieweit es sich bei dem vorliegenden Typoskript um eine definitive Endfassung handelt. Denn keinen der Pläne und kein Briefzitat Blumenbergs darf man für die absolut gültige Formulierung eines in Stein gemeißelten Vorhabens halten. Eines der Hauptprobleme bei Editionen aus Blumenbergs Nachlaß besteht darin, daß der Autor unaufhörlich mit seinen Texten experimentierte, sie auch immer wieder neu zusammengestellt und jeweils in anderen Kontexten erprobt hat. Dennoch scheint die Wallace gegenüber erwähnte Reihung der letzte Stand eines konkreten Plans gewesen zu sein, auch wenn es noch weitere Texte zu anderen Metaphernfeldern im Nachlaß gibt.

Daß Blumenberg seine neue Theorie der Unbegrifflichkeit nach einigen konzeptuellen Revisionen am Ende doch wieder mit einem Band zur Wahrheitsmetaphorik abgeschlossen hätte, ist auch methodisch naheliegend. Denn in dieser Thematik wird das Projekt der Metaphorologie auf besondere Weise sich selbst zum Gegenstand und verweist in vielen Passagen schon auf die »theoretische Summe«, die Blumenberg gegenüber Wallace erwähnt, aber wohl nie separat ausformuliert hat. Dieses Metaphernfeld ist auch das einzige, das er aus den »Paradigmen« wieder aufnimmt, weiter ausformuliert und in der Gesamtstruktur umakzentuiert. Schon in dem älteren Text hat der Abschnitt zur nackten Wahrheit die Funktion, die Frage nach der Relevanz der Metaphorologie selbstreflexiv, also seinerseits im Feld der Metapher zu stellen. Denn da für Blumenberg Wahrheit nicht etwas Absolutes ist, sondern ein pragmatisches Mittel, um in den Wirklichkeiten, in denen wir leben, zu bestehen, und die oft zu Unrecht verachtete Rhetorik in diesem Zusammenhang ihre neue Aktualität und Berechtigung hat, ist es nur konsequent, diese zu pragmatischen Zwecken rhetorisch gekleidete Wahrheit und ihren Gegenpol, die nackte Wahrheit, vor allem auch in ihrer metaphorischen Dimension zu untersuchen.

Bemerkenswert ist der Aufbau des überlieferten Typoskripts. Folgt er schon einem bewußten Kompositionsprinzip wie die zu Lebzeiten publizierten Bände, oder ist er noch von den Kontingenzen der Materialsammlung bestimmt? Denn anders als in dem entsprechenden Abschnitt in den »Paradigmen«, der zwar einige prägnante Positionen vorwegnimmt, im Wesentlichen aber eine ideengeschichtliche Denkentwicklung skizziert, folgt die Argumentation im vorliegenden Text keiner historischen Chronologie. Man kann in der fortwährenden Brechung der historischen Linie ein Indiz für Blumenbergs zunehmende Skepsis gegenüber der Annahme linearer Entwicklungen sehen oder auch nach einer anderen Darstellungslogik suchen. Der Aufbau scheint jedenfalls einer bewußten Entscheidung zu folgen und nicht das kontingente Ergebnis von sich über mehrere Jahre erstreckenden Lektüren zu sein, denn schon die in einem Zug geschriebene Vorfassung aus dem Winter 1982/83 zeigt dieselbe Struktur.

Der Text bedarf sicher im einzelnen noch intensiver Interpretationsarbeit, festhalten läßt sich aber, daß mit seiner Publikation nun zum ersten Mal sichtbar wird, wie die Gesamtidee einer von Blumenberg geplanten Neufassung seiner Metaphorologie ausgesehen haben könnte. Nach der Edition von *Quellen, Ströme, Eisberge* liegt nun mit *Die nackte Wahrheit* der Schlußstein dieser neuen Metaphorologie vor – jedenfalls soweit Blumenbergs Überlegungen dazu gediehen waren.

Überlieferung des Typoskripts

Das Typoskript mit dem Titel *Die nackte Wahrheit* und der Sigle DNW ist im Deutschen Literaturarchiv Marbach in zehn Mappen archiviert. Die ersten drei Mappen enthalten ein durchpaginiertes Typoskript, das ursprünglich in einem blauen Schuber aufbewahrt war. Die Seiten des Konvoluts tragen die Siglen DNW 1 bis DNW 136, ergänzt durch einige eingeschobene Zusatzseiten. Das letzte Kapitel (»Lichtenberg«, DNW 137-149) fehlt hier, findet sich allerdings in einer anderen Mappe, die den Titel »Lichtenberg« trägt, dort zusammen mit weiteren – meist kürzeren – Texten über den

Aufklärer.[15] Es ist zudem in Mappe 7 beziehungsweise 10 als Kopie enthalten. Die Mappen 5 bis 7 (ursprünglich grauer Aktendeckel) beziehungsweise 8 bis 10 (ursprünglich roter Aktendeckel) enthalten insgesamt Kopien des Typoskripts in einem früheren Korrekturstadium. Der Edition liegt die am weitesten korrigierte Fassung, die der Mappen 1 bis 3 und das Lichtenberg-Kapitel aus dem Konvolut »Lichtenberg« (beziehungsweise aus den textidentischen Fassungen der Mappen 7 und 10), zugrunde.

In Mappe 4 finden sich zwei Fassungen eines Inhaltsverzeichnisses. Die erste verzeichnet die Kapitel des Typoskripts bis zu »Die Aufklärung«, in der zweiten sind die letzten beiden Kapitel (»Kierkegaard« und »Lichtenberg«) handschriftlich ergänzt. In der zweiten Fassung ist außerdem nach dem Kapitel »Kafka« handschriftlich »UNF 2044« hinzugefügt. Das ist die Sigle für den Text »Die Wahrheitsnackten und die Wölfe im Schafspelz«; die Seite ist auch ins Manuskript ohne zusätzliche DNW-Paginierung eingegliedert und wird hier daher als eingeschobenes Kapitel mitediert.

In Mappe 4 befinden sich außer dem Inhaltsverzeichnis noch einige Materialien, so vor allem eine Reihe von Zeitungsausschnitten, aber auch noch Kurztexte aus den späten »Unerlaubten Fragmenten«:

– »Die Fabel von der Fabel« (UNF 367-367b, Fotokopie);
– »Diogenismus« (UNF 2337, Original);
– »Die nackte Wahrheit« (ein Blatt ohne Sigle, Durchschlag);
– »Ernst Mach: Einfach die Tatsachen und die Wahrheit unverhüllt« (UNF 421-423a, vier Blatt, davon zwei Kopien, zwei Originale, das erste Blatt mit zusätzlicher Sigle DNW);
– »Das letzte Wort zu behalten …« (ein Blatt ohne Sigle, Original);
– »Die Zwiebel« (UNF 917-918, das zweite Blatt mit zus. Sigle DNW, Kopie);
– »Die Maske« (DNW, ein Blatt); sowie
– »Christian Morgenstern: ›Der Konvertit‹ …« (DNW, ein Blatt).

Außerdem findet sich in Mappe 4 ein Hinweisblatt: »DNW Freud / UNF 598/600 Selbstundurchsichtigkeit (Nietzsches Kurzgeschichte vom Selbstentblößungswahn als Vorgeschichte der

15 Im DLA Marbach jetzt archiviert unter: Konvolut: Text- und Materialsammlung zu Georg Christoph Lichtenberg, Mappe 1/2.

PSA)«. Da es sich bei dem vorliegenden Typoskript aber insgesamt um einen geschlossenen Text handelt, sind die Beilagen, deren Status unklar bleibt, nicht mitediert worden.

Das Inhaltsverzeichnis ohne die handschriftlichen Ergänzungen zeigt außerdem als hineinkopierte Abbildung die Zeichnung eines nicht benannten älteren Mannes. Das Bild ist aber signiert; es handelt sich danach um eine Zeichnung von Karl Doerbecker. Auf diesem Wege ist auch rekonstruierbar, daß es sich bei dem Abgebildeten um den Neukantianer Hermann Cohen handelt, und zwar um ein Bild, das dem ersten Band von dessen Aufsatzsammlung *Schriften zur Philosophie und Zeitgeschichte*[16] vorangestellt ist.

Das ist einigermaßen merkwürdig, weil Cohen in dem Typoskript an keiner einzigen Stelle erwähnt wird. Auch sonst erscheint dieser Autor im Werk von Blumenberg nur selten. Warum kopiert Blumenberg das Bild hier also in sein Inhaltsverzeichnis hinein? Gibt es einen Bezug zum Topos der nackten Wahrheit? Philipp Stoellger hat im Rahmen der Analyse der diese Figur betreffenden Stellen in den »Paradigmen« darauf hingewiesen, daß die Metaphorik in Cohens *Religion der Vernunft aus der Quelle des Judentums* in einer vergleichbaren Funktion erwähnt wird.[17] Blumenberg bezieht sich aber nirgends aktiv auf diese Schrift.

Wie die meisten der späteren Typoskripte, ist auch dieses von Blumenberg zunächst diktiert und dann von seiner Sekretärin abgetippt worden. Davon zeugen noch die Bleistiftnotizen am Rand, die angeben, wann ein neues Band begonnen hat. Das so erstellte Typoskript ist offensichtlich mehrmals korrigiert worden. In einem ersten Gang sind einige wenige, meist nur in einem Wort bestehende Ergänzungen mit der Maschine der Sekretärin gemacht worden. Eingeschobene Blätter finden sich nur wenige, sind aber mit derselben Maschine wie der Haupttext geschrieben. Von diesem Manuskriptzustand hat sich Blumenberg die beiden Kopien anfertigen lassen, die ohne weitere Bearbeitungsspuren im Archiv überliefert sind.

16 Hermann Cohen, Schriften zur Philosophie und Zeitgeschichte. Hrsg. von Albert Gorland und Ernst Cassirer. Berlin 1928.

17 Vgl. Philipp Stoellger, Metapher und Lebenswelt. Hans Blumenbergs Metaphorologie als Lebensweltthermeneutik und ihr religionsphänomenologischer Horizont. Tübingen 2000, 148, mit Verweis auf Hermann Cohen, Religion der Vernunft aus den Quellen des Judentums. Wiesbaden 1978, 151.

In einer zweiten Korrekturrunde hat Blumenberg umfangreichere Änderungen und Ergänzungen vorgenommen, teils handschriftlich, teils aber auch mit seiner eigenen – an der kleineren Type erkennbaren – Maschine. Dabei handelt es sich um längere Einschübe, zuweilen über mehrere Seiten mit separater Paginierung. Diese Korrekturen sind allerdings nicht mehr durchgehend. Ihren Stand erkennt man nicht nur an den Einfügungen im Text selbst, sondern auch an den Seitenzahlen, die, wenn die Seite korrigiert worden ist, mit einem Häkchen versehen worden sind. Auf solche Art gekennzeichnet sind die Kapitel über Nietzsche, Freud, Kafka, Pascal, Fontenelle, Aktaion und der Anfang des Abschnitts »Die Aufklärung«, so daß der Textbestand dieser Passagen als ziemlich gesichert, das heißt von Blumenberg autorisiert, gelten kann. Da es manchmal offensichtlich zu Hörfehlern bei der Sekretärin kam,[18] sind kleinere inhaltliche Fehler also vor allem in den unkorrigierten Teilen nicht ganz auszuschließen. An einigen wenigen Stellen waren solche Hörfehler evident und sind stillschweigend korrigiert worden.

Blumenberg schrieb natürlich noch nach alter Rechtschreibung, allerdings verfuhr er hier nicht immer konsequent, auch dort nicht, wo er das Typoskript schon durchkorrigiert hat. Für die vorliegende Ausgabe ist Blumenbergs eigener Text durchgehend in alter Rechtschreibung wiedergegeben. Die Zitate sind, soweit es möglich war, an den von Blumenberg benutzten Ausgaben überprüft worden und folgen diesen in Orthographie und Interpunktion. Weicht Blumenberg im Typoskript davon ab, so ist das in der Regel stillschweigend korrigiert worden, es sei denn Blumenberg hat sich dazu ausdrücklich verhalten (etwa durch den Vermerk »Schreibung normalisiert«).

Insgesamt wurde versucht, die Eigenheiten der Blumenberg'schen Schreibungen und Konventionen zu erhalten, ihn aber nicht unnötig zu musealisieren. Die Texte sollen immer auch als Beiträge zu einer sachlichen Thematik lesbar sein. Daher war es in einigen Fällen wünschbar, den von Blumenberg benutzten, teilweise kaum noch zugänglichen Ausgaben heute gängige Ausgaben an die Seite zu stellen. In wenigen Fällen war nicht ermittelbar, welche Ausgabe Blumenberg genau zitiert hat. Dann wurde nach einer gängigen

18 Vgl. Ulrich von Bülow, Dorit Krusche, Nachwort. In: Blumenberg, Quellen, Ströme, Eisberge, 291 f.

Ausgabe nachgewiesen. Insgesamt sind alle Passagen in eckigen Klammern Ergänzungen des Herausgebers.

Die eingeschobenen Seiten (im Typoskript mit a, b etc. paginiert) wurden so in den Fließtext integriert, wie Blumenberg das vermerkt hatte. An drei Stellen war allerdings aus den Angaben nicht ersichtlich, ob diese längeren Passagen ebenfalls in den Text eingeschoben oder als Anmerkungen gedruckt werden sollten. Zwar sind längere Fußnoten eher Ausnahmen in Blumenbergs Texten, dennoch sind die fraglichen Passagen hier doch nicht in den Textfluß eingefügt worden,[19] da der weitere Verlauf der Argumentation im Anschluß an den jeweiligen Einschub unmotiviert gewirkt hätte, so daß es um einiges plausibler erscheint, die Ergänzungen als Anmerkungen zu lesen.[20]

19 Vgl. die Anmerkungen 16, 22 und 24 zum Kapitel »Freud«.

20 Für wichtige Hinweise und Unterstützung danke ich Hannes Bajohr, Petra Boden, Dorit Krusche und Nicola Zambon sowie insgesamt den Mitarbeitern des Deutschen Literaturarchivs Marbach. Herzlich danke ich auch Bettina Blumenberg und Robert Wallace für die Erlaubnis, aus dem Nachlaß zu zitieren.

Namenregister

Hans Blumenberg im Suhrkamp Verlag

Ästhetische und metaphorologische Schriften. Herausgegeben von Anselm Haverkamp. stw 1513. 464 Seiten

Arbeit am Mythos. stw 1805. 699 Seiten

Begriffe in Geschichten. BS 1303. 260 Seiten

Beschreibung des Menschen. Gebunden. stw 2091. 918 Seiten

Hans Blumenberg/Carl Schmitt Briefwechsel. Und weitere Materialien. Herausgegeben und mit einem Nachwort von Alexander Schmitz und Marcel Lepper. Gebunden. 309 Seiten

Hans Blumenberg/Jacob Taubes Briefwechsel. Und weitere Materialien. Herausgegeben von Herbert Kopp-Oberstebrink und Martin Treml unter Mitarbeit von Anja Schipke und Stephan Steiner. Mit einem Nachwort von Herbert Kopp-Oberstebrink. Gebunden. 349 Seiten

Höhlenausgänge. Gebunden und stw 1300. 827 Seiten

Das Lachen der Thrakerin. Eine Urgeschichte der Theorie. stw 652. 162 Seiten

Lebenszeit und Weltzeit. stw 1514. 379 Seiten

Die Legitimität der Neuzeit. Gebunden. 707 Seiten. stw 1268. 712 Seiten

Die Lesbarkeit der Welt. stw 592. 432 Seiten

Löwen. BS 1454. 130 Seiten

NF 129/1/02.14

Der Mann vom Mond. Über Ernst Jünger. Herausgegeben und mit einem Nachwort von Alexander Schmitz und Marcel Lepper. Gebunden. 185 Seiten
Matthäuspassion. BS 998. 307 Seiten

Paradigmen zu einer Metaphorologie. Mit einem Kommentar von Anselm Haverkamp. stb 10. 535 Seiten

Paradigmen zu einer Metaphorologie. stw 1301. 199 Seiten

Präfiguration. Arbeit am politischen Mythos. Gebunden. 150 Seiten

Quellen, Ströme. Eisberge. Beobachtungen an Metaphern. Herausgegeben von Ulrich von Bülow und Dorit Krusche. Mit zahlreichen Abbildungen. BS 1469. 303 Seiten

Schiffbruch mit Zuschauer. Paradigma einer Daseinsmetapher. BS 1263. 106 Seiten

Die Sorge geht über den Fluß. BS 3000. 229 Seiten

Theorie der Lebenswelt. Gebunden. 253 Seiten

Theorie der Unbegrifflichkeit. Broschur. 121 Seiten

Die Verführbarkeit des Philosophen. Gebunden und stw 1755. 208 Seiten

Die Vollzähligkeit der Sterne. Gebunden und stw 1931. 557 Seiten

Zu den Sachen und zurück. Aus dem Nachlaß herausgegeben von Manfred Sommer. Gebunden und stw 1837. 354 Seiten

NF 129/2/02.14

Ludwig Wittgenstein im Suhrkamp Verlag

Werkausgabe in acht Bänden. 3497 Seiten. Gebunden in Kassette und stw 501-508 (stw auch einzeln lieferbar)

- Band 1: Tractatus logico-philosophicus. Tagebücher 1914-1916. Philosophische Untersuchungen. Für die vorliegende Ausgabe wurde der Text durchgesehen von Joachim Schulte. stw 501. 621 Seiten
- Band 2: Philosophische Bemerkungen. Aus dem Nachlaß herausgegeben von Rush Rhees. Für die vorliegende Ausgabe wurde der Text neu durchgesehen von Heikki Nyman und Joachim Schulte. stw 502. 319 Seiten
- Band 3: Ludwig Wittgenstein und der Wiener Kreis. Gespräche, aufgezeichnet von Friedrich Waismann. Aus dem Nachlaß herausgegeben von B. F. McGuinness. stw 503. 266 Seiten
- Band 4: Philosophische Grammatik. Herausgegeben von Rush Rhees. stw 504. 491 Seiten
- Band 5: Das Blaue Buch. Herausgegeben von Rush Rhees. stw 505. 282 Seiten
- Band 6: Bemerkungen über die Grundlagen der Mathematik. Herausgegeben von G. E. M. Anscombe, Rush Rhees und G. H. Wright. stw 506. 446 Seiten
- Band 7: Bemerkungen über die Philosophie der Psychologie. Letzte Schriften über die Philosophie der Psychologie. Herausgegeben von G. E. M. Anscombe, G. H. von Wright und Heikki Nyman. Für die vorliegende Ausgabe wurde der Text neu durchgesehen von Joachim Schulte. stw 507. 500 Seiten
- Band 8: Bemerkungen über die Farben. Herausgegeben von G. E. M. Anscombe, G. H. von Wright unter Mitarbeit von Heikki Nyman. Für die vorliegende Ausgabe wurde der Text neu durchgesehen von Joachim Schulte. stw 508. 575 Seiten

NF 151/1/3.06

Einzelausgaben

Letzte Schriften über die Philosophie der Psychologie. Das Innere und das Äußere 1949-1951. Herausgegeben von Georg Henrik von Wright und Heikki Nyman. 131 Seiten. Gebunden

Logisch-philosophische Abhandlung. Tractatus logico-philosophicus. Kritische Edition. Herausgegeben von Brian McGuinness und Joachim Schulte. Gebunden und stw 1359. 310 Seiten

Philosophische Untersuchungen: Kritisch-genetische Edition. Herausgegeben von Joachim Schulte in Zusammenarbeit mit Heikki Nyman, Eike von Savigny und Georg Henrik von Wright. 1164 Seiten. Gebunden

Philosophische Untersuchungen. Auf der Grundlage der kritisch-genetischen Edition neu herausgegeben von Joachim Schulte. Mit einem Nachwort des Herausgebers. BS 1372. 312 Seiten

Tractatus logico-philosophicus. Logisch-philosophische Abhandlung. es 12. 116 Seiten

Tractatus logico-philosophicus. Logisch-philosophische Abhandlung. BS 1322. Textkritisch revidiert und mit einem Nachwort von Joachim Schulte. 152 Seiten

Über Gewißheit. Herausgegeben von G. E. M. Anscombe und G. H. von Wright. Neu durchgesehen mit Rush Rhees. BS 250. 192 Seiten

NF 151/2/3.06

Vermischte Bemerkungen. Eine Auswahl aus dem Nachlaß. Herausgegeben von Georg Henrik von Wright unter Mitarbeit von Heikki Nyman. Neubearbeitung durch Alois Pichler. 205 Seiten. Gebunden

Vorlesungen 1930-1935. Cambridge 1930-1932. Aus den Aufzeichnungen von John King und Desmond Lee. Herausgegeben von Desmond Lee. Cambridge 1932-1935. Aus den Aufzeichnungen von Alice Ambrose und Margaret Macdonald. Herausgegeben von Alice Ambrose. Übersetzt von Joachim Schulte.
Gebunden und stw 865. 452 Seiten

Vortrag über Ethik. Und andere kleine Schriften. Herausgegeben und übersetzt von Joachim Schulte.
stw 770. 142 Seiten

Wittgensteins Vorlesungen über die Grundlagen der Mathematik, Cambridge, 1939. Nach den Aufzeichnungen von R. G. Bosanquet, Norman Malcom, Rush Rhees und Yorick Smythies. Übersetzt von Joachim Schulte.
Gebunden. 363 Seiten

Über Ludwig Wittgenstein

John Gibson/Wolfgang Huemer (Hg.). Wittgenstein und die Literatur. stw 1782. 450 Seiten

P. M. S. Hacker. Wittgenstein im Kontext der analytischen Philosophie. Übersetzt von Joachim Schulte.
634 Seiten. Gebunden

NF 151/3/3.06

Merrill B. Hintikka/Jaakko Hintikka. Untersuchungen zu Wittgenstein. Übersetzt von Joachim Schulte. stw 1224. 419 Seiten

Wolfgang Kienzler
- Wittgensteins Wende zu seiner Spätphilosophie 1930 bis 1932. Eine historische und systematische Darstellung. 339 Seiten. Pappband

Der Konflikt der Lebensformen in Wittgensteins Philosophie der Sprache. Herausgegeben von Wilhelm Lütterfelds und Andreas Roser. stw 1382. 253 Seiten

Saul A. Kripke. Wittgenstein über Regeln und Privatsprache. Eine elementare Darstellung. Übersetzt von Helmut Pape. stw 1783. 180 Seiten

Brian McGuinness. Wittgensteins frühe Jahre. Übersetzt von Joachim Schulte. Gebunden und stw 1014. 492 Seiten

Eike von Savigny/Oliver Scholz (Hg.). Wittgenstein über die Seele. stw 1173. 304 Seiten

Joachim Schulte
- Chor und Gesetz. Wittgenstein im Kontext. stw 899. 166 Seiten
- Ludwig Wittgenstein. sb 9. 160 Seiten

Joachim Schulte (Hg.). Texte zum Tractatus. Aufsätze von Hidé Ishiguro, Anthony Kenny, Norman Malcolm, Brian McGuinness, David Pears, Frank Ramsey, Peter Simons. Herausgegeben und übersetzt von Joachim Schulte. stw 771. 194 Seiten

Georg Henrik von Wright. Wittgenstein. Übersetzt von Joachim Schulte. 226 Seiten. Gebunden

NF 151/4/3.06